**복 있는 사람**

오직 여호와의 율법을 즐거워하여 그 율법을 주야로 묵상하는 자로다.
저는 시냇가에 심은 나무가 시절을 좇아 과실을 맺으며 그 잎사귀가 마르지 아니함 같으니
그 행사가 다 형통하리로다. (시편 1:2-3)

전도서는 역설(Paradox)이다. "모든 것이 헛되도다"(전 1:2)로 시작해 "모든 것이 헛되도다"(전 12:8)로 끝나지만, '모든 것이 헛되다'는 전도자의 말만은 헛되지 않아야 하기 때문이다. 마치 "크레타 사람은 모두 거짓말쟁이다"라는 크레타 사람의 말만은 거짓이 아니어야 하는 것처럼 말이다. 따라서 전도서는 수도사들에게 '선하고 거룩한 것들은 말이 아니라 행동으로 보여주어야 한다'는 수행규칙을 말로 전하는 수도원장의 말과 같다.

역설은 말이 아니다. 그렇다고 무의미한 것도 아니다. 수도원장이 말로 전한 수행규칙과 크레타 사람의 말은 말이 아니지만, 말보다 더한 말이다. 갈 길을 지시하는 이정표다. 위험을 알리는 경보음이다. 미몽을 깨우는 호루라기 소리다. 전도서가 바로 그렇다. 따라서 말미에 돌연 등장하는 "하나님을 경외하고 그의 명령들을 지킬지어다"(전 12:13)라는 준엄한 가르침은 결코 헛되지 않다. 그것은 말보다 더한 말이고, 이정표이고, 경보음이고, 호루라기 소리다. 양치기가 양들을 불러 모으기 위해 부는 한 줄기 휘파람이다.

『지혜의 언어들』에서 김기석 목사는 전도자가 선포한 역설과 이정표와 경보음과 호루라기 소리와 휘파람의 의미를 지혜의 언어로 풀었다. 한 올 한 올 풀었다. 지혜도 본디 말이 아니다. 고요한 울림으로 다가오고, 때로는 선지자의 예언으로, 때로는 시인의 언어로도 얼굴을 언뜻 내밀지만, 결국은 행동으로 그 모습을 드러내는 그 어떤 것이다. 봄날의 햇살 같고, 가을날 바람 같은 그것을 두 손으로 꼭 붙잡아 책 안에 고스란히 담았다. 하나님의 말씀이 무엇인지, 그것이 인간의 말과 어떻게 다른지를 진정 아는 이만이 할 수 있는 지혜로운 작업이다. 온 가족이 함께 읽고 싶은 책이다.

김용규, 철학자, 『신』 저자

철학은 좋은 개념을 선물하는 생활공학이라고 한다. 이어령 선생 이후 인문과 영성이 융합된 은혜의 언어로 김기석 목사의 강해를 찾아 들었다. 아침 산책길에서 '전도서' 강해를 들으며 걷노라면, 하늘의 은총과 땅의 중력이 어우러진 그 다정한 목소리가 파도치듯 가슴을 적셔 왔다. 아, 지혜란 이토록 깊고 달콤한 것이로구나! 시와 철학, 종교와 과학이 다르지 않구나! 수천 년 동안 전해진 성경의 큰 언어가, 오늘만 보고 전전긍긍하는 나 같은 사람도 크게 북돋고 깨우칠 수 있다니! 세상 공부와 마음 공부에 전력을 다하고 미친 것과 미련한 것들까지 이해하려고 노력했던 전도자의 문답이 김기석이라는 울림통을 만나 춤을 춘다. 만물은 왜 피곤한지, 일평생 근심하며 수고해도 왜 거두는 것이 슬픔뿐인지, 곤고한 날에는 왜 되돌아보아야 하는지, 유한함과 알 수 없음, 헛됨 속에서도 왜 창조의 리듬에 몸을 맡겨야 하는지. 이 책을 읽고 배우는 기쁨이 너무나 크다. 그러니 세상 사람들아! 김기석의 『지혜의 언어들』을 어서 빨리 읽으시라.

김지수, '김지수의 인터스텔라' 작가, 『이어령의 마지막 수업』 저자

웅덩이처럼 파인 마음에 우울과 근심이 고일 때 나는 김기석 작가의 책을 펼친다. 행간의 섬세한 표현 속 숙성된 생각이 내게 햇살을 비추고 기운을 북돋아 준다. 글을 통해 나와 세상을 성찰하고 살아갈 힘을 얻는다는 점에서 그의 글은 가히 '정신의 영양제'라 할 만하다.

신작 『지혜의 언어들』은 전도서를 그만의 방식으로 풀어낸 김기석표 사유의 종합 선물 세트라 할 수 있다. 여기에 하이데거와 프리모 레비, 톨스토이와 정현종, 맹자와 칼린 지브란, 니코스 카잔차키스와 유발 하라리까지, 수많은 지식인의 언어가 자유자재로 동원되어 총체적 사유로서의 책 읽기를 돕는다.

전도서를 "내가 가지고 있는 인습적인 생각이 다 무너진 자리에서도 여전히 인생은 살 만하다고 말할 수 있는가"를 묻는 책이라 정의하는 서두부터 고개가 끄덕여진다. 사유는 "나와 나 자신의 대화"이고, 생명은 "살라는 명령"이며, 자기확신보다 더 중요한 것은 "공감의 능력"이라는 말을 마음에 받아 적는다. 그의 단어와 서술을 읽으며 내가 더 단단해진다고 느낀다. 괜찮은 독서이자 효능감 넘치는 지식 습득 과정이 아닐 수 없다. 그리고 어려운 문제가 다가올 때 감당하기 어려워하기보다는 "나는 이 문제보다 훨씬 커"라고 생각해 보라는 조언은, 절룩이는 삶의 길을 함께 걸어 줄 지팡이처럼 든든하다.

『지혜의 언어들』은 매일 조금씩 읽기 좋다. 꽃에 물을 주듯 읽다 보면 우리의 메마른 정신에 생기가 돌고 사유의 줄기도 한결 자라날 것이다. 그 과정을 통해 "삶의 행복에 집착하지 않으면서도 삶을 의미 있게 살 수 있는 길"을 살피시길. 이는 결코 헛되고 헛되지 않을 것이기에.

김호연, 소설가, 『불편한 편의점』 저자

지혜의 언어들

지혜의 언어들

전도서가 말하는
잘 산다는 것

김기선

복 있는 사람

지혜의 언어들

2025년 6월 19일 초판 1쇄 인쇄
2025년 11월 3일 초판 6쇄 발행

지은이 김기석
펴낸이 박종현

㈜ 복 있는 사람
주소 서울특별시 마포구 연남동 246-21(성미산로23길 26-6)
전화 02-723-7183(편집), 7734(영업·마케팅)
팩스 02-723-7184
이메일 hismessage@naver.com
등록 1998년 1월 19일 제1-2280호

ISBN 979-11-7083-271-3 03230

ⓒ 김기석 2025

이 책은 아모레퍼시픽의 아리따글꼴을 사용하여 디자인되었습니다.

이 책의 저작권은 저자와 ㈜ 복 있는 사람이 소유합니다.
신저작권법에 의하여 한국 내에서 보호를 받는 저작물이므로 무단전재와 복제를 금합니다.

궁극적으로 삶의 의미를 알아낼 수 있는 존재가 있을까?
그런데 왜 그걸 알아내려고 그 많은 시간을 쓰는 건지.
당신은 야단법석을 떨고, 우린 살지.

—

메리 올리버, 「잘 가렴, 여우야」 중에서

## 서문

교회는 내게 낯선 장소였다. 교회 밖 세상에서 통용되지 않는 말들이 자연스럽게 사용되고 있었다. 처음 만난 이들이 나를 '형제'라고 지칭할 때마다 거북살스러운 느낌에 몸이 움츠러들었다. '죄'라는 단어의 쓰임새가 일상인들의 어법과 다르다는 사실을 알았을 때는 무척 당혹스러웠다. 구원이라는 말 역시 마찬가지였다. 오래전부터 품고 있던 원한이라는 뜻의 구원舊怨이라는 단어는 알고 있었지만, 설교단에서 날마다 되풀이되는 '구원'은 내게 낯설었다. 내가 구원받아야 하는 사람이라는 자각이 아예 없었기 때문이다. 한 공동체의 구성원이 된다는 것은 그들이 사용하는 언어와 문법에 익숙해지는 것임을 어렴풋이 알게 되었다. 익숙해지는 순간, 그 단어들은 낯섦을 잃은 채 상투어가 되곤 한다. 아무런 의미도 없이 발화되는 말들. 그 말들은 더 이상 사건을 일으키지 못한다.

주체할 수 없는 허무의식에 사로잡혀 있던 나는, 교회의 활기 속에 잠시 몸을 맡긴 채 허무의 강에서 벗어날 수 있기를 빌었다. 설교단에서는 '적극적 사고방식'이라는 말이 자주 울려 나왔다. 노먼 빈센트 필과 로버트 슐러라는 이름을 그때 처음 들었다. 믿음은 으레 '할 수 있다'는 구호와 결합했고, 성공과 행복은 마음먹기에 따라 언제든 성취할 수 있는 목표처럼 보였다. 하지만 나는 이상할 정도로 그 담론에 녹아들지 못했다. 삶의 심연에 스며 있는 그늘 혹은 어둠을 외면할 수 없었기 때문일 것이다. 세상에는 할 수 없는 일도 있고, 해서는 안 될 일도 있다. 그것을 분별하는 것이 지혜다.

믿음과 적극적 사고방식이 등치되는 공동체 안에서 허무에 대해 말하는 것은 불경한 일이다. 하나님으로부터 품부받은 생명을 소홀히 하는 사람이라는 혐의를 받기 쉽다. 하지만 삶은 모호하기 이를 데 없다. 빛과 어둠, 선과 악, 아름다움과 추함, 자유와 예속, 진실과 거짓, 사랑과 증오 사이를 바장이며 사는 게 인생이다. 마니교적인 이분법이 지배하는 현실 속에서, 어느 한편에 가담할 수 없는 사람은 외롭다. 소속이 없다는 것, 고정점을 갖지 않는다는 것은 흔들림을 자기 삶으로 받아들이는 것이다. 세상 변혁의 열정이 뜨거웠던 때, 그 흐름을 차마 외견하지 못하면서도 내면적 멀미에 시달렸다. 가까운 이들에게조차 말할 수 없는 멀미 혹은 현기증. 그 증세는 좀처럼 사라지지 않았다. 세월이 가면서 조금 익숙해졌을 뿐이다. 신앙적 확신을 가장 중요하게 여기는 이들 사이에서 모호함과 회의를 옷자락처럼 뒤집어쓴 채 사는 일은 고단하다.

가끔 세상사가 부질없다는 생각에 사로잡힐 때마다, 확신의 잣대로 사람들을 제멋대로 심판하는 이들을 만날 때마다, 마음속으로 "헛되고 헛되며 헛되고 헛되니 모든 것이 헛되도다"(전 1:2)라는 구절을 읊었다. 그 깊은 의미를 헤아리지 못했을 때부터 '헛되다'는 단어의 반복이 주는 강한 부정성에 끌렸다. 접두어 '헛'은 '비었거나 참되지 못함을 나타내는 말'이다. '헛되다'는 말은 염세주의적 세계관과 무관하다. 헛됨에 대한 자각은 세상에서 우리가 애집하는 어떤 것도 온전히 집착할 대상이 아님을 일깨워 준다. 욕망을 포기하라는 말도 아니다. 욕망은 삶을 추동하는 힘이니 말이다. 하지만 욕망은 채워질 수 없다. 욕망의 종살이를 하는 이들이 거두는 인생의 열매는 고단함이다. "모든 만물이 피곤하다는 것을 사람이 말로 다 말할 수는 없나니 눈은 보아도 족함이 없고 귀는 들어도 가득 차지 아니하도다"(전 1:8).

과거에 비해 물질적으로는 풍요로워졌지만, 정신의 여백은 점점 줄어드는 세상이다. 모두가 행복을 추구하지만, 행복을 누리지는 못한다. 행복에 대한 집착이 오히려 행복을 저해한다. 감당할 수 없는 속도로 우리를 몰아가는 세상에 적응하느라 삶을 성찰할 고요한 시간을 잃어버렸다. 수많은 정보가 명멸하는 그 짧은 시간의 환등상 속에서 부유하느라 모두가 숨이 가쁘다. 지속되는 것들이 많지 않다. 행복은 늘 미래의 어느 순간에 혹은 여기가 아닌 다른 곳에 있다고 생각한다. 신기루 같은 행복의 이미지를 추구하느라 '지금 여기서의 삶'을 충실하게 살아내지 못한다.

오늘 전도서를 읽어야 하는 까닭은 우리 삶의 실상을 성찰하기 위함이다. 전도서는 우울하지 않다. 오히려 유쾌하다. 우리를 자유롭게 하기 때문이다. 속도와 효율을 숭상하고, 성과를 내기 위해 자기를 극한의 경쟁으로 내모는 동안 우리 내면은 묵정밭으로 변하고 말았다. 시간은 삶의 목표를 이루기 위해 사용하는 소비재가 아니라, 충만하게 살아내야 할 하늘의 선물이다. 시간을 선물로 인식할 때, 무채색의 일상은 돌연 경이로운 세계로 변한다.

이 책 『지혜의 언어들』은 몇 년 전 'CBS 성서학당'에서 강의한 전도서 1-12장 본문 전체를 지혜, 시간, 관계, 실천 등 스물네 가지 핵심 키워드를 중심으로 다시 정리한 것이다. 반복되는 말들은 덜어냈지만, 꼭 필요하다고 생각되는 경우에는 남겨두었다. 일반 대중을 상대로 한 강의였기에 신학적인 논쟁은 가급적 피하려고 노력했다. 이 책이 삶에 지친 많은 이들에게, 경쟁에서 밀려났다고 자책하는 이들에게 위로와 격려가 되었으면 좋겠다. 세상의 평가와 무관하게 각자의 삶은 소중하다. 누가 행복한가? 일상 속에 깃든 영원의 광휘를 발견하는 이들이다. 전도서는 그 세계로 우리를 초대한다.

이 책의 출간을 제안해 준 '복 있는 사람' 박종현 대표에게 감사드린다. 그의 독려가 없었다면 이 책의 원고는 아마 세상에 나오지 못했을 것이다. 정돈되지 않은 원고를 읽으며 강의마다 주제어를 붙이고 완성도를 높이고자 여러 모양으로 수고해 준 문준호 편집자와, 표지와 내지를 아름답고 세심하게 꾸며 준 채승 디자이너에게도 감사드린다. 앞서 전도서 강의를 방송으로 접하고 호의적으로 반응해 준 시청자들에게도 감사의 인사를 전한다. 교회가 어려움에 빠진 이 시대에도 현장을 벗어나지 않고 치열하게 하나님 나라의 복음을 전하며 삶으로 복음을 입증하고 있는 선후배 목회자들을 생각하면 절로 고개가 숙여진다. 내가 하나님의 넘치는 은혜를 받고 있음을 순간순간 일깨워 주는 아내와 가족들에게 미안한 마음과 더불어 고마운 마음을 전하고 싶다. 누구보다 감사해야 할 분은 바로 하나님이시다. "내가 흔들리고 있을 때도 당신은 나를 인도하셨고, 내가 이 세상의 넓은 길에서 방황할 때도 당신은 나를 버리시지 않으셨습니다."[1]

2025년 6월
김기석

## 차례

서문      008

### 1부    허무의 심연을 들여다보다

| | | | |
|---|---|---|---|
| 첫 번째 강의 | 〔 물음 〕 | 인생은 헛된가 \| 1:1-7 | 016 |
| 두 번째 강의 | 〔 지혜 〕 | 지혜가 많으면 번뇌도 많다 \| 1:8-18 | 030 |
| 세 번째 강의 | 〔 쾌락 〕 | 즐거움도 헛되다 \| 2:1-11 | 044 |
| 네 번째 강의 | 〔 유한 〕 | 죽음이라는 한계 앞에서 \| 2:12-17 | 059 |
| 다섯 번째 강의 | 〔 목적 〕 | 무엇을 위한 수고인가 \| 2:18-26 | 073 |

### 2부    영원의 그림자 아래서

| | | | |
|---|---|---|---|
| 여섯 번째 강의 | 〔 시간 〕 | 때에 맞는 삶의 아름다움 \| 3:1-8 | 088 |
| 일곱 번째 강의 | 〔 영원 〕 | 영원을 사모하는 마음 \| 3:9-15 | 103 |
| 여덟 번째 강의 | 〔 존재 〕 | 사람과 짐승이 일반이라 \| 3:16-22 | 117 |
| 아홉 번째 강의 | 〔 관계 〕 | 억압, 수고, 우정 \| 4:1-12 | 130 |
| 열 번째 강의 | 〔 경외 〕 | 하나님을 두려워하라 \| 4:13-5:7 | 144 |
| 열한 번째 강의 | 〔 향유 〕 | 지금을 누리며 살라 \| 5:8-20 | 157 |

## 3부  지혜의 미로를 헤매다

| 열두 번째 강의 | [ 결핍 ] | 누리지 못하는 삶의 비극 | 6:1-9 | 172 |
| 열세 번째 강의 | [ 성찰 ] | 더 나은 삶이란 무엇인가 | 6:10-7:10 | 185 |
| 열네 번째 강의 | [ 곤경 ] | 곤고한 날에는 되돌아보라 | 7:11-18 | 199 |
| 열다섯 번째 강의 | [ 상실 ] | 단순함을 잃다 | 7:19-29 | 213 |
| 열여섯 번째 강의 | [ 분별 ] | 누가 지혜로운 사람인가 | 8:1-8 | 226 |

## 4부  부조리의 바다에서 섭리를 찾다

| 열일곱 번째 강의 | [ 명암 ] | 악인과 의인 | 8:9-17 | 242 |
| 열여덟 번째 강의 | [ 섭리 ] | 모두 다 하나님의 손안에 있다 | 9:1-10 | 256 |
| 열아홉 번째 강의 | [ 역설 ] | 삶의 부조리 앞에서 | 9:11-18 | 270 |
| 스무 번째 강의 | [ 차이 ] | 지혜자와 우매자 | 10:1-11 | 282 |
| 스물한 번째 강의 | [ 방향 ] | 우매함과 지혜로움 사이 | 10:12-20 | 295 |

## 5부  경외의 빛으로 삶을 비추다

| 스물두 번째 강의 | [ 실천 ] | 지혜로운 삶 | 11:1-8 | 310 |
| 스물세 번째 강의 | [ 기억 ] | 청년들에게 주는 교훈 | 11:9-12:8 | 323 |
| 스물네 번째 강의 | [ 본분 ] | 하나님을 경외하라 | 12:9-14 | 337 |

주     351

1부

허무의 심연을
들여다보다

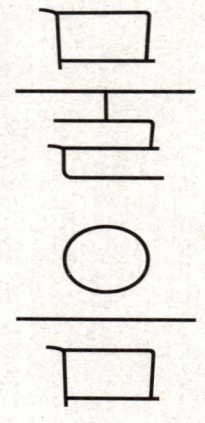

**첫 번째 강의**

인생은 헛된가

1:1-7

안녕하세요. 반갑습니다. 첫 번째 강의를 시작하면서 정현종의 「방문객」이라는 시가 떠올랐습니다.

> 사람이 온다는 건
> 실은 어마어마한 일이다.
> 그는
> 그의 과거와
> 현재와
> 그리고
> 그의 미래와 함께 오기 때문이다.[1]

우리는 너나 할 것 없이 과거와 현재와 미래와 함께 이 자리에 왔습니다. 이 시에서 제 마음을 울리는 대목은 그다음 구절입니다. "부서지기 쉬운/그래서 부서지기도 했을/마음이 오는 것이다." 시간 속에서 살아가는 동안 우리 몸과 마음에는 다양한 형태의 상처 자국이 남게 마련입니다. 만남을 통해 그 상처를 덧내는 이도 있고, 사랑으로 싸매 주려는 이도 있습니다. 하나님의 말씀 속에는 우리가 인간이기에 겪을 수밖에 없는 온갖 경험들이 응축되어 있습니다. 말씀 여행은 하나님을 알아가는 과정이기도 하지만, 우리 자신을 이해하기 위한 과정이기도 합니다.

## 전도서라는 세계

이번 시간부터 스물네 번의 강의를 통해 전도서를 중심으로 이야기를 나누어 보려 합니다. 전도서에 곧바로 들어가기보다는 같은 성문서(욥기, 시편, 잠언, 전도서, 아가)인 시편과 잠언에 관해 간략히 살펴보는 게 좋을 것 같습니다.

시편의 밑바탕을 이루는 정서는 크게 두 가지입니다. 하나는 하나님의 현존을 느낄 때의 기쁨과 감동으로, 찬양 시편이 여기에 해당됩니다. 다른 하나는 하나님이 부재한 것 같은 고달픈 삶에서 느끼는 쓸쓸함과 상실감입니다. 우리 삶은 이 두 정서가 날줄과 씨줄로 엮여 이루어집니다. 그런 근본적 정서 속에서 믿는 사람으로 산다는 것이 무엇인지를 총체적으로 보여주는 것이 시편의 세계입니다. 시편에는 미움, 시기, 질투, 저주, 악담 등 당혹스러운 내용들도 가감 없이 등장합니다. 원수를 사랑하라는 예수님의 말씀과 모순되어 보이는 구절에 당황하기도 하지만, 시편은 거울처럼 우리가 부정했던 감정들과 정직하게 마주하게 함으로써 그것으로부터 해방시켜 줍니다.

잠언은 하나님을 경외하며 사는 사람들이 어떤 마음을 품고 살아야 하는지를 가르칩니다. 노동할 때, 이웃을 대할 때, 일상의 모든 순간에 우리의 마음가짐이 어때야 하고 어떻게 말해야 하는지를 가르쳐 주는 지혜의 보고라 할 수 있습니다. 잠언의 세계는 바늘처럼 날카롭게 찌르는 말로 우리의 둔감해진 마음을 뒤흔들기도 하고, 당연의 질서 이면을 통찰하도록 이끌기도 합니다. 대체로 권선징악적 세계관에 기대고 있습니다.

이제부터 살펴볼 전도서는 시편과 잠언과는 조금 다른 세계관을 보여주고 있습니다. 앞으로의 강의를 통해 전도서가 우리에게 제시하는 세계관에 관해 자세히 살펴보겠습니다. 오늘 본문을 함께 읽어 보겠습니다.

> 다윗의 아들 예루살렘 왕 전도자의 말씀이라. 전도자가 이르되 헛되고 헛되며 헛되고 헛되니 모든 것이 헛되도다. 해 아래에서 수고하는 모든 수고가 사람에게 무엇이 유익한가. 한 세대는 가고 한 세대는 오되 땅은 영원히 있도다. 해는 뜨고 해는 지되 그 떴던 곳으로 빨리 돌아가고 바람은 남으로 불다가 북으로 돌아가며 이리 돌며 저리 돌아 바람은 그 불던 곳으로 돌아가고 모든 강물은 다 바다로 흐르되 바다를 채우지 못하며 강물은 어느 곳으로 흐르든지 그리로 연하여 흐르느니라(전 1:1-7).

전도서가 어떤 책인지에 관해 들어 본 적이 있나요? 많은 사람들이 전도서에서 '전도'라는 단어를 보고 이 책이 복음을 전하거나 전도에 관해 가르치는 책이라고 오해합니다. 전도서는 복음을 전하는 방법을 가르치는 책은 아니지만, 하나님 안에서 사는 사람들이 어떤 마음으로 살아야 하는지 가르친다는 의미에서 삶을 가르치는 책이라 말할 수 있습니다. 전도서를 영어로 '에클레시아스테스'Ecclesiastes라고 하는데, '교회'를 뜻하는 헬라어 단어 가운데 '에클레시아'ἐκκλησία라는 단어가 있습니다. 에클레시아는 '불러내다'Calling out 라는 뜻입니다. 사실 이 단어는 과거 그리스 시민들이 공적인 일을 논의하기 위해 모이는 민회를 지칭하는 단어였는데, 초기 교회가 '이 세상에서 부름을 받고 하나님의 현존 속으로 들어온 사람들의 모임'이라는 의미로 재활용했습니다. 에클레시아스테스와 에클레시아라는 단어는 서로 연결되어 있습니다. 에클레시아스테스(전도서)는 에클레시아(교회)에 속해 있는 사람들, 하나님의 부름을 받은 사람들의 삶에 대해 이야기합니다. 전도서의 히브리어 제목은 '코헬렛'קֹהֶלֶת인데, '모으다', '수집하다'라는 뜻의 히브리어 '카알'קהל에서 유래했습니다. 코헬렛은 지혜와 관계된 일을 하는 사람을 가리키는 말입니다.

## 코헬렛, 지혜의 선생

첫 시간이지만 코헬렛의 의미를 더 깊이 파악하기 위해 전도서의 마지막 부분을 함께 살펴보겠습니다.

> 전도자는 지혜자이어서 여전히 백성에게 지식을 가르쳤고 또 깊이 생각하고 연구하여 잠언을 많이 지었으며 전도자는 힘써 아름다운 말들을 구하였나니 진리의 말씀들을 정직하게 기록하였느니라(전 12:9-10).

여기에 전도자가 무엇을 하는 사람인지가 잘 나타나 있습니다. 우선, 전도자는 지혜자입니다. 그는 백성에게 지식을 가르쳤습니다. 또 그는 깊이 생각하고 연구하여 잠언을 많이 지었고, 아름다운 말들을 구하고 수집했으며, 진리의 말씀들을 정직하게 기록했습니다. 이것은 이 시대의 지식인들이 해야 하는 직무가 아닌가요?

지혜자가 가장 먼저 하는 일은 생각하는 일입니다. 생각하는 것의 중요성을 말해 무엇하겠습니까? 우리는 근세철학을 열었다고 평가받는 데카르트의 유명한 명제를 잘 압니다. "나는 생각한다. 그러므로 존재한다"Cogito, ergo sum. 데카르트는 더 이상 의심할 수 없는 확실한 지식을 얻기 위해 우리가 당연하다고 여기는 모든 것에 의문부호를 붙여 볼 것을 제안합니다. 즉 감각을 통해 얻은 지식, 감각에 의존하지 않는 수학적 지식도 의심해 보아야 한다는 것입니다. 이것이 곧 회의론입니다. 그러나 철저한 회의를 하면서도 한 가지 의심할 수 없는 것이 있습니다. 바로 생각한다는 사실입니다. 그는 내가 생각하고 있다는 사실 자체가 나의 존재를 증명한다고 말합니다.

이 세상에 생각하지 않는 사람이 어디 있겠냐고 반문할 수 있지만, 사실 오늘날 많은 사람들이 생각 없이 삽니다. 그저 다른 사람이 내 속에 심어 놓은 생각을 내 생각인 줄 알고 살아갑니다. 우리가 가지고 있는 취향도 마찬가지입니다. 어떤 이는 트로트를 좋아하고, 어떤 이는 클래식 음악을 좋아합니다. 그것은 그저 취향이지 옳고 그름의 문제로 판단할 수 없는 문제입니다. 본능적인 끌림이 취향 형성에 중요한 역할을 하지만, 우리의 경험 세계를 둘러싼 환경과 맥락 역시 간과할 수 없는 요소입니다. 내 옆에 클래식 음악을 좋아하는 사람이 많으면 나 또한 클래식 음악을 좋아할 가능성이 큽니다. 생각한다는 것은 자기를 객관화하여 바로 본다는 뜻일 것입니다. 시인 김승희는 「세상에서 가장 무거운 싸움」이라는 시에서 자기가 느끼고 있는 당혹감을 이렇게 표현합니다. "당연의 세계에서 나만 당연하지 못하여/당연의 세계가 항상 낯선 나."[2] 바로 이런 당혹감이야말로 생각하는 이들이 일상적으로 직면하는 현실입니다. 코헬렛이 한 일은 깊이 생각하는 것입니다.

그는 생각만 한 것이 아니라 연구했습니다. 깊이 연구하고 그 결과를 머릿속에만 갖고 있지 않고 누군가에게 가르쳐 주기 위해 잠언 형태로 만들었습니다. 잠언이 무슨 뜻인지 아시지요? '바늘 잠'箴과 '말씀 언'言이 결합된 말로 '찌르는 말'이라는 뜻입니다. 잠언은 굳어진 우리 마음의 지각을 찔러 일상 너머의 질서를 보게 만듭니다. 코헬렛이 잠언을 지은 것은 다른 이들을 깨우쳐 주기 위해서입니다.

또한 그는 혼자 생각하고 연구하는 것에 한계가 있음을 알았기에 다른 지혜자들의 말들을 수집하고 그 말들을 배우기 위해 힘썼습니다. 그것을 기록하는 것 또한 코헬렛이 하던 일입니다. 글을 쓰는 이들이 농담처럼 하는 말이 있습니다. '적자생존' 곧 '적는 자만이 살아남는다'는 말입니다. 기억은 시간과 더불어 스러지게 마련입니다. 인간이 오늘의 인간이 될 수 있었던 것은 정보를 기록할 수 있는 문자를 사용할 수 있었기 때문이 아닐까요?

정리해 보겠습니다. 코헬렛은 지혜의 선생입니다. 그 가운데서도 에클레시아 곧 하나님의 부름받은 사람들 앞에서 지혜를 가르치는 사람입니다. 그런 의미에서 영어 성경은 전도자를 'teacher'(선생) 또는 'preacher'(설교자)라고 번역하기도 합니다.

다시 전도서의 첫 구절로 돌아가겠습니다. "다윗의 아들 예루살렘 왕 전도자의 말씀이라"(전 1:1). 구체적인 이름을 밝히지는 않았지만, 이 구절에 담긴 구절을 연결해 보면 한 사람의 이름이 떠오르지 않나요? 다윗에게는 여러 아들이 있었지만, 그중에서 가장 유명한 인물은 솔로몬입니다. 그는 지혜의 대명사이고, 더 나아가 다윗의 왕위를 계승한 사람입니다. "다윗의 아들 예루살렘 왕" 뒤에 "솔로몬의 말씀이라"고 붙여도 무방할 것 같습니다. 왜 "솔로몬의 말씀"이라 하지 않고 "전도자의 말씀"이라고 했을까요? 이것은 차츰 생각해 볼 일입니다. 사람들이 솔로몬을 이 책의 저자로 보는 것은 어쩌면 당연한지도 모르겠습니다. 다음 구절 또한 그를 떠오르게 하기 때문입니다. "나 전도자는 예루살렘에서 이스라엘 왕이 되어 마음을 다하며 지혜를 써서 하늘 아래에서 행하는 모든 일을 연구하며 살핀즉"(전 1:12-13).

성경을 조금 아는 사람은 '지혜' 하면 곧 솔로몬을 떠올리게 마련입니다. 솔로몬은 세상의 모든 지혜를 모았다고 전해집니다. "그가 또 초목에 대하여 말하되 레바논의 백향목으로부터 담에 나는 우슬초까지 하고 그가 또 짐승과 새와 기어다니는 것과 물고기에 대하여 말한지라"(왕상 4:33). 그러니 하늘 아래에서 행하는 모든 일을 연구하며 살핀 사람이 솔로몬이 아니면 누구겠습니까? 전도서 2:4 이하를 보면 전도자 곧 코헬렛이 굉장히 부유했다고 이야기합니다. 솔로몬의 황금시대가 저절로 떠오르는 대목입니다. 사람들은 이러한 여러 가지 근거를 들어 전도서의 저자가 솔로몬이라고 생각하지만, 그것은 추정일 뿐 확실한 사실은 아닙니다.

전도서는 사람들에게 솔로몬을 떠올리게 하면서 저자를 숨기는 전략을 취하고 있는 것 같습니다. 다시 말해, 전도자는 자기를 드러내면서 숨기고 있다는 말입니다. 일종의 신비주의 전략일까요? 굉장히 복잡하고 심오한 의도가 담겨 있다고 이야기할 수 있습니다. 저자가 누구인지 알 수 없으니 이제부터는 전도자 혹은 코헬렛이라고 부르겠습니다.

그는 부유하고 지식이 많았으며 못 누려 본 것 없이 모든 것을 다 누렸던 사람입니다. 그 모든 것을 누려 보니 인생이 정말 살 만하고 행복했을까요? 그렇게 이야기하면 좋겠지만, 그는 자신이 누릴 만한 것은 다 누려 봤지만 그 모든 것이 다 헛되더라고 이야기합니다. 인간이 행복의 조건으로 추구하는 모든 것이 당장은 행복을 주는 것처럼 보이지만, 자기 내면 깊은 곳에 있는 공허함을 지워 주지는 못하더라는 것입니다.

이처럼 전도서는 복잡하기 이를 데 없는 인간의 경험을 이야기합니다. 굉장히 깊은 심리학적 통찰이 그 속에 담겨 있습니다. 전도서는 '내가 가지고 있는 인습적인 생각이 다 무너진 자리에서도 여전히 인생은 살 만하다고 말할 수 있는가'를 묻는 책입니다. 그런 의미에서 굉장히 중요한 책이라고 할 수 있습니다.

전도서가 저술된 시대 배경을 특정하기란 쉽지 않지만, 대체로 남북 왕국 멸망 후 포로 귀환자들이 그리스 식민지 시대를 살아가던 때를 배경으로 한다고 볼 수 있습니다. 이 시기에 위대한 왕 알렉산더가 지중해 세계의 패권자가 되면서 그리스 문명이 유입되자, 히브리 전통을 지키려는 기성세대와 화려하고 매력적인 그리스 문화에 매료된 젊은 세대 사이에 갈등이 발생합니다.

이런 상황에서 전도자 곧 코헬렛이 등장합니다. 그는 양쪽 시각을 모두 포용하여 삶을 총체적으로 돌아볼 것을 제안합니다. 코헬렛은 특정한 대상을 설득하기 위해 어느 한편에 서서 말하지 않습니다. 유대인과 그리스인은 물론이고, 보편적 인간들을 대상으로 어떻게 살아야 하는지 가르쳐 주기 위해 이 책을 쓴 것입니다. 그렇게 보면 전도서의 세계는 광대합니다.

### 헛됨의 의미, '헤벨'의 세계

전도서 하면 자연스레 떠오르는 구절이 있습니다. "전도자가 이르되 헛되고 헛되며 헛되고 헛되니 모든 것이 헛되도다"(전 1:2)라는 구절입니다. 이 짧은 구절에 '헛되다'는 단어가 다섯 번이나 등장하고 있습니다. 여러분, '사람 인ㅅ' 자 다섯이 나란히 놓이면 무슨 뜻인지 아시나요? '사람이면 다 사람이냐. 사람이 사람다워야 사람이지'라고 해석하곤 합니다. "헛되고 헛되며 헛되고 헛되니 모든 것이 헛되도다"라고 하면 정말 이 세상 모든 게 다 헛된 것 같다는 느낌이 듭니다. '헛되다'로 번역된 히브리어 '헤벨'은 '숨', '바람', '안개'를 뜻하는 단어입니다. 숨이나 안개의 속성이 무엇입니까? 해가 떠오르면 안개는 사라집니다. 헤벨이라는 단어는 영속성이 없는 것, 덧없는 것을 나타낼 때 사용합니다. 그리고 히브리어의 인접어라고 할 수 있는 아카드어에서는 헤벨과 비슷한 '아벨'이라는 단어가 등장합니다. '가인과 아벨' 할 때 그 아벨입니다. 아벨은 경건한 제사를 바쳤지만 덧없이 죽임을 당한 사람입니다. 숨처럼 스러져 버리고 말았습니다. 그의 이름이 자기 운명을 보여주고 있습니다. 아벨과 헤벨이 일치되고 있는 것입니다. 정리하면, 헤벨은 '있는 것처럼 보이나 사실은 사라져 버리는 것', 조금 어려운 용어로 이야기하면 '존재하는 듯 보이나 비존재로 넘어가는 것'이라 정의하면 될 것 같습니다. 우리가 인생에서 정말 소중한 것으로 여기는 것들이 나중에 보니 그저 숨과 바람과 안개처럼 덧없는 것이더란 말입니다.

    코헬렛은 자기 인생 경험을 통해 얻은 결론을 이야기의 서두에서 쓰고 있는 셈입니다. 글 쓰는 사람들이 가장 고심하는 것이 첫 문장입니다. "버려진 섬마다 꽃이 피었다." 김훈 선생의 『칼의 노래』의 첫 문장입니다.[3] 작가가 처음에는 "꽃은 피었다"고 썼다가 나중에 "꽃이 피었다"로 바꾸었다고 합니다. 조사 하나 바꾸는 것 때문에 작가는 고심합니다. "꽃이 피었다"는 진술은 사실의 세계를 드러내고, "꽃은 피었다"는 정서의 세계를 보여줍니다. 참 미묘하지요? 이러한 예는 수도 없이 들 수 있을 것입니다. 코헬렛은 첫 문장을 통해 자기가 전하려는 메시지를 모두 드러냈습니다. 우리는 생명의 덧없음에 대한 진술을 다른 성경에서도 찾아볼 수 있습니다. "내일 일을 너희가 알지 못하는도다. 너희 생명이 무엇이냐. 너희는 잠깐 보이다가 없어지는 안개니라"(약 4:14).

우리가 기뻐하는 젊음의 생기도, 우리가 사람들에게 자랑스럽게 내보이는 삶의 성취도, 하나님의 바람이 한 번 불어오면 시들 수밖에 없는 덧없는 꽃과 같습니다. 존재에서 비존재로의 이 큰 낙폭은 가끔 우리에게 당혹감을 안겨 줍니다. 이 당혹감은 지금 우리가 소중하다고 여기는 것이 인생의 궁극적 목표가 될 수 없다는 사실을 일깨워 줍니다. 코헬렛은 처음부터 삶을 원점에서부터 돌아보자고 초대합니다.

## 수고라는 물음표

"해 아래에서 수고하는 모든 수고가 사람에게 무엇이 유익한가"(전 1:3). 삶의 목표를 정하고 그 목표를 이루기 위해 애쓰는 사람에게 이 구절은 참 짓궂게 들립니다. 모든 인간은 시간이라고 하는 한계 속에서 살아갈 수밖에 없습니다. 돌이나 모래 같은 무정물이 아닌 이상, 육체를 가지고 살아가는 모든 존재는 무언가를 먹어야 삽니다. 먹을 것을 구하기 위해서는 땀을 흘려 일해야 합니다. 이것은 에덴 동산에서 추방된 모든 인간의 숙명입니다. 성경에서 일하라고 부름받은 존재는 인간이 유일합니다. 하나님은 인간에게 땅을 정복하고 모든 생물을 다스리라고 부탁하셨습니다. 그런 행위를 통해 인간은 하나님의 일에 동참합니다.

그러나 죄가 세상에 들어온 뒤 노동은 기쁨이 아닌 고역이 되었습니다. 인간은 의식주를 마련하기 위해서 일해야 합니다. 척박한 환경을 극복해야 하고, 거친 타자들과 맞서야 합니다. 사람들이 돈과 명예와 권력을 맹렬히 추구하는 것은 그것이 자기의 울타리가 되어 줄지 모른다고 생각하기 때문입니다. 한정된 자원을 두고 사람들은 경쟁합니다. 경쟁은 타자에 대한 사랑의 마음을 앗아갑니다. 타자는 사랑해야 할 대상이 아니라 극복해야 할 대상이 되기도 합니다. 이래저래 삶은 힘겹습니다. 바라는 것을 얻는 순간 사람들은 행복감을 느낍니다. 그러나 그 행복감은 지속성이 없습니다. 또 다른 어려움이 찾아오기 때문입니다.

그것을 잘 알면서도 그런 것들에 대한 미련을 떨쳐 버리기란 여간 어려운 일이 아닙니다. 요즘 젊은이들 말로, 사람들은 그것을 얻기 위해 '노-오-력'을 기울입니다. 그런데 코헬렛은 그 모든 수고가 헛되다고 말합니다. 이 부분을 읽으면 좀 맥 빠지는 느낌이 듭니다. 그렇다면 전도서는 사람을 우울하게 만드는 책일까요? 그렇지 않습니다. 오히려 삶의 실상을 돌아보자는 초대입니다. 프랑스 철학자인 장 폴 사르트르가 쓴 책 가운데 『존재와 무』라는 책이 있습니다.[4] 그가 말하는 '무'無는 아무것도 없다는 게 아니라, 우리가 가지고 있는 어떤 것도 영속성이 없다는 것을 의미합니다. 그러한 사실에 대한 자각이 우리를 허무로 이끄는 것일까요? 아닙니다. 사르트르는 오히려 그런 사실을 알기에 앞을 향해 나아갈 수 있다고 말합니다. '무'는 오히려 삶을 새롭게 만들어 갈 수 있는 바탕이 됩니다. 코헬렛이 전하는 메시지도 유사합니다. 모든 것이 헛되다고 말함으로써, 그는 삶의 행복에 집착하지 않으면서도 삶을 의미 있게 살 수 있는 길이 무엇인지를 우리에게 제시합니다.

## 창조의 리듬에 맡긴다는 것

 "한 세대는 가고 한 세대는 오되 땅은 영원히 있도다. 해는 뜨고 해는 지되 그 떴던 곳으로 빨리 돌아가고 바람은 남으로 불다가 북으로 돌아가며 이리 불며 저리 돌아 바람은 그 불던 곳으로 돌아가고 모든 강물은 다 바다로 흐르되 바다를 채우지 못하며 강물은 어느 곳으로 흐르든지 그리로 연하여 흐르느니라"(전 1:4-7). 어찌 보면 당연하고 우리가 잘 아는 이야기 같습니다. 코헬렛은 자연의 순환을 통해서 인간의 삶을 통찰하려 합니다. 사실 삶이라는 게 순환의 연속이 아니던가요? 봄이 가면 여름이 오고, 가을이 가면 겨울이 옵니다. 일 년 내내 봄만 이어지는 곳에 산다면 행복할까요? 인생에 고통과 슬픔이 전혀 없다면 행복할까요? 늘 행복하기만 하면 그것이 행복인지도 모를 것입니다. 행복이 행복인 것은 불행이라는 다른 가능성이 배음으로 깔리기 때문입니다. 누군가를 사랑할 때 가슴이 떨리는 것은 그 사랑이 내게서 멀어질 수도 있다는 열린 가능성 때문이 아니던가요? 세상의 어떤 것도 당연한 것은 없습니다.

 그런데 이 순환하는 리듬이 내 것이 아닌 것으로 드러나고, 여기에 존재한다고 느꼈던 것이 어느새 사라져 버렸을 때 그리움이 발생합니다. 사람 속에 그리움이 없다고 한다면 인생이 얼마나 적막할까요? 빛과 어둠, 기쁨과 슬픔, 희망과 절망, 충만함과 허무함이 갈마들며 우리 삶을 직조합니다. 이 리듬이 어쩌면 우리 삶을 건강하게 만드는지도 모르겠습니다. 정진규 시인의 시 한 구절을 소개하고 싶습니다.

 그러면 무엇해, 무엇해, 너는 말한다 나쁜 사람이 더 잘사는 세상이야

너는 말한다 사랑으로 사는 사람들은 아무것도 못해 착하게 사는 사
람들은 끼니가 고작이야 지워지고 지워진 게 도대체 몇천 년이야 너는
말한다 지워지는 일은 아무나 못하는 일 그토록 어렵기에 하느님께서
네게만 맡기신 일 소용없어, 소용없어, 너는 말한다[5]

시인은 세상이 그렇더라고 우리에게 말을 겁니다. 나쁜 사람
이 더 잘사는 것처럼 보이고, 착하게 사는 사람은 기껏해야 제 밥벌
이나 하는 것이 우리의 현실입니다. 괜히 억울한 생각도 들고, 슬그
머니 하나님에 대한 원망이 피어오르기도 합니다. 그런데 시인은 바
다에 가서 한 깨달음을 얻습니다.

바다도 몇천 년을 그렇게 지워지고 있을 것이다 앞 물결을 뒷 물결이 싸
악 지워내고 또다시 뒷 물결이 앞 물결을 싸악 지워내고 있을 것이다
그래서 바다는 언제나 싱싱하게 싱싱하게 다시 채워지고 있을 것이다
지워지는 것은 이토록 아름답다 분명하게 지울 줄 아는 사람만이 가장
분명하게 다시 태어난다

당연한 자연의 질서이지만, 시인의 언어로 표현된 바다가 조
금 더 우리에게 친숙하게 느껴집니다. 파도가 출렁이며 해안에 당도
한 뒤에 떡하니 그 자리를 차지하고 있으면 뒤에 오는 파도가 틈입
할 여지가 없습니다. 뒷 물결이 앞 물결을 지워냄으로 바다는 늘 푸
르게 유지됩니다. 파도가 이루는 리듬도 그러하고, 밀물과 썰물의
리듬 또한 마찬가지입니다. 지워진다는 것은 참 아름다운 일입니다.
영속성이 없는 것들은 무의미의 심연으로 가라앉는 것처럼 보여도,
바로 그 자연의 항구적 순환이야말로 생명의 본성이 아닐까요? 세

상에 있었던 모든 물이 바다로 흘러가고, 바다에서 증발된 수증기가 올라가서 비가 되어 내리고, 그것이 개울과 강을 이루어 다시 바다로 가는 리듬, 그 리듬 속에서 생명은 탄생하고 소멸합니다. 가는 것과 오는 것이 순환하며 생명의 잔치가 벌어지고 있습니다. 세대는 그렇게 이어집니다.

그러나 여전히 풀리지 않는 문제가 있습니다. 길게 보면 그것이 생명의 순환이고 리듬이지만, 개체로서의 우리 생명은 반복되지 않는다는 사실입니다. 생명은 유일회적입니다. 아무도 우리 생명을 대신할 수 없습니다. 그렇기에 우리는 '한 번뿐인 인생을 어떻게 살 것인가'를 묻지 않을 수 없습니다. 코헬렛은 우리 삶을 든든하게 해준다고 여기며 맹렬하게 추구하는 가치들이 '헛됨'에 종속되어 있다고 말합니다. 언제든지 안개처럼 스러질 수 있는 게 우리 생명입니다. 다시 묻습니다. 그러면 어떻게 살아야 할까요? 어떻게 사는 게 유일회적인 인생을 아름답게 사는 길일까요?

전도자는 슬그머니 '하나님의 창조 리듬 속에 자기를 맡기고 사는 삶이 진정으로 행복한 삶이 아닐까' 하고 묻고 있습니다. 서퍼들이 집채만한 파도를 타는 모습은 참 멋있습니다. 초보자들은 파도에 올라타기 위해 보드 위에 엎드려 열심히 팔을 젓다가 재빨리 일어서지만, 얼마 못 가 중심을 잃고 물에 빠지고 맙니다. 그런데 파도와 친해진 서퍼들은 어떻습니까? 파도를 헤치며 자유자재로 미끄러지듯 나아갑니다. 우리도 인생을 그와 같이 살 수 있을까요? 시간의 파도가 밀려오고, 우리는 그 파도와 싸우다 계속 고꾸라지곤 합니다. 시간이라는 리듬을 타고 산다면 행복해지고 자유로워지지 않을까요? 전도자는 바로 그런 세계로 우리를 안내합니다.

**두 번째 강의**

지혜가 많으면
번뇌도 많다
1:8-18

지난 시간에는 '인생은 헛된가'라는 주제로 함께 나누었습니다. 사실 헛됨이라는 정서는 젊은 세대들에게 다소 어렵게 느껴질 수 있습니다. 속에서 뜨거운 기운이 솟아 나오는 이들에게 모든 게 다 헛되다는 말은 다소 거리감 있게 들릴 것입니다. 그렇다면 전도서는 젊은이들이 회피해야 할 책일까요? 저는 그렇지 않다고 생각합니다. 젊을 때부터 전도서의 세계관과 친밀해지면 집착할 필요 없는 것에 매달려 전전긍긍하지 않을 뿐 아니라, 인생에서 정말 소중한 가치가 무엇인지 제대로 생각할 수 있는 계기가 되기 때문입니다.

매일 반복되는 삶을 새롭게 살아내야 하는 게 우리 인생의 과제입니다. 새로움은 아픔과 동시에 발생합니다. 아픔이 없다면 새로움은 발생하지 않는다고도 말할 수 있습니다. 우리가 무언가를 새롭게 이해한다는 것은 나에게 있던 낡은 생각의 틀이 무너지는 것이라

할 수 있습니다. 친숙했던 틀이 무너질 때 우리는 아픔을 느낍니다. 그런 의미에서 성경을 본다는 것은 철저히 낯선 현실에 직면하는 것이라 할 수 있습니다. 오늘 본문 속으로 들어가 보겠습니다.

> 모든 만물이 피곤하다는 것을 사람이 말로 다 말할 수는 없나니 눈은 보아도 족함이 없고 귀는 들어도 가득 차지 아니하도다. 이미 있던 것이 후에 다시 있겠고 이미 한 일을 후에 다시 할지라. 해 아래에는 새 것이 없나니 무엇을 가리켜 이르기를 보라, 이것이 새것이라 할 것이 있으랴. 우리가 있기 오래전 세대들에도 이미 있었느니라. 이전 세대들이 기억됨이 없으니 장래 세대도 그 후 세대들과 함께 기억됨이 없으리라. 나 전도자는 예루살렘에서 이스라엘 왕이 되어 마음을 다하며 지혜를 써서 하늘 아래에서 행하는 모든 일을 연구하며 살핀즉 이는 괴로운 것이니 하나님이 인생들에게 주사 수고하게 하신 것이라. 내가 해 아래에서 행하는 모든 일을 보았노라. 보라, 모두 다 헛되어 바람을 잡으려는 것이로다. 구부러진 것도 곧게 할 수 없고 모자란 것도 셀 수 없도다. 내가 내 마음속으로 말하여 이르기를 보라, 내가 크게 되고 지혜를 더 많이 얻었으므로 나보다 먼저 예루살렘에 있던 모든 사람들보다 낫다 하였나니 내 마음이 지혜와 지식을 많이 만나 보았음이로다. 내가 다시 지혜를 알고자 하며 미친 것들과 미련한 것들을 알고자 하여 마음을 썼으나 이것도 바람을 잡으려는 것인 줄을 깨달았도다. 지혜가 많으면 번뇌도 많으니 지식을 더하는 자는 근심을 더하느니라(전 1:8-18).

가까운 사람들이 저를 놀릴 때 가끔 하는 말이 있습니다. 지혜가 많을수록 번뇌가 많다고 하니 이제 공부 좀 그만하라는 것입니다. 그것이 올바른 교훈인지는 잘 모르겠지만 한번 따져 볼 필요가 있습니다. 지난 시간에 살펴보았듯이, 코헬렛은 "헛되고 헛되며 헛되고 헛되니 모든 것이 헛되도다"(전 1:2)라고 말한 뒤 마치 그 명제를 입증이라도 하려는 듯, 세상의 모든 것이 순환 속에 돌아간다는 말을 반복하고 있습니다.

## 역사의 소용돌이 속에서

역사를 바라보는 관점은 다양합니다만, 아주 간략하게 나눈다면 순환사관과 직선사관으로 분류할 수 있을 것 같습니다. 순환적 역사관을 말할 때 뱀이 자기 몸을 둥그렇게 말아 제 꼬리를 물고 있는 모습에 비유하곤 합니다. 이와 같이 역사는 돌고 돌아 같은 일이 반복된다는 것입니다. 니체가 말한 영겁회귀永劫回歸도 그중 하나입니다. 어떤 이들은 역사는 순환하는 게 아니라 어떤 목적을 향해 나아가는 과정이라고 말합니다. 순환하는 끈을 길게 펼친 것으로 생각하면 되겠습니다. 그런 역사관을 가리켜 직선적 역사관 혹은 목적론적 역사관이라고 말합니다. 역사는 시작이 있고 끝이 있다는 것입니다. 그 끝이 곧 목적입니다. 성경은 창조부터 종말까지의 이야기를 담고 있습니다. 그런 의미에서 직선적 역사관 혹은 목적론적 역사관을 대표한다고 말할 수 있습니다. 하지만 철학자들은 인생이나 역사에 목적이란 없다고 주장하기도 합니다.

태어나서 살다가 죽는 과정이 인생이지만, 우리의 일상은 순환적입니다. 하나님은 노아 시대의 홍수 사건 이후에 모든 생물을 다시 멸하지 않겠다고 하신 뒤 "땅이 있을 동안에는 심음과 거둠과 추위와 더위와 여름과 겨울과 낮과 밤이 쉬지 아니하리라"(창 8:22)고 말씀하십니다. 순환하는 리듬이야말로 우리 일상의 토대입니다. 이 두 관점 가운데 하나를 택해야 할까요? 제3의 관점이 있습니다. 순환사관과 직선사관을 결합한 나선형적 역사관입니다. 세상은 순환하는 것처럼 보이지만 어딘가를 향해 가고 있다는 것입니다.

제러미 리프킨은 『공감의 시대』라는 책에서 인간의 역사를 공감의 확대 과정으로 요약합니다.[1] 공자도 인간에게 측은지심惻隱之心 곧 불쌍히 여기는 마음이 있다고 말합니다. 그것이 인간됨의 씨앗이라는 것입니다. 인간의 인간됨이 공감의 능력에 있다고 하지만, 과거에는 타자의 고통에 대해 그리 민감하지 못했습니다. 하지만 지금은 다릅니다. 그것은 세계가 인터넷으로 연결되었기 때문일 것입니다. 세계 각처에서 벌어지는 일을 우리는 거의 실시간으로 접합니다. 난민들이 탄 배가 뒤집혀 수많은 사람들이 익사했다는 이야기를 보면 우리 가슴이 무너집니다. 기근과 전쟁으로 죽어가는 사람들의 영상을 보면 눈물이 납니다. 공감의 능력이 향상된 것입니다. 그러나 공감한다는 것과 세상에 만연한 아픔을 해결하기 위해 헌신하는 것은 또 다른 문제입니다. 도스토옙스키는 『까라마조프 씨네 형제들』에서 조시마 장로의 입을 통해 이러한 이율배반적 현실을 드러냅니다.

> 나는 인류를 사랑한다. 하지만 나 자신에 대해 놀라게 된다. 왜냐하면 내가 인류를 사랑하면 할수록 개별적 인간, 다시 말해서 한 사람 한 사람에 대한 사랑은 줄어들기 때문이다. 공상을 할 때는 흔히 인류에 대한 지극한 봉사 정신에 빠져들기도 하고, 만일 갑자기 그럴 필요가 생긴다면 사람들을 위해 실제로 십자가를 걸머지겠다고 생각하지만, 나는 단 이틀도 같은 방에서 어떤 사람하고든 함께 지낼 수 없으며, 이것은 내가 경험을 통해 알고 있는 바다.[2]

인류를 사랑하면 할수록 개별적 인간에 대한 사랑이 줄어든다는 말이 통렬하게 다가옵니다. 역사는 그런 우여곡절을 통해 조금씩 어딘가를 향해 가고 있습니다. 그리스도인들은 그 끝을 하나님의 뜻이 이루어진 세계로 봅니다. 우리는 예수님을 통해 역사 속에 돌입한 하나님 나라를 누리고 있지만, 아직 그 나라가 완성된 것은 아닙니다. 우리는 '이미'already와 '아직'not yet 사이의 시간을 살고 있습니다. 우리가 경험을 통해 아는 바와 같이 역사는 일직선으로 나아가지 않습니다. 주춤주춤 조금씩 나아갑니다. 가끔은 역사가 후퇴하는 것 같을 때도 있습니다. 시간이라는 지평 속에 갇혀 사는 우리는 소망을 통해 미래를 내다보지만, 부정적 현실을 경험하면서 낙담하기도 합니다. 코헬렛이 "모든 만물이 피곤하다는 것을 사람이 말로 다 말할 수는 없나니"(전 1:8)라고 말한 것은 그 때문일 것입니다.

## 불변하는 것을 향한 그리움

모든 만물이 피곤한 까닭은 끊임없는 변화에 노출되어 있기 때문입니다. 변화는 좋은 것이지만 우리 의식이 변화의 속도를 따라갈 수 없을 때 우리 영혼은 영속적인 것을 그리워합니다. 그리움은 우리의 경험 세계 속에 있지만 지금은 부재하는 것에 대한 갈망입니다. 삶이 곤고할 때 사람들은 고향을 떠올립니다. 정일근 시인은 「둥근, 어머니의 두레밥상」에서 생존경쟁 속에 짐승으로 변해 버린 우리 삶을 떠올리며 어머니의 두레밥상을 그리워합니다.[3] 시인은 "모난 밥상을 볼 때마다 어머니의 두레판이 그립다"고 말합니다. '어머니'라는 단어만 들어도 우리 마음 깊은 곳에서 뽀얀 그리움이 몽실몽실 피어납니다. 어머니라는 기표는 표류하는 우리 삶을 붙들어 주는 기둥과도 같습니다.

모든 만물이 피곤하다는 것은 객관적 사실일까요? 그렇지 않습니다. 세상 모든 것에 인간의 마음을 투영하기에 그런 표현이 나온 것이 아닐까요? 고대 그리스의 철학자인 헤라클레이토스는 "사람은 같은 강물에 두 번 들어갈 수 없다"고 했습니다. 물은 아래로 흘러갑니다. 그러므로 이전에 내 몸을 담갔던 물에 다시 들어갈 수 없습니다. 강물만 변화에 종속된 게 아닙니다. 우리가 겉으로는 개체로서의 동일성을 유지하며 사는 것처럼 보이지만, 우리 몸의 세포는 생성과 소멸의 순환을 그치지 않습니다. 잠을 자는 동안에도 몸은 손상된 조직을 재생하거나 복구합니다. 그리고 성장의 주기가 끝나면 늙음이 시작됩니다. 만물유전萬物流轉 곧 '만물은 항상 변화하며 불변하는 것은 없다'는 것이 존재하는 모든 것의 숙명입니다. 변화는 일종의 흐름입니다. 이러한 흐름이 만들어내는 다양한 무늬가 세상을 다채롭게 합니다. 하지만 그런 흐름 속에서도 사람들은 불변하는 것을 그리워합니다. 플라톤이 말하는 이데아의 세계는 바로 그런 인간의 소망과 관련되는 것이 아닐까요?

## 인간의 근원적 결핍

"눈은 보아도 족함이 없고 귀는 들어도 가득 차지 아니하도다"(전 1:8). 인간의 오감 가운데 대표적인 것은 시각과 청각입니다. 우리는 감각기관을 통해 외부 세계와 접촉합니다. 감각은 언제나 만족을 지향합니다. 그런데 코헬렛은 감각적인 만족은 불가능하다고 말합니다. 인간이 만족을 지향한다는 말 속에 내포된 뜻은 무엇일까요? 인간은 결핍된 존재라는 말입니다. 결핍을 채우고자 하는 욕구 혹은 욕망이 인간의 삶을 움직이는 기본 동기입니다. 배가 고프면 무언가를 먹어야 하고, 먹는 행위를 통해 결핍을 채웁니다.

누군가를 사랑한다는 것 또한 마찬가지입니다. 사랑은 홀로 자족할 수 없는 인간이 자기 존재의 결핍을 채우고자 하는 욕망입니다. 자기 스스로 만족하는 사람은 누군가를 그리워하거나 사랑할 수 없습니다. 나르시스라는 신화 속 인물처럼, 오로지 자기에게만 사로잡혀 있는 사람은 타자에게 관심을 보이지 않을 뿐 아니라 타자의 부름에 응답할 능력이 없습니다.

　다시 한번 정리해 볼까요? 인간 속에는 누구에게나 결핍이 있습니다. 내가 누군가를 그리워하는 것도 우리 속에 있는 결핍 때문입니다. 그리스 사람들은 자기 속에 결핍을 품고 사는 인간을 가리켜 에로스Eros라고 말합니다. 흔히 에로스 하면 주로 성적인 사랑을 떠올리게 마련이지만, 사실 에로스는 결핍을 채우기 위해 항상 타자를 지향하는 존재의 이름입니다. 살다 보면 행복감을 느낄 때가 있고, 불행하다는 생각에 사로잡힐 때도 있습니다. 에로스적 존재인 인간은 늘 만족을 지향합니다. 그것이 인간의 기본 조건입니다.

　그런데 코헬렛에 따르면 인간의 욕구는 결코 채워질 수 없습니다. 어떤 것을 보아도, 무슨 이야기를 들어도 만족하지 못하는 게 인간이라는 것입니다. 몸이 느끼는 결핍을 채우는 일은 그다지 어렵지 않습니다. 배가 고프면 먹으면 되고 목이 마르면 마시면 됩니다. 물론 세상에는 한 끼의 음식조차 마련할 길이 막막한 이들이 있으니 함부로 말해서는 안 될 것입니다. 이러한 육체적 결핍과 달리 인간의 마음속에 있는 결핍은 좀처럼 채워지지 않습니다. 마음이 느끼는 결핍을 욕구와 구별해서 욕망이라고 말할 수 있습니다. 욕망에 대한 이야기는 앞으로도 다룰 것이기에 여기까지만 하겠습니다.

## 해 아래 새것이 없는 세상

"이미 있던 것이 후에 다시 있겠고 이미 한 일을 후에 다시 할

지라. 해 아래에는 새것이 없나니"(전 1:9). 해 아래에 새것이 없다는 이야기를 들어 보셨지요? 사실 미래라고 하는 것은 전적으로 새로운 게 아니라 과거에 경험했던 일들의 반복인 경우가 많습니다. 물론 그것이 동일한 것의 반복은 아닙니다. 조금씩 변화가 일어나게 마련입니다. 하지만 그 근본 구조는 별반 다를 게 없습니다. 구석기 시대의 사람이나 현대인들이 많이 다른 것 같지만 희로애락애오욕喜怒哀樂愛惡欲을 느낀다는 점은 동일하지 않을까요? 물론 사회 구조나 문화의 차이는 그런 감정이나 정서를 처리하는 방식에도 차이를 만들어낼 것입니다. 하지만 차이보다는 유사한 점이 더 많을 것입니다. '오래된 미래'라는 말이 있습니다만, 사람들은 앞으로 나아갈 길이 보이지 않을 때 과거의 지혜로부터 새로운 길의 단초를 찾으려 합니다. 과거의 기억이 현재에 영향을 끼치고, 미래에 대한 기대 또한 현재에 영향을 끼칩니다. 경험상 전적으로 새로운 것은 없습니다.

"무엇을 가리켜 이르기를 보라, 이것이 새것이라 할 것이 있으랴. 우리가 있기 오래전 세대들에도 이미 있었느니라. 이전 세대들이 기억됨이 없으니 장래 세대도 그 후 세대들과 함께 기억됨이 없으리라"(전 1:10-11). 문물은 끊임없이 새로워집니다. 지금 우리가 가지고 있는 휴대전화만 해도 그렇습니다. 인공지능까지 탑재한 스마트폰이 나올 정도로 성능이 어마어마하게 좋아졌습니다. 문물의 변화는 세상을 바라보는 사람들의 시선조차 바꿔 놓고 있습니다. 어떤 이들은 이런 IT기술의 소비자이자 소셜미디어의 주축인 특정 세대를 가리켜 '새로운 인류'라그까지 말하더군요.

그러나 그와 같이 물질문명이 변한다고 해서 인간의 기본적인 삶의 조건조차 완전하게 바뀔 수는 없을 것입니다. 트랜스휴머니즘이나 포스트휴머니즘과 같은 말들이 등장했지만, 인간의 정신세계까지 완전히 개조할 수는 없을 것 같습니다. 독일의 철학자인 칼 야스퍼스는 인류의 정신사를 회고하면서, 기원전 8세기경부터 기원전 2세기 사이에 인간의 모든 정신이 만들어졌다고 주장합니다. 실제로 바로 이 시기에 우리가 익히 알고 있는 이들이 많이 태어났습니다. 그리스에서는 소크라테스와 플라톤, 아리스토텔레스가 태어났고, 인도에서는 석가모니가 태어났고, 이란에서는 조로아스터가 태어났고, 이스라엘에서는 이사야를 비롯한 예언자들이 등장했고, 아시아에서는 춘추전국시대의 현인인 공자와 맹자 그리고 노자와 장자가 태어났습니다. 인류의 정신사에서 가장 위대한 개념들이 이때 만들어집니다. 지금도 우리는 소크라테스와 플라톤, 공자와 맹자의 말을 종종 인용하곤 합니다. 야스퍼스는 지금 우리가 하는 모든 정신적 활동이 그 시대에 만들어진 개념을 통해 이루어지는 것이라고 말하면서 그 시대를 가리켜 '차축시대'車軸時代라고 말합니다. 지구가 자전축을 중심으로 해서 23.5도 기울어서 도는 것처럼, 인류의 정신사는 그 시대를 중심으로 돌고 돈다는 것입니다. 한마디로 세계 문명사의 대전환이 이루어진 시대라고 할 수 있습니다. 인지 혁명이 일어나면서 문물은 비약적으로 발전했지만, 인간 정신은 또 다른 비약을 하지 못한 것인지도 모릅니다.

하지만 전도서를 제외한 다른 성경은 우리에게 끊임없이 새로운 것에 대해 말합니다. 하나님은 이사야를 통해 "보라, 내가 새 일을 행하리니 이제 나타낼 것이라"(사 43:19)고 선언하십니다. 하나님은 낡은 세상에 새로운 것을 가져오시는 분이십니다. 예레미야서도 동일한 이야기를 합니다. "보라, 날이 이르리니 내가 이스라엘 집과 유다 집에 새 언약을 맺으리라"(렘 31:31). 여기에 대한 코헬렛의 태도는 냉소적입니다. "그래, 새로워 보이긴 하지. 그러나 그것 또한 이미

다 있던 거야. 그 새로움이라는 것도 결국은 기억되지 않을 거야." 사람들은 누구나 자기가 잊혀진다는 사실을 두려워합니다. 대중들의 인기를 한몸에 받던 연예인들은 사람들이 더는 자기에게 환호하지 않을 때 매우 힘들어하곤 합니다. 오랫동안 정치세계에 몸담았던 이들도 선거에서 떨어지고 나면 견딜 수 없이 괴로워합니다. 자기 존재가 부정당한 것처럼 느끼는 것입니다. 그들은 과거에 붙들려 살기 때문에 가련합니다.

코헬렛은 삶의 현실을 직시하자고 말합니다. 우리는 결국 잊혀질 것이라는 사실을 정직하게 받아들이자는 것입니다. 속절없이 사라지는 영화로운 시간을 아쉬워하지 말고, 아직 다가오지 않은 미래에 대한 두려움 때문에 전전긍긍하지 말고, 지금 여기서의 삶에 충실하자는 것이 코헬렛이 주는 교훈입니다. 이것은 허무주의가 아니라, 도저한 현실주의입니다.

## 지혜의 탐구와 그 괴로움

"나 전도자는 예루살렘에서 이스라엘 왕이 되어 마음을 다하며 지혜를 써서 하늘 아래에서 행하는 모든 일을 연구하며 살핀즉 이는 괴로운 것이니 하나님이 인생들에게 주사 수고하게 하신 것이라"(전 1:12-13). 이 왕은 참 괜찮은 왕 같습니다. 힘과 권력을 얻는 일에 몰두하지 않고, 마음을 다하며 지혜를 써서 하늘 아래에서 벌어지는 모든 일을 이해하려고 했으니 말입니다. "마음을 다하며"에서 '마음'은 히브리어로 '레브 לב'인데, '심장' 혹은 '정신'을 가리킵니다. 심장은 존재의 정수입니다. 코헬렛은 세상에서 벌어지는 일을 이해하기 위해 혼신의 힘을 기울였습니다. 지혜는 히브리어로 '호크마 חכמה'인데, 인간이 가지고 있는 모든 예술적, 기술적 재능까지 두루 가리키는 말입니다. 코헬렛은 자신이 가지고 있는 추상적이고 이론적인 지식은 물론이고, 실용적인 지식까지 동원하여 삶의 교훈을 얻기 위해 노력했습니다.

사서삼경 가운데 하나인 『대학』은 선비들이 추구해야 할 여덟 가지 덕목 곧 팔조목八條目이 있다고 말합니다. 그중 뒤에 나오는 덕목 '수신제가치국평천하'修身齊家治國平天下는 익히 알려진 데 반해, 선행하는 덕목 '격물치지성의정심'格物致知誠意正心은 비교적 덜 알려져 있습니다. '격물'은 세상에 있는 것들을 하나하나 이해하려고 노력하는 것을 일컫는 말입니다. 가령 꽃을 바라볼 때, 그 꽃에 암술과 수술이 있고, 벌들이 와서 수정하고, 꽃들이 피어나고, 꽃에서 꿀을 채취하는 모든 과정을 이해하기 위해 살피는 것이 바로 격물입니다. 그것을 잘 살핌으로 결국 '치지' 곧 앎에 이르게 됩니다. 그 앎은 정보의 축적이라기보다 삶에 대한 바른 이해를 가리킵니다. 자기가 누구이며 어떤 세상에 살고 있는지 아는 사람은 함부로 살 수 없습니다. 머뭇거리거나 조심스럽게 삽니다. 자기의 존재 이유를 묻고 또 물으며 그 이유에 합당하게 살기 위해 마음을 쓰는 것이 '성의'입니다. 그럴 때 '정심' 곧 우리 마음이 바르게 됩니다.

코헬렛이 했던 것이 바로 세상 공부와 마음 공부였습니다. 그런데 놀라운 것은 그러한 공부의 결론입니다. "이는 괴로운 것이니 하나님이 인생들에게 주사 수고하게 하신 것이라." 왜 괴롭다는 것일까요? 알려고 노력했지만 세상에서 벌어지는 일을 다 이해할 수 없다는 자각 때문입니다. 그 누가 세상에서 벌어지는 모든 일을 이해할 수 있겠습니까? 아는 것보다 모르는 것이 더 많습니다. 공부에 깊이 들어간 사람은 자기가 무지하다는 사실을 압니다. 이것은 일종의 '유한성의 자각'입니다. 소크라테스가 가장 지혜로운 사람으로 인정

받은 것은 자기의 무지함을 자각하고 있었기 때문입니다. 코헬렛은 세상의 어떤 지혜나 자기에게 부여된 권한을 가지고 아무리 애를 써도 하나님이 하시는 일을 이루 다 알 수 없더라고 고백합니다. 다음 구절에는 그가 느낀 헛헛함이 고스란히 담겨 있습니다.

## 인간의 한계와 유한성

"내가 해 아래에서 행하는 모든 일을 보았노라. 보라, 모두 다 헛되어 바람을 잡으려는 것이로다. 구부러진 것도 곧게 할 수 없고 모자란 것도 셀 수 없도다"(전 1:14-15). 세상에는 아무리 똑똑한 사람도 알 수 없는 것이 있고, 제아무리 유능해도 바꿀 수 없는 일이 있습니다. 우리가 창조주가 아닌 한, 존재하지 않는 것을 존재의 세계로 불러낼 수 없습니다. 인간이 할 수 있는 일은 많지 않습니다. 이미 주어진 것을 이용하거나 변형시키는 것은 할 수 있지만 전적으로 새로운 것을 빚어낼 수는 없습니다. 다시 말해, 우리는 창조주 하나님의 신비 가운데 초대받은 손님이지 창조주가 아닙니다. 하나님의 역사 계획의 일부를 이해할 뿐, 그 전모를 다 이해할 수 없습니다. 이런 자각이 번개처럼 그의 뇌리를 스쳤기에 코헬렛은 해 아래에서 인간이 행하는 모든 일이 헛되어 바람을 잡으려는 것이라고 고백합니다.

이 자각은 매우 중요합니다. 진정한 지혜는 구부러진 것을 바르다고 선포하는 게 아닙니다. 구부러진 것을 구부러진 것으로 인식하되, 그것을 가지고 내가 무엇을 할 수 있을지를 생각하는 게 지혜입니다. 전도자는 이게 왜 구부러졌는지에 대해서는 별로 관심이 없습니다. 자신이 바로잡을 수 없기 때문입니다. 물론 이 말은 조심스럽게 해야 합니다. 라인홀드 니부어의 「평정을 구하는 기도」를 아시나요? 긴 기도문 중에서 앞부분만 널리 알려져 있습니다. "하나님,

바꿀 수 없는 것을 받아들이는 평정平靜과, 바꿀 수 있는 것을 바꾸는 용기勇氣와, 언제나 이 둘을 분별하는 지혜智慧를 저에게 주십시오." 변화시키지 못할 것은 애태우지 말고 받아들여야 합니다. 그 대신 변화시킬 수 있는 것은 용기를 내서 변화시켜야 합니다. 그리고 그것을 구분할 줄 아는 것이 지혜입니다. 코헬렛이 말하는 구부러진 것과 모자란 것은 우리가 받아들여야 할 현실을 의미한다고 이해하면 좋겠습니다.

## 지혜의 역설, 번뇌의 깊이

"내가 내 마음속으로 말하여 이르기를 보라, 내가 크게 되고 지혜를 더 많이 얻었으므로 나보다 먼저 예루살렘에 있던 모든 사람들보다 낫다 하였나니 내 마음이 지혜와 지식을 많이 만나 보았음이로다. 내가 다시 지혜를 알고자 하며 미친 것들과 미련한 것들을 알고자 하여 마음을 썼으나 이것도 바람을 잡으려는 것인 줄을 깨달았도다"(전 1:16-17). 전도자는 세상에 있는 모든 지혜를 얻었습니다. 아리스토텔레스는 솔로몬 못지않게 지혜로웠던 사람입니다. 이 사람의 제자가 마케도니아 출신의 알렉산더 대왕입니다. 그는 정복 전쟁에 나섰다가 신기한 동물이나 풍물을 보면 그것을 스승에게 보내 연구하게 했습니다. 그 덕분에 아리스토텔레스는 세상에 존재하는 많은 것들에 대한 박물학적 지식을 습득할 수 있었습니다.

코헬렛의 관심은 아리스토텔레스 못지않습니다. 그는 미친 것들과 미련한 것들까지 이해하려고 노력했습니다. 인간의 정신을 지배하는 광기와 망상에 이르기까지 그의 관심이 미치지 않는 영역이 없었습니다. 플라톤은 자신이 제시한 이상 국가에서 시인들을 내쫓아야 한다고 주장했습니다. 그의 글이 운문의 형태를 띠고 있음에도 불구하고 그런 주장을 했던 것은 시인들은 광기에 사로잡힌 자들이라고 생각했기 때문입니다. 광기가 창조적인 일을 하게 한다는 것입니다. 코헬렛이 말하는 미련한 것들은 어리석음을 가리키는 말이 아니라, 합리적 이성으로 이해할 수 없는 일들을 가리킵니다. 코헬렛은 그런 것까지 이해해 보려고 노력했습니다. 그러나 그런 탐구 끝에 그가 당도한 세계는 '알 수 없음'입니다.

"지혜가 많으면 번뇌도 많으니 지식을 더하는 자는 근심을 더하느니라"(전 1:18). 마치 공부를 싫어하는 사람이 하는 말처럼 들립니다. 우리가 알다시피 잠언은 지혜를 굉장히 중요하게 여깁니다. 잠언은 후대 사람들에게 관습적인 지혜를 가르칩니다. 코헬렛은 지혜와 지식은 우리를 피곤하게 한다고 말합니다. 전복적인 진술입니다. 이것을 공부를 멀리해야 모든 근심을 물리칠 수 있다는 말로 받아들여서는 안 됩니다. 코헬렛은 세상을 다 이해하려 하고, 세상의 모든 비합리적인 것도 다 설명할 수 있다고 생각하는 인간의 자부심이 얼마나 허망한 것인지를 깨달았다고 말합니다. 세상에는 이해할 수 있는 것도 있지만, 이해할 수 없는 것도 있습니다. 자기 한계를 겸허히 받아들이는 것이야말로 진짜 지혜임을 코헬렛은 가르칩니다.

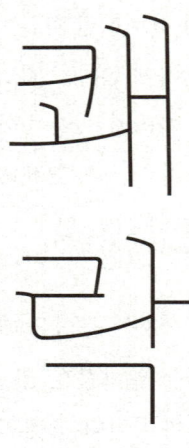

**세 번째 강의**
|
즐거움도 헛되다
2:1-11

지난 시간에는 전도서가 헛됨을 주제로 다루지만, 우리 인생이 단순히 허무하고 공허하다는 메시지를 전하는 책은 아니라고 말씀드렸습니다. 삶은 모호하기 이를 데 없습니다. 그 모호성 앞에서 사람들은 당혹감을 느낍니다. 일종의 영혼의 어지럼증입니다. 고개를 숙이고 있다가 갑자기 고개를 들 때 어찔할 때가 있습니다. 상식적으로 움직인다고 여겼던 세상, 너무나 익숙한 세상이 갑자기 낯선 곳처럼 여겨지는 경험을 해보신 적 있나요? 그런 경험은 우리를 새로운 인식의 세계로 데려갑니다. 그때 여러 질문이 떠오릅니다. '우리가 가치 있다고 여겨 집착하는 것들이 정말 그럴 만한 가치가 있는 것인가?', '그것은 아침 안개처럼 흩어져 버리는 것들 아닌가?', '그렇다면 이 모든 게 다 사라진 다음에 남는 삶의 알짬은 무엇일까?', '마지막에 내가 굳게 붙들어야 할 삶의 핵심이 있다면 그게 무엇일까?' 코헬렛은 바로 이런 질문의 세계로 우리를 끌어들입니다. 오늘 본문으로 들어가 보겠습니다.

> 나는 내 마음에 이르기를 자, 내가 시험 삼아 너를 즐겁게 하리니 너는 낙을 누리라 하였으나 보라, 이것도 헛되도다. 내가 웃음에 관하여 말하여 이르기를 그것은 미친 것이라 하였고 희락에 대하여 이르기를 이것이 무슨 소용이 있는가 하였노라. 내가 내 마음으로 깊이 생각하기를 내가 어떻게 하여야 내 마음을 지혜로 다스리면서 술로 내 육신을 즐겁게 할까. 또 내가 어떻게 하여야 천하의 인생들이 그들의 인생을 살아가는 동안 어떤 것이 선한 일인지를 알아볼 때까지 내 어리석음을 꼭 붙잡아 둘까 하여 나의 사업을 크게 하였노라. 내가 나를 위하여 집들을 짓고 포도원을 일구며 여러 동산과 과원을 만들고 그 가운데에 각종 과목을 심었으며 나를 위하여 수목을 기르는 삼림에 물을 주기 위하여 못들을 팠으며 남녀 노비들을 사기도 하였고 나를 위하여 집에서 종들을 낳기도 하였으며 나보다 먼저 예루살렘에 있던 모든 자들보다도 내가 소와 양 떼의 소유를 더 많이 가졌으며 은금과 왕들이 소유한 보배와 여러 지방의 보배를 나를 위하여 쌓고 또 노래하는 남녀들과 인생들이 기뻐하는 처첩들을 많이 두었노라. 내가 이같이 창성하여 나보다 먼저 예루살렘에 있던 모든 자들보다 더 창성하니 내 지혜도 내게 여전하도다. 무엇이든지 내 눈이 원하는 것을 내가 금하지 아니하며 무엇이든지 내 마음이 즐거워하는 것을 내가 막지 아니하였으니 이는 나의 모든 수고를 내 마음이 기뻐하였음이라. 이것이 나의 모든 수고로 말미암아 얻은 몫이로다. 그 후에 내가 생각해 본즉 내 손으로 한 모든 일과 내가 수고한 모든 것이 다 헛되어 바람을 잡는 것이며 해 아래에서 무익한 것이로다 (전 2:1-11).

## 자기를 돌아보는 존재로서의 나

이 대목에서 자주 등장하는 단어가 있습니다. 바로 "내가"입니다. "내가"라는 일인칭 서술은 경험의 직접성을 암시합니다. 그렇기에 호소력이 크고 사람들이 공감할 여지가 많습니다. 하지만 일인칭 서술은 매우 조심스럽게 사용해야 합니다. 기성세대가 젊은이들에게 충고한답시고 "그건 나도 다 해봐서 아는데"라고 말하는 순간 둘 사이에는 넘기 어려운 벽이 세워집니다. 어쭙잖게 다른 이들에게 충고하려는 목적이 아니라, 자기 삶의 경험을 진실하게 전달하기 위해 사용하는 일인칭 서술은 허용되어야 합니다. 자기 경험을 말하는 것은 인간이 반성하는 존재 곧 사유하는 존재임을 입증합니다. 자의식self-consciousness을 가진 인간은 자기를 돌아보는 존재, 자기의 존재를 문제 삼는 존재입니다. 이것이 인간의 인간됨인지도 모르겠습니다.

사실 자의식이라는 개념이 중요하게 등장한 것은 르네상스 이후였습니다. 물론 그 이전에는 자의식이 없었다는 말이 아닙니다. 중세까지만 해도 개인은 독립적인 주체라기보다 공동체에 속한 존재라는 생각이 우세했습니다. 그 때문에 '나'라는 개별적 존재가 강조되지 않았습니다. 우리의 언어생활에도 집단적 의식의 흔적이 고스란히 남아 있습니다. '나'라고 말해야 할 자리에 '우리'라는 단어를 사용할 때가 많습니다. '내 아내'라고 말하지 않고 '우리 집사람'이라고 말하는 것이 한 예입니다. 좋은 의미의 개인주의가 발현되지 않는 사회일수록 패거리 의식이 강합니다. 그러다 보면 개인의 생각은 억압되게 마련입니다. 그런데 전도서는 '우리'가 아닌 '나'를 중심에 놓고 이야기를 전개합니다. 그런 의미에서 호소력이 강합니다.

## 인간 존재의 본질

전도서 2장은 "나는 내 마음에 이르기를"이라는 말로 시작됩니다(전 2:1). 사람은 이와 같이 자기와 관련하는 존재입니다. '자기 관련성'이야말로 인간의 본질이라 할 수 있습니다. 한나 아렌트는 인간에게는 자기와 이야기할 수 있는 능력이 있다고 말합니다. 심지어 모든 사유는 '나와 나 자신의 대화'라고 말합니다. 이것을 다른 말로 '성찰'이라고도 할 수 있습니다.

"사람이 떡으로만 살 것이 아니요 하나님의 입으로부터 나오는 모든 말씀으로 살 것이라"(마 4:4)는 구절은 우리가 많이 암송하는 말씀 중 하나입니다. 밥이나 빵을 먹는 인간의 행위는 육신을 위한 것입니다. 그런데 인간이 인간답게 되기 위해서는 밥만 먹어서는 안 됩니다. '의미' 혹은 '보람'을 먹을 때 비로소 인간이 인간답게 됩니다. 한마디로 내 삶이 의미 있어야 하고, 내가 어떤 일에 보람을 느껴야 한다는 것입니다. 예를 들어, "나는 오늘 밥을 다섯 공기 먹을 거야"라고 말한 뒤 실제로 그렇게 했다고 해서 보람 있었다고 말할 수 있을까요? 보람과 의미는 내가 누군가에게 의미 있는 존재가 되었을 때, 누군가의 요구에 응답했을 때, 다시 말해 '타자와의 관계' 속에서 발생합니다. 사람들과의 관계 속에서 내가 누군가를 돕거나 그의 요구에 응답할 때 보람을 느끼고 의미를 찾게 됩니다. 인간의 인간됨은 그렇게 형성되는 것입니다.

"자, 내가 시험 삼아 너를 즐겁게 하리니 너는 낙을 누리라 하였으나"(전 2:1). 전도자는 자기를 "너"라고 객관화하여 말을 건넵니다. 말하는 자와 듣는 자가 동일합니다. 앞서 살펴본 대로 지혜가 많으면 번뇌도 많고 지식을 더하면 근심을 더한다고 느꼈기 때문에

됨을 극복하기 위해 인생을 한번 즐겨 보자고 생각했다는 것입니다.

### 행복의 본질

한껏 누려 본 끝에 그가 당도한 결론은 무엇일까요? "보라, 이것도 헛되도다"(전 2:1). "보라"는 단어는 지시어이지만 놀람의 세계로 우리를 초대하는 역할을 합니다. 신약성경에도 이 단어는 자주 등장합니다. 우리가 잘 아는 구절을 살펴볼까요? "그런즉 누구든지 그리스도 안에 있으면 새로운 피조물이라. 이전 것은 지나갔으니 보라, 새것이 되었도다"(고후 5:17). 이와 같이 코헬렛은 즐거움도 다 헛되더라고 고백합니다.

사람은 누구나 행복하기를 바랍니다. 하지만 행복이라는 가상의 목표를 추구하기 위해 지금 누려야 할 것을 누리지 못하고 지금 해야 할 일을 소홀히 하는 사람은 어리석은 사람입니다. 행복을 미래의 성취로 생각하는 사람들은 카프카의 『성』에 나오는 측량기사 K의 처지와 다를 바 없습니다.[1] 그 성은 다가서는 만큼 멀어집니다.

서로마 제국이 멸망할 무렵에 태어났던 사람 가운데 보에티우스라는 철학자가 있습니다. 그는 『철학의 위안』이라는 책에서 이렇게 말합니다.[2] "행복이란 요사스러운 존재다. 인간을 혹하게 하다가도 뜻밖의 순간 인간을 저버리는 게 행복이다." 행복은 "내가 당신 곁에 가도 되겠어요" 하고 슬며시 다가와 사람을 혹하게 만들지만, 어느 순간 기별조차 없이 우리 곁을 훌쩍 떠나가 버린다는 것입니다. 행복이 다가올 때는 만족과 기쁨을 느끼지만, 멀어지는 순간 이전보다 더 큰 상실감을 맛보게 마련입니다. 이것이 우리가 사는 세상의 실상이며, 행복을 추구하는 사람들이 공통으로 겪는 고통입니다. 그래서 보에티우스는 "행복이라 여겼던 게 사실 별것 아니라는 사실을 안다면, 행복이 떠났을 때 잃은 것이 없다는 것을 알게 된다"고 이야기합니다. 이것이 바로 보에티우스의 행복론입니다.

우리는 "행복하려면 이러이러한 것이 반드시 필요해"라고 말하며 그것을 붙잡기 위해 온 힘을 다합니다. 그리고 그것을 성취하면 세상을 다 가진 듯 행복해합니다. 하지만 그 행복감은 휘발성이 강해서 얼마 지나지 않아 퇴색되고 맙니다. 내 것이라 여기던 것들이 속절없이 떠나기도 합니다. 그러면 얻을 때의 기쁨보다 더 큰 상실감이 우리를 사로잡습니다. 코헬렛이 스스로 노력해서 세상의 낙을 누려 본 결과, 그것이 우리 삶에 영속적인 기쁨을 줄 수 없다는 사실을 깨달은 것입니다. 진정한 행복이 아니더라는 것이지요. 그다음에 그가 추구했던 것은 무엇인가요?

## 웃음과 희락을 추구한다는 것

"내가 웃음에 관하여 말하여 이르기를 그것은 미친 것이라 하였고 희락에 대하여 이르기를 이것이 무슨 소용이 있는가 하였노라"(전 2:2). 코헬렛은 웃음과 희락도 영속성이 없더라며 단칼에 잘라 냅니다. 웃음은 미친 것이며, 인간이 누리는 희락 또한 무슨 소용이 있느냐는 것입니다. 그는 웃음에 빠져 보고 즐거움에 취해 보려 노력했습니다. 웃음은 인간에게 고유한 것이라고 하지요. 그런데 웃음도 종류가 많습니다. 파안대소하는 얼굴은 보기에 좋습니다. 미소도 일종의 웃음입니다. 그 밖에 비웃음이나 냉소도 있습니다. 웃음은 사회적 압력 수단이 되기도 합니다. 사람들은 웃음거리가 되지 않기 위해 다른 이들의 생각을 살핍니다. 그렇다면 웃음과 희락은 우리가 추구해야 할 가치일까요, 아니면 다가올 때 누려야 할 현실일까요? 시인 반칠환의 「웃음의 힘」이라는 시가 떠오릅니다.

넝쿨장미가 담을 넘고 있다
현행범이다
활짝 웃는다
아무도 잡을 생각 않고 따라 웃는다
왜 꽃의 월담은 죄가 아닌가?[3]

참 기발하고 재미있는 시입니다. 시인은 담을 넘는 넝쿨장미를 두고 현행범이라고 너스레를 떱니다. 도무지 어울리지 않는 두 이미지가 겹치면서 슬그머니 우리 입가에 미소가 번집니다. 현행범인데 아무도 잡을 생각을 하지 않습니다. 오히려 활짝 웃는 넝쿨장미를 따라 함께 웃습니다. 참 절묘하지요? "왜 꽃의 월담은 죄가 아닌가?" 시인은 정색하고 발언하지만, 독자들은 여전히 빙그레 웃으며 그 구절을 읽습니다.

움베르토 에코의 『장미의 이름』은 아리스토텔레스가 썼다고 알려진 웃음에 대한 책이 외부에 알려지지 않도록 수도원에서 금서로 지정되었다는 가정하에 전개됩니다.[4] 수도사들은 왜 웃음을 경계했을까요? 웃음처럼 좋은 게 또 있을까요? 웃음은 경직되었던 것들을 풀어 주고, 마음의 모서리들을 둥글게 만들어 줍니다. 이것이 웃음의 기능입니다. 누군가를 웃게 하는 사람은 평화의 씨를 심는 사람이기도 합니다.

앙리 베르그송은 웃음은 일종의 사회적 제스처라고 말합니다.[5] 웃음에 관한 두 가지 이론이 있는데, 하나는 플라톤과 아리스토텔레스가 주장한 '우월 이론'입니다. 이것은 웃음을 타인에 대한 우월감의 표현으로 이해하는 규범적 이론입니다. 사람들이 일반적으로 웃는 것은 웃음의 대상이 무언가 부족하고 잘못되고 우둔하기 때문이라는 것입니다. 그래서 다른 이들이 나를 불편하게 하더라도 심적인 우월감을 가지고 웃어넘긴다고 합니다. 또 하나는 칸트와 프로이트가 주장한 '대조 이론'입니다. 인지 부조화나 부조리, 모순과 대조, 기대의 어긋남, 예상과 결과의 부조화로 웃음이 유발된다는 것입니다. 체격이 엄청나게 큰 사람이 굳건하게 서서 좌중을 압도하다가 갑자기 아이 같은 목소리로 말할 때 웃음이 터져 나오는 경우를 예로 들 수 있습니다.

이와 같이 웃음에 관한 해석이나 웃음이 가지는 기능이 다양한데, 전도자는 그것조차 헛되다고 말합니다. 웃음이 우리 삶에서 사라진다면 인생이 암담해지지 않을까요? 아무튼 코헬렛은 웃음이나 희락을 추구해 보았지만 그 또한 자기 속에 있는 허무의식을 사라지게 하지 못했다고 말합니다.

## 감각적 쾌락의 한계

"내가 내 마음으로 깊이 생각하기를 내가 어떻게 하여야 내 마음을 지혜로 다스리면서 술로 내 육신을 즐겁게 할까. 또 내가 어떻게 하여야 천하의 인생들이 그들의 인생을 살아가는 동안 어떤 것이 선한 일인지를 알아볼 때까지 내 어리석음을 꼭 붙잡아 둘까 하여"(전 2:3). 문장이 다소 복잡합니다. 새번역은 보다 이해하기 쉽게 설명합니다. "지혜를 갈망해 온 나는, 술로 내 육신을 즐겁게 하고, 낙을 누려 보려고 마음먹은 적도 있다. 참으로 어리석게도, 이렇게 사는 것이 짧은 한평생을 가장 보람 있게 사는 것이라고 생각하였다." 흥청망청 살면서 낙을 누리는 게 행복한 인생을 사는 길이라는 생각에 술도 마셔 보았는데 그렇지 않더라는 것입니다.

우리 주위를 보면 술로 고통스러운 인생을 잊고 싶어 하는 사람들이 정말 많습니다. 하지만 술은 여러 가지 폐해를 가지고 있습니다. "포도주는 거만하게 하는 것이요 독주는 떠들게 하는 것이라. 이에 미혹되는 자마다 지혜가 없느니라"(잠 20:1). "아침에 일찍이 일어나 독주를 마시며 밤이 깊도록 포도주에 취하는 자들은 화 있을진저 그들이 연회에는 수금과 비파와 소고와 피리와 포도주를 갖추었어도 여호와께서 행하시는 일에 관심을 두지 아니하며 그의 손으로 하신 일을 보지 아니하는도다"(사 5:11-12). 코헬렛은 술로 육신을 즐겁게 하려는 것도 허망한 열정에 불과하다고 말합니다.

## 인간 성취의 극치

"나의 사업을 크게 하였노라. 내가 나를 위하여 집들을 짓고 포도원을 일구며 여러 동산과 과원을 만들고 그 가운데에 각종 과목을 심었으며 나를 위하여 수목을 기르는 삼림에 물을 주기 위하여 못들을 팠으며 남녀 노비들을 사기도 하였고 나를 위하여 집에서 종들을 낳기도 하였으며 나보다 먼저 예루살렘에 있던 모든 자들보다도 내가 소와 양 떼의 소유를 더 많이 가졌으며 은금과 왕들이 소유한 보배와 여러 지방의 보배를 나를 위하여 쌓고 또 노래하는 남녀들과 인생들이 기뻐하는 처첩들을 많이 두었노라"(전 2:4-8). 4절부터 이어지는 내용을 보면, 코헬렛이 여러 큰일을 했다는 이야기가 나옵니다. '한번 태어난 인생이니 최대한 늦게까지 살다 가야지' 하면서 사업을 크게 했다는 것입니다. 그는 집을 짓고, 포도원을 일구고, 동산과 과원을 만들고, 그 가운데 각종 과목을 심습니다. 이 큰 사업 때문에 이 전도자가 솔로몬일 것으로 생각하는 사람들이 많습니다. 솔로몬이 한 모든 일이 이 구절에 담겨 있기 때문입니다. 솔로몬은 궁궐과 성전도 지었고 포도원도 일구어 보았습니다. 아가서를 보면,

바알하몬이라는 곳에 솔로몬의 포도원이 있었다고 말합니다(아 8:11).

그다음에 "동산"이라고 번역된 단어는 채소를 가꾸는 텃밭을 가리킵니다. "과원"이라는 단어는 히브리어로 '파르데스'פרדס인데, 과목을 심어 놓고 울타리를 둘러친 것을 가리키는 말입니다. 여기서 나온 단어가 바로 낙원을 뜻하는 '파라다이스'paradise입니다. 고대인들에게 낙원의 이미지는 과일나무들이 가지런히 서 있고, 울타리가 둘러쳐져서 오염이 없는 상태입니다. 삼림에 물을 공급하기 위해 못을 팠다는 말은 인공의 파라다이스를 조성했다는 뜻입니다. 인생에서 즐길 만한 것은 모두 해본 것입니다. 심지어 남녀 노비를 사서 그들로 하여금 종들을 낳게 하고, 그들이 생산한 것들을 통해 예루살렘에 있던 모든 사람보다 더 많은 소와 양 떼를 거느리게 되었다고 말합니다. 부족한 것이 하나도 없습니다.

코헬렛은 거기에 더해 노래하는 남녀까지 두었습니다. 가수는 옛날부터 있었고, 서사시는 음유시인들의 구송을 통해 전승되었습니다. 아마 이야기를 노래의 리듬 속에 얹지 않았더라면 그 많은 정보를 기억하는 게 불가능했을 것입니다. 역대하 35장에는 이스라엘 역사에서 굉장히 중요한 인물인 요시야 왕이 등장합니다. 요시야 왕은 북진하는 애굽 왕 느고를 막다가 므깃도 골짜기에서 전사합니다. 비운의 죽음을 맞이한 요시야는 조선의 정조와 같은 개혁 군주였습니다. 이를 누구보다 슬퍼한 사람이 예언자 예레미야입니다. 예레미야는 요시야의 죽음을 애도하는 노래를 짓고, 노래하는 남녀들로 하여금 슬픔의 노래를 부르게 합니다(대하 35:25). 솔로몬 주변에도 이와 같이 노래하는 사람들이 있었습니다. 노래는 사람들을 즐겁게 하기도 하고 슬픔을 위로하기도 합니다.

그뿐만이 아닙니다. 인생들이 기뻐하는 처첩들을 많이 두었다는 내용을 보면 자연스레 솔로몬 왕이 떠오릅니다. 솔로몬 왕은 칠백 명의 후궁과 삼백 명의 첩을 두었다고 합니다(왕상 11:3). 물론 이 많은 처첩은 그의 비대한 욕망을 보여주는 것이기도 하지만, 그의 세력의 왕성함을 드러내기 위한 일종의 과시일 것입니다. 흔히 솔로몬을 가리켜 지혜의 임금이라고 하지만, 이와 같은 맥락을 놓고 보면 그의 내면의 공허함이 상당히 컸던 것 같습니다.

"내가 이같이 창성하여 나보다 먼저 예루살렘에 있던 모든 자들보다 더 창성하니 내 지혜도 내게 여전하도다"(전 2:9). 코헬렛은 그동안 이스라엘에서 통치하던 그 어떤 왕들과 비교해도 자신이 더 창성했다고 말합니다. '창성'帚盛이라는 단어는 기운이 뻗어 나가면서 무언가가 채워지고 충만해지는 것을 뜻합니다. 자신이 전임자보다 더 창성했다고 함으로써 그가 다스리던 시대가 행복의 조건이 모두 갖추어진 시대였음을 이야기하고 있습니다. 여기에 지혜 또한 갖추었으니 완벽한 사람이라 할 수 있습니다.

### 욕망 충족의 역설

"무엇이든지 내 눈이 원하는 것을 내가 금하지 아니하며 무엇이든지 내 마음이 즐거워하는 것을 내가 막지 아니하였으니 이는 나의 모든 수고를 내 마음이 기뻐하였음이라. 이것이 나의 모든 수고로 말미암아 얻은 몫이로다"(전 2:10). 여기서 "내 눈이 원하는 것"은 무엇을 가리킬까요? 인간의 욕망에 대한 환유입니다. 눈은 인간의 감각 기관 가운데 외부와 가장 긴밀하게 접촉하는 기관입니다. 유혹의 통로라는 말입니다. 코헬렛은 자기 눈을 통해 발생한 욕망을 언제든 유보 없이 충족시킬 수 있었다고 말합니다. 행복할 것 같지만 그렇지 않습니다.

우리 삶을 조금만 돌아보아도 알 수 있습니다. 원하는 것을 즉각 얻을 수 있을 때 사람들은 그게 귀한 줄도 모르고 고마운 줄도 모릅니다. 당연한 것이기 때문입니다. 당연의 세계에는 감사가 없습니다. 바라는 모든 것을 얻을 수 있을 때 삶은 권태로워집니다. 지연된 욕망을 견디지 못하는 성급함은 행복의 능력 또한 앗아가게 마련입니다.

보상을 통해 아이들을 교육하는 게 제게는 그리 바람직해 보이지 않습니다. "숙제 다 하면 TV 보여줄게"라는 식의 접근법을 종종 볼 수 있습니다. 이것의 교육학적 의미를 고려할 때, '당(當)의 교육'과 '상(賞)의 교육'이라는 개념이 떠오릅니다. 당의 교육은 당연한 것을 당연하게 하도록 하는 것입니다. 내가 가족의 일원으로서 마땅히 해야 할 일들이 있는데, 아이들에게 "이거 하면 얼마 줄게" 하면서 보상을 줌으로 보상 때문에 움직이게 만드는 것이 과연 옳은 일일까요? 상에 대한 약속이 선한 행동을 유인할 수도 있다는 점에서 꼭 나쁘다고 할 수는 없지만 저는 조금 회의적입니다.

기복적인 종교도 결국은 상의 교육에 기반을 둔 것이 아닐까요? 하나님의 은혜는 값없이 주어지는 것이라고 말하면서도 끝없이 복을 받기 위한 조건들을 가르치니 말입니다. 마땅히 해야 할 것을 마땅히 하도록 하는 교육이 필요합니다. 가족이므로 마땅히 해야 할 일을 하고, 시민이기에 마땅히 해야 할 일을 하고, 믿는 사람이기에 마땅히 해야 할 일을 하는 것이 성숙한 태도입니다.

욥기에 나오는 문제적 구절을 떠올려 보십시오. 사탄은 욥의 덕성을 칭찬하는 하나님께 이의를 제기합니다. "욥이 어찌 까닭 없이 하나님을 경외하리이까"(욥 1:9). "까닭 없이"라는 단어가 도드라지게 들립니다. 사탄은 하나님이 욥이 하는 일마다 잘되게 해주시고 상급을 주시니 그가 하나님을 경외할 수밖에 없지 않냐고 말합니다. 사탄의 말을 달리 표현하면 이와 같습니다. "이런 행복의 조건들이 주어지지 않더라도 과연 그가 경건하게 살까요?"

여러분도 한번 이 질문 앞에 서 보십시오. 내가 원하는 것들을 하나님이 주시지 않을 때에도 여전히 하나님을 나의 하나님이라고 고백할 수 있습니까? 많은 신자들이 신앙과 복을 연속적인 것으로 파악합니다. 내가 성실하게 하나님을 믿고 따르면 하나님도 우리 소원을 들어주시는 것이 마땅하다고 생각합니다. 명시적으로 그렇게 말하지는 않더라도 내심 이런 생각을 떨치지 못합니다.

이와 관련해서 김교신 선생이 1941년 세밑에 쓴 '제야의 기도'가 생각납니다. 선생은 자신의 일 년을 돌아보며 하나님의 은혜가 분에 넘쳤다고 고백한 뒤 이렇게 말합니다.

> 그러나 주 예수여, 내가 드려야 할 금년도의 최대의 감사는 이미 성취된 기원을 위해서라기보다 불성취된 기원, 각하된 기도를 위해서인 것을 당신은 잘 살피실 줄 믿습니다. 성취된 기원을 위한 감사도 아시아 대륙보다 적지 않습니다마는 불성취된 기원을 위한 것은 실로 태평양보다 더 큰 것이 있습니다.[6]

불성취된 기원, 각하된 기도 때문에 감사한다는 말이 낯설게 들릴 수도 있습니다. 하지만 이 고백이야말로 성숙한 신앙인의 표상이 아닐까요? 그에게 중요한 것은 자기의 소원이 아니라 하나님의 뜻을 이루는 일이었습니다. 하나님의 뜻 앞에 그는 겸손하게 '아멘'으로 응답합니다. 그것이 비록 자기의 뜻이나 욕망을 거스르는 일이었더라도 말입니다. 이와 같은 겸손한 수용이야말로 진정한 신앙의 출발입니다.

다시 본문으로 돌아가겠습니다. 코헬렛은 자기의 수고로 얻은 모든 결실을 돌아보며 기뻐했습니다. 그러나 그는 자기 기쁨의 내부를 살피는 데 게으르지 않습니다.

## 진정한 기쁨을 찾아서

"그 후에 내가 생각해 본즉 내 손으로 한 모든 일과 내가 수고한 모든 것이 다 헛되어 바람을 잡는 것이며 해 아래에서 무익한 것이로다"(전 2:11). 그가 추구했던 즐거움과 삶의 낙은 지속성이 없으며, 손가락 사이를 빠져나가는 모래알갱이처럼 모두 사라져 버리는 것임을 그는 자각합니다. 인생에서 누릴 만한 것들을 다 누려 봤지만, 마음속 깊은 곳에 흔적처럼 남는 진정한 기쁨은 별로 없더라는 것입니다.

꽃을 싼 종이에서는 꽃향기가 나고, 생선을 싼 종이에서는 비린내가 나는 법입니다. 기쁨의 조건을 다 갖추었지만 정작 지속적인 기쁨은 없는 상태에 그는 놀랍니다. 생각이 늘 문제입니다. 생각하지 않으면 이런 우울함은 없을지도 모릅니다. 그러나 생각하지 않는다면 인간이라 하기 어렵습니다. 소유와 영속적인 기쁨이 꼭 일치하지 않는다는 자각 때문인지 그는 그 모든 것이 헛되어 바람을 잡는 것이며 해 아래에서 무익한 것이라고 말합니다.

동아시아 사람들의 문헌에서 '즐거울 락'樂 자는 주로 '쾌'快라는 글자와 연결되어 사용됩니다. '쾌락' 하면 우리는 육체적인 욕망의 충족을 떠올립니다. 그런 의미에서 다소 부정적인 의미로 소비되기도 합니다. 그런데 유학자들에게 쾌락은 꽤 괜찮은 단어입니다. 그들은 인간이 쾌락을 누릴 수 있어야 한다고 말합니다. 진짜 '락'이 무엇인가 하면, 내 속에서 무언가 응어리처럼 맺혀 있던 것들이 풀려 나가서 시원해진 상태 곧 한 경계를 뛰어넘는 홀가분함입니다. '쾌' 는 두 가지 뜻을 지니고 있는데, '시원하다'라는 뜻도 있고 '병이 낫 다'라는 뜻도 있습니다. 결국 진정한 행복은 바로 이러한 쾌와 락을 얻는 데 있습니다.

코헬렛은 이런 보편적인 상식을 뒤집어엎습니다. 그는 집도 지 어 보고, 과수원도 만들고, 자기가 원하는 것도 다 해보고, 지혜도 있 다고 자랑했지만, 결국 쾌도 없고 락도 없고 남는 것은 허무뿐이라 고 말합니다. 사람들은 저마다 가슴에 응어리를 안고 삽니다. 시간 여행자로 살아가는 동안 내면에 생긴 그림자입니다. 그 그림자 혹은 울혈 때문에 우리 마음은 어둡습니다. 시원하고 홀가분한 마음을 경 험하며 살기란 여간 어려운 것이 아닙니다. 그 마음의 종살이에서 벗어나려고 사업도 해보고 눈이 원하는 것을 다 해보고 즐거움을 추 구해 봤지만 그 안에 진짜 즐거움이 없었다는 것이 코헬렛의 전언입 니다. 그렇다면 우리 인생에서 정말 중요한 것은 무엇일까요? 우리 에게 남은 과제는 무엇입니까? 진짜 즐거움이 무엇일까요? 그 결론 에 도달하기 전에 뚫고 가야 할 장벽들이 아직 많이 남아 있습니다.

아무튼 코헬렛이 우리에게 들려주고 있는 것은 사람들이 행복 의 조건이라 여기고 추구하는 것들이 우리에게 궁극적 행복을 주지 는 못했다는 것입니다. 그렇다고 한다면, '그것은 우리가 버려야 할 것은 아니지만 몰두해야 할 것도 아니구나'라는 사실을 알 수 있습 니다. 진짜 시원함, 진짜 홀가분함에 당도하기 위해 우리가 가야 할 길이 아직 멉니다.

**네 번째 강의**

죽음이라는
한계 앞에서
2:12-17

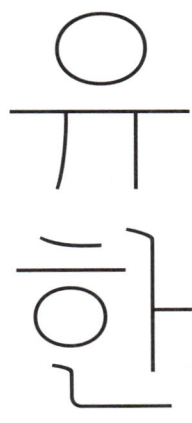

누구든 살다 보면 무언가를 누려 보고 싶다는 생각이 들게 마련입니다. 집도 짓고, 텃밭도 가구고, 집 주변에 과일나무도 심고, 철마다 피는 꽃을 감상하고 싶다는 꿈을 누가 나무랄 수 있겠습니까? 그런 꿈은 나쁘기는커녕 우리 고단한 삶을 견디게 해주는 강장제 역할을 합니다. 그런 꿈이 나쁘다고, 헛것이라고 함부로 말해서는 안 됩니다.

오늘 본문을 살펴보기 전에 '욕구'와 '욕망'을 구분해서 설명해 보려고 합니다. 욕구는 '니즈'needs이고 욕망은 '디자이어'desire입니다. 욕구는 몸의 결핍을 채우려는 경향성입니다. 몸으로부터 출발한 결핍감이라는 말입니다. 몇 끼 굶으면 음식을 먹고 싶다는 생각이 드는 게 당연합니다. 산길을 걷다 물이 떨어져 갈증이 심해지면 사람들은 시냇물이라도 마시게 마련입니다. 이와 마찬가지로, 수면이 부족하면 어디든 눕고 싶은 마음이 드는 것이 인지상정입니다. 이것은 몸을 가진 존재의 당연한 소망입니다. 욕구는 보편적입니다. 그렇기에 인간의 기본적인 욕구를 채워 줄 수 있는 사회가 건강합니다. 그가 부유하든 가난하든, 기업주든 노동자든, 지식인이든 그렇지 못한 사람이든 기본 욕구가 채워질 필요가 있습니다.

  욕망도 결핍이라는 점에서는 욕구와 같지만, 그 결핍의 출발점이 몸이 아니라 마음이라는 점에서 차이가 있습니다. 욕망은 마음의 허기증을 채우고 싶은 열망입니다. 제가 어린 시절 시골 초등학교에 다닐 때는 책보를 싸서 허리에 둘러매고 통학했습니다. 우리 반에서 유일하게 가방을 가지고 다니는 아이가 있었는데, 양조장집 아들이었습니다. 수업이 끝나고 선생님이 책보를 싸라고 말씀하시면, 우리는 보자기를 책상 위에 펼친 뒤 책과 공책과 필통을 요령껏 정리해서 쌌습니다. 그런데 그 친구는 달랐습니다. 가방 안에 물건들을 착착 집어넣고는 이내 자랑스러운 표정으로 선생님을 바라보았습니다. 그때는 그 모습이 참 얄밉게 보였습니다. 책가방은 우리 모두에게 선망의 대상이었습니다. 그 친구가 책가방을 들고 다니지 않았다면, 우리에게 그런 욕망은 발생하지 않았을 것입니다.

  프랑스의 인류학자이자 철학자인 르네 지라르는 인간의 욕망은 주체로부터 대상을 막바로 향하지 않는다고 말합니다. 언제나 나의 욕망을 매개하는 사람이나 물건이 있게 마련이라는 것입니다. 욕망의 주체와 대상과 매개가 삼각형을 이룬다고 하여 욕망의 삼각형 이론이라 말하기도 합니다. 이것이 언제나 보편적으로 들어맞는 것은 아니지만, 우리 욕망의 상당 부분이 타자들과의 관계 속에서 발생하는 것은 사실입니다. 한때 학생들 사이에서 '겨울 교복'이라 불릴 정도로 인기를 끌던 브랜드의 점퍼가 있었습니다. 많은 학생들이 그 점퍼를 구매했던 것은 가성비가 가장 좋기 때문이 아닙니다. 친구들이 그 옷을 하나쯤 가지고 있기 때문이고, 그것을 소유하지 못하는 순간 자기는 문밖에 내쳐지는 것 같은 소외감을 느끼기 때문입니다. 어떤 연예인들이 하던 귀걸이가 순식간에 동났다는 소식도 들려오곤 합니다. 사람들은 다른 이들을 모방하고 싶어 합니다. 이처럼 매개된 욕망 때문에 우리는 늘 결핍감을 느끼며 삽니다. 욕망의 문제는 그것이 충족되는 순간 또 다른 욕망이 발생한다는 데 있습니다. 테네시 윌리엄스가 쓴 『욕망이라는 이름의 전차』가 떠오릅니다.[1] 전차보다는 쳇바퀴에 빗대는 게 더 적합할지도 모르겠습니다.

제러미 리프킨에게서 배운 '행복 공식'이 있습니다. H=C/D. 여기서 H는 행복을 뜻하는 'Happiness', D는 욕망을 뜻하는 'Desire', C는 자본을 뜻하는 'Capital'의 약자입니다. 여기서 자본은 기본적으로 돈을 내포하지만, 학벌이나 가문, 연줄과 같은 사회적 자본까지 포함합니다. 행복은 누구나 원하는 가치입니다. 사람들은 보통 행복값을 크게 하려면 분자인 C가 커져야 한다고 생각합니다. 욕망을 상수로 간주하기 때문에 그렇습니다. 돈을 벌기 위해 아등바등하고, 어떻게든 '스펙'을 쌓기 위해 노력하고, 유력한 이들과 연결되려고 기웃거리며 삽니다. 직업이 우리 삶의 실현이라는 윤리 교과서의 가르침은 이제 통용되지 않습니다. 평생직장이라는 말도 부질없어졌습니다. 연봉을 더 많이 주는 회사로 옮기는 것을 능력으로 간주합니다. '대박 담론'이 우리 정신을 좀먹고 있습니다. 한정된 재화를 두고 사람들은 무한한 경쟁에 돌입합니다. C를 크게 만들기 위해 분주하게 지내다 보면 숨이 가빠지게 마련이고, 타자들을 환대할 여백은 우리 속에서 점점 좁아집니다.

행복값을 크게 하는 길은 분자인 C를 키우는 것밖에 없을까요? 그렇지 않습니다. 분모 D(욕망)를 줄이면 됩니다. 사람들은 자기

욕망을 상수로 놓고 사는 경향이 많지만, 사실 욕망은 변수에 불과합니다. 매개된 욕망의 종살이에서 벗어나면 됩니다. 세상이 우리에게 이러저러한 것들을 소비하며 살아야 한다고 말할 때, "나는 이것으로 충분해"라고 말할 수 있으면 됩니다. 이것을 가리켜 '정신 승리'라고 말하는 이들도 있지만 그렇지 않습니다. 많은 것을 소유한 사람들이 오히려 가진 것을 누리지 못하는 경우가 참 많습니다. 옛사람은 "욕망을 눌러 스스로 만족할 줄 알면 욕됨을 면하고, 멈추어야 할 때 멈출 줄 알면 위태로움에 빠지지 않는다"知足不辱 知止不殆고 가르쳤습니다. 성경은 "자족하는 마음이 있으면 경건은 큰 이익이 되느니라"(딤전 6:6)고 말합니다. 감사하는 마음과 자족은 소비사회에 대한 가장 강력한 저항입니다.

  C가 커져야 H 값이 커진다는 것이 도식상으로는 맞지만 경험적으로는 맞지 않을 때가 많습니다. 돈 많은 사람들이 원하는 것을 비교적 쉽게 얻을 수 있는 것은 사실이지만, 그렇다고 해서 그들이 행복의 챔피언인 것은 아닙니다. 부유하기 때문에 불행하게 사는 이들이 얼마나 많은지요? 행복은 어쩌면 맹렬하게 추구해야 할 가치가 아니라 삶의 결과로 주어지는 선물이 아닌가 싶습니다.

  "이것도 해보고 저것도 해봤는데 헛되더라"는 지난 시간의 이야기는 "인생이란 본래 헛된 거야"라고 말하려는 것이 아닙니다. 행복 자체를 인생의 목적으로 삼을 때 오히려 행복을 누릴 수 없다는 것입니다. '남들이 이러저러한 것들을 다 누리고 사니 나도 그것을 누려야 돼'라고 생각하고 그 생각에 사로잡히는 순간, 행복은 멀어지고 삶의 자유는 스러집니다. 오늘 본문을 살펴보겠습니다.

  내가 돌이켜 지혜와 망령됨과 어리석음을 보았나니 왕 뒤에 오는 자는 무슨 일을 행할까. 이미 행한 지 오래전의 일일 뿐이리라. 내가 보니 지혜가 우매보다 뛰어남이 빛이 어둠보다 뛰어남 같도다. 지혜자는 그의 눈이 그의 머리 속에 있고 우매자는 어둠 속에 다니지만 그들 모두가 당하는 일이 모두 같으리라는 것을 나도 깨달아 알았도다. 내가 내 마음속으로 이르기를 우매자가 당한 것을 나도 당하리니 내게 지혜가 있었다 한들 내게 무슨 유익이 있으리요 하였도다. 이에 내가 내 마음속으로 이르기를 이것도 헛되도다 하였도다. 지혜자도 우매자와 함께 영원하도록 기억함을 얻지 못하나니 후일에는 모두 다 잊어버린 지 오랠 것임이라. 오호라, 지혜자의 죽음이 우매자의 죽음과 일반이로다. 이러므로 내가 사는 것을 미워하였노니 이는 해 아래에서 하는 일이 내게 괴로움이요 모두 다 헛되어 바람을 잡으려는 것이기 때문이로다(전 2:12-17).

## 인간 존재의 세 양상

"내가 돌이켜 지혜와 망령됨과 어리석음을 보았나니 왕 뒤에 오는 자는 무슨 일을 행할까. 이미 행한 지 오래전의 일일 뿐이리라"(전 2:12). 첫 구절에서 코헬렛은 지혜와 망령됨과 어리석음을 대조하고 있습니다. 인간의 인간됨은 '돌이켜 봄'에 있습니다. 자기의 삶을 돌아보는 것을 가리켜 반성이라 합니다. 하루에 세 번 혹은 세 가지를 반성한다는 뜻의 '일일삼성'一日三省이라는 말이 있습니다. 늘 자기를 성찰하는 일이 몸에 밴 사람도 있지만, 어지간해서는 자기의 마음과 행위를 돌아보지 않는 게 사람입니다. 우리에게 반성의 계기가 되는 것은 대개 타자들과의 만남입니다. 성찰이란 타자의 거울에 비친 나의 모습을 스스로 살피는 것입니다.

코헬렛은 지혜와 망령됨과 어리석음을 보았다고 말합니다. 지혜는 굳이 말하지 않아도 알 것입니다. 망령됨은 일종의 광기 같은 것입니다. 어리석음은 지혜와 대비되는 말입니다. "너희 어리석은 자들은 어리석음을 좋아하며 거만한 자들은 거만을 기뻐하며 미련한 자들은 지식을 미워하니 어느 때까지 하겠느냐"(잠 1:22). 성경에서 어리석은 사람은 배우지 못한 사람을 뜻하기보다, 주로 방자하여 자기를 과신하는 사람들을 가리킬 때 사용됩니다. 이들은 분을 참지 못하고 표출하거나 어리석은 행동을 하며, 심지어 하나님을 부정하기도 합니다. 임금들도 어리석기는 마찬가지입니다. 그들은 앞서 다스리던 왕들이 하던 일을 답습할 뿐입니다. 경제를 발전시키고 국방을 튼튼히 하고 외교를 잘하는 일은 대개 왕위에 오르는 이들이 추구하는 바이고 자기도 예외 없이 그런 일을 하게 되었지만, 그것이 정말 잘한 일인지는 모르겠더라는 것입니다.

### 빛을 선택하는 삶

13절을 보며 우리는 당황합니다. "내가 보니 지혜가 우매보다 뛰어남이 빛이 어둠보다 뛰어남 같도다"(전 2:13) 어찌 보면 당연한 일인데 당황스러운 것은 1장에서 코헬렛이 했던 말이 떠오르기 때문입니다. "지혜가 많으면 번뇌도 많으니 지식을 더하는 자는 근심을 더하느니라"(전 1:18). 앞에서는 지혜와 지식이 별것 아닌 것처럼 이야기하더니, 여기서는 지혜가 우매보다 뛰어나다고 말합니다. 그가 다시 관습적인 지혜로 돌아간 것일까요? 그는 또 빛이 어둠보다 낫다고 말합니다. 물론 이것은 조도의 차이를 말하는 게 아니라 우리 삶의 경험을 가리키는 은유입니다.

'생명'生命이라는 한자를 떠올려 보십시오. 저는 생명을 '살라는 명령'으로 해석합니다. 내가 지금 이 땅에서 숨을 쉬며 살고 있다는 것 자체가 일종의 소명입니다. 실존 철학자들은 인간을 가리켜 '세상에 내던져진 존재'라 말하기도 합니다. 누구도 스스로 원해서 이 세상에 온 것이 아닙니다. 여러 가지 조건들을 살핀 뒤 하나님 혹은 부모와 계약을 맺은 것도 아닙니다. 자기 의사와 관계없이 우리는 이 세상에 출현했습니다. 우연성에 종속된 생명으로 말입니다. 하지만 인간은 유전자에 프로그래밍된 대로 살지 않습니다. 자기에게 주어진 자유를 가지고 자기 삶을 선택해야 합니다. 선택은 다른 많은 가능성을 포기하는 것입니다. 시간과 공간의 제약 속에 있기에 어쩔 수 없습니다. 우리의 선택이 삶의 내용이 됩니다.

선택은 참 어렵습니다. 선택에 대한 후회가 우리를 괴롭힐 때가 많습니다. 많은 사람들이 무한히 값지게 주어진 자유를 소중히 여기기보다 무겁게 여기는 까닭은 자유에는 책임이 따르기 때문입니다. 그래서 어떤 이들은 자유로부터 도피합니다. 자기의 자유를 담보로 내놓고 안일한 삶을 대가로 거두는 경우도 많습니다. 예수님은 자신을 '보냄을 받은 자'로 여기셨습니다. 보내신 분은 물론 하나님이십니다. 예수님은 자신의 소명은 보내신 분의 뜻을 행하는 것이라고 고백하셨습니다. 다시 말해, 다른 이들의 생명을 풍성하게 하는 것을 소명으로 받아들이셨습니다. 저는 바로 이것이 지혜로운 삶이며 빛을 선택하는 삶이라고 생각합니다.

## 지혜자와 우매자의 공통된 운명

"지혜자는 그의 눈이 그의 머리 속에 있고 우매자는 어둠 속에 다니지만 그들 모두가 당하는 일이 모두 같으리라는 것을 나도 깨달아 알았도다"(전 2:14). 지혜자의 눈이 머리 속에 있다는 말이 무슨 뜻일까요? 새번역은 이 대목을 명증하게 번역합니다. "슬기로운 사람은 제 앞을 보지만, 어리석은 사람은 어둠 속에서 헤맨다." 제 앞을 본다는 말은 세상을 눈에 보이는 대로 감각적으로만 인식하지 않는다는 뜻일 것입니다. '보다'라는 뜻을 나타내는 한자는 다양합니다. '견'見은 의지와 욕망의 개입 없이 어떤 대상이 스스로 다가와 보이는 것입니다. '시'視는 보려는 욕망이나 의지가 개입된 지각 활동입니다. '관'觀은 사물이나 존재의 속을 통찰하는 시선입니다. 지혜로운 사람은 세상을 보이는 대로만 보지 않고 다층적으로 살필 줄 아는 사람입니다. 눈에 보이는 것이 우리를 속일 때가 많습니다. 우매자 혹은 어리석은 사람은 눈에 보이는 것에만 집착합니다. 어둠 속에 다닌다는 말이 암시하는 것이 바로 그것입니다. 그런데 코헬렛은 지혜자와 어리석은 자의 차이를 인식하면서도 뜻밖의 말을 합니다. 그들이 당하는 일이 결국 같다는 것입니다.

지혜자나 우매자나 똑같이 당하는 일이 무엇일까요? 바로 죽음입니다. 우리는 죽음이라는 보편적 운명 앞에 서 있습니다. 사람들은 죽음에 관해 이야기하는 것을 참 싫어합니다. 죽는 것을 좋아할 사람은 아무도 없을 것입니다. 자살로 생을 마감하는 사람조차 사실은 절실하게 살고 싶어 하던 생명입니다. 깊은 절망, 마음에 드리운 심연과도 같은 어둠을 이겨낼 힘이 없을 때 그들은 스스로 생을 마감합니다. 물론 자살의 동기는 다양합니다. 이타적 자살도 있고 사회적 자살도 있습니다. 남을 구하기 위해 목숨을 바치는 이들도 있고, 불의한 세상에 항거하기 위해 목숨을 바치는 이들도 있습니다. 자연적인 죽음이든 인위적인 죽음이든, 죽음은 모든 생명을 가진 존재의 보편적 운명입니다. 그 시간과 형태만 다를 뿐입니다.

죽음이 있다는 게 다행일까요, 아니면 불행한 일일까요? 독일의 철학자 마르틴 하이데거는 『존재와 시간』에서 "인간은 죽음에 이르는 존재"Sein-zum-Tode라고 말합니다.[2] 철학자의 말치고는 평범하기 이를 데 없습니다. 그러나 죽음에 이르는 존재라는 자각이야말로 철학적 사고의 뿌리가 아닐까요? 만일 죽음이 없다면 우리가 인생을 의미 있게 살아낼 수 있을까요? 죽음이라는 한계가 있기에 인간은 자기에게 부여된 시간을 의미로 채우려 합니다. 하지만 일상 속에서 우리는 죽음에 대한 생각을 애써 지우며 삽니다. 사람들은 자기가 언젠가 죽을 것이라는 사실을 잘 알지만, 무의식 속에서는 '지금은 아니다'라고 말합니다. 죽음은 저주인가요? 성경은 인류 첫 사람의 죄로 말미암아 죽음이 세상에 들어왔다고 말합니다. 하지만 그리스도의 부활을 통해 죽음이 극복되었다고 선언합니다. "사망아, 너의 승리가 어디 있느냐. 사망아, 네가 쏘는 것이 어디 있느냐. 사망이 쏘는 것은 죄요 죄의 권능은 율법이라"(고전 15:55-56). 강력한 고백입니다.

사람들이 죽음을 두려워하는 까닭은 무엇일까요? 겪어 보지 못한 미지의 현실이기 때문에 그렇습니다. 어떤 분은 시신을 남기고 가야 한다는 사실이 주는 무의식적 공포 혹은 꺼림칙함도 크게 작용한다고 말하더군요. 현대인들은 죽음과 대면하는 것이 불편해서 죽음의 처리까지도 자본에 맡깁니다. 과거에는 대개 병원이나 시설이 아닌 집에서 생을 마감했습니다. 가족들은 시신을 칠성판七星板에 눕혀 방에 모시고 병풍으로 시신을 가립니다. 그리고 영정을 그 앞에 놓고 상복으로 갈아입는 상주들이 조문객을 받았습니다. 마을 사람들이 와서 음식도 장만하고 상여에 매달 종이꽃도 만들었습니다. 발인하는 날이 다가오면, 마을 상두꾼은 상여에 올라타 구슬픈 소리를 메기고 상여꾼들은 그 소리에 화답하며 고인을 장지로 모십니다. 마을 공동체에 속한 이들은 누구나 그 과정을 자연스럽게 받아들였습니다. 죽음은 삶의 일부였던 것입니다.

그에 비하면 요즘 장례는 깔끔합니다. 죽음의 자리는 특별한 경우가 아니면 병원이나 시설입니다. 가족 가운데 어린 세대들은 죽음을 가까이서 경험할 기회가 별로 없습니다. 장례식의 모든 절차는 대개 상조회사가 진행합니다. 음식도 업체가 준비해 줍니다. 죽음을 처리하기 위해 유일하게 준비해야 할 것이 있다면 돈입니다. 우리는 일상 속에서 죽음을 멀리 내쫓습니다. 죽음을 대면할 기회가 없다는 것은 역설적으로 인류학적인 낭비가 아닐까요? 죽음을 통해 삶을 돌아보고 그 과정을 통해 정신적으로 성장할 기회를 상실하고 있으니 말입니다. 어느 때부터인지 죽음은 처리해야 할 문제로 전락하고 말았습니다.

러시아의 대문호이자 사상가인 톨스토이의 작품 가운데 『이반 일리치의 죽음』이라는 중편소설이 있습니다.[3] 삶과 죽음의 진실한 의미를 묻는 책입니다. 소설 속 주인공 이반 일리치는 법원에서 일하는 판사입니다. 어느 날 갑자기 이반 일리치가 세상을 떠나고 그 소식이 곧바로 직장에 전해집니다. 많은 동료들이 슬픔을 함께 나누기 위해 이반 일리치의 집을 방문합니다. 그들은 슬픔에 사로잡힌 이반 일리치의 아내를 위로합니다. 여기까지는 평범합니다. 그리고 소설은 동료의 죽음 앞에서 그들이 드러내는 기회주의적인 모습에 주목합니다. 이반 일리치가 죽었다는 소식을 들었을 때 그들에게 떠오른 첫 번째 생각은 죽은 동료에 대한 아름다운 추억도, 애도하는 마음도 아닙니다. 그의 죽음이 자기들의 승진이나 보직에 어떤 영향을 미칠 것인지가 그들의 관심사입니다. 그들은 또한 자기가 아닌 다른 사람이 죽었다는 사실에 안도합니다. 이반 일리치의 아내라 하여 별반 다를 바 없습니다. 그녀의 관심은 남편의 사망으로 국가로부터 받게 될 연금 액수에 쏠려 있습니다.

톨스토이가 소설의 플롯을 극적으로 만들기 위해 예외적인 상황을 제시한 것일까요? 저는 그렇다고 생각하지 않습니다. 아마도 대부분의 사람들이 차마 드러내 놓고 말하지 못하는 것들을 사건화해서 보여준 것이 아닐까요? 우리는 사는 동안 수많은 이들과 관계를 맺지만, 죽음은 늘 홀로 직면해야 하는 한계상황입니다.

　　죽음을 대하는 태도는 문화권에 따라 다르고, 같은 문화권에 속한다 해도 사람마다 다릅니다. 우리가 죽음을 어떻게 대하는지에 상관없이 언젠가는 죽음이 우리를 찾아올 것입니다. 땅거미가 내려앉듯 서서히 다가오기도 하고, 번개처럼 찾아오기도 합니다. 죽고 싶다고 입버릇처럼 말하는 사람도 있지만, 막상 죽음의 그림자가 덮쳐오면 사람들은 대개 두려움을 느낍니다. 해야 할 일을 다 하지 못했더라도 그 시간을 연장할 수는 없습니다. 셰익스피어는 『소네트』에서 인정사정 보지 않는 시간을 향해 "포식하는 시간이여!"라고 노래합니다.[4] 시간이 모든 것을 집어삼킨다는 뜻일 것입니다.

> 포식하는 시간이여!
> 사자의 발톱을 무디게 하고
> 대지로 하여금 자신의 사랑스러운 새끼들을 삼키게 하고
> 사나운 호랑이 턱에 날카로운 이빨을 뽑아 버리고
> 장수한 불사조를 그의 피 속에서 태워 버리려무나.

　　다시 전도서 말씀으로 돌아가면, 코헬렛은 지혜자도 우매자도 죽음이라는 보편적 운명 앞에서는 차이가 없다고 말합니다.

## 죽음이라는 한계 앞에서

"내가 내 마음속으로 이르기를 우매자가 당한 것을 나도 당하리니 내게 지혜가 있었다 한들 내게 무슨 유익이 있으리요 하였도다. 이에 내가 내 마음속으로 이르기를 이것도 헛되도다 하였도다"(전 2:15). 코헬렛은 우매한 사람이 겪는 죽음의 운명을 자신도 겪을 수밖에 없다면, 세상에 있는 모든 지혜를 다 가지고 있다 할지라도 그와 자신 사이에 별다른 차이가 없는 것 아니냐고 묻고 있습니다. 밤잠 설치며 지혜를 탐구하고, 수많은 스승과 책을 찾아 헤매는 그 모든 번거로운 수고가 다 무슨 소용입니까? 죽음을 가리켜 '위대한 균형자'the great equalizer라고 말하곤 합니다. 죽음은 모든 차이를 무화시킵니다. 지혜자든 우매자든, 부유하든 가난하든, 유력하든 무력하든, 아름답든 추하든 죽음 앞에서는 모두가 평등하다는 것입니다. 그래서 전도자는 자기 마음을 향해 "이것도 헛되도다"라고 외칩니다.

## 기억해야 할 것, 잊어야 할 것

"지혜자도 우매자와 함께 영원하도록 기억함을 얻지 못하나니 후일에는 모두 다 잊어버린 지 오랠 것임이라. 오호라, 지혜자의 죽음이 우매자의 죽음과 일반이로다"(전 2:16). 코헬렛을 고통스럽게 하는 것은 죽음 그 자체가 아니라 자신이 잊혀질 수밖에 없다는 사실입니다. 잊혀진다는 것에 대한 두려움은 보편적일까요? 심층심리학적으로는 그러할지 모르지만, 우리 주위에는 잊혀지고 싶어 하는 사람도 엄연히 존재합니다. 세상에 자기 흔적을 남기는 것을 고통스럽게 여기는 사람들 말입니다. 하지만 사람들은 대체로 잊혀진다는 사실을 고통스럽게 받아들입니다. 그래서 자기 흔적을 세상에 남기고 싶어 합니다. 후손을 남기거나 자기 업적을 가시화하려는 시도 또한 마찬가지입니다. 그 정도가 지나치면 오히려 추하게 보입니다. 그런데 인간의 진짜 불행은 잊어야 할 것은 잊지 못하고, 잊지 말아야 할 것은 쉽게 잊어버린다는 데 있습니다. "용서하라, 그러나 잊지는 말라"Forgive, but not forget. 이스라엘의 홀로코스트 박물관에 적힌 구절입니다. 잊지 말아야 할 것을 망각할 때, 역사는 반복됩니다. 인간은 망각의 동물입니다. 그렇기에 기억하기 위해서는 의도적인 노력이 필요합니다. 일종의 기억 투쟁 말입니다.

독일의 어느 도시든 길거리를 걷다 보면 인도 위에 박혀 있는 작은 황동판을 볼 수 있습니다. 그 동판을 독일어로 '슈톨퍼슈타인'Stolperstein이라고 하는데, '걸려 넘어지게 하는 돌'이라는 의미를 담고 있습니다. 나치 치하에 그 거리에서 박해받고 추방되고 살해당한 사람들, 강제수용소에 보내져 학살된 사람들에 관한 정보가 거기 적혀 있습니다. 이것은 1992년에 독일의 예술가 군터 뎀니히가 "한 인간의 잊혀짐은 그의 이름을 잊는 것에서부터 시작한다"는 모토로 시작한 프로젝트로, 나치 시대의 고귀한 희생자들을 일상 속에서도 기억할 수 있도록 하자는 의미가 담겨 있습니다. 슈톨퍼슈타인은 '걸려 넘어지게 하는 돌'이 아니라, 우리 삶을 성찰하게 하는 표식인 셈입니다. 잊혀지는 것을 두렵게 여기는 이들은 불멸의 이름을 얻고자 헛된 일을 벌일 때가 많습니다. 코헬렛은 이런 노력이 허망함을 알기에 이렇게 말합니다.

## 인생의 근원적 질문 앞에서

"이러므로 내가 사는 것을 미워하였노니 이는 해 아래에서 하는 일이 내게 괴로움이요 모두 다 헛되어 바람을 잡으려는 것이기 때문이로다"(전 2:17). 인생살이가 덧없게 느껴질 때 비로소 우리는 삶의 의미를 묻는 근원적인 질문 앞에 서게 됩니다. '나는 왜 없지 않고 있는가?', '삶에는 의미가 있는 것일까?' 어떤 철학자들은 우리 삶에 처음부터 주어진 의미 따위는 없다고 말합니다. 인간의 인간됨이란 주어진 삶을 스스로 기획하고 그 삶에 책임을 지는 데서 얻어진다는 것입니다. 코헬렛은 인생의 의미에 대한 질문에 답하기 위해 사람들이 가치 있다고 여겨 온 것들을 하나하나 살펴봅니다. 그리고 그것들이 삶의 궁극적 의미를 보장하지 못한다고 말합니다. 삶은 미로 찾기와 같아서 중심에 다가섰다고 생각하는 순간 주변으로 밀려나고, 주변으로 밀려났다고 생각하는 순간 중심으로의 길이 열립니다. 코헬렛은 허무주의를 가르치는 스승이 아닙니다. 삶의 실상을 있는 그대로 직시하려는 용감한 사람입니다. 그와 동행하는 우리 여정이 어디에 이르게 될지 궁금합니다.

**다섯 번째 강의**

무엇을 위한
수고인가
2:18-26

어느덧 다섯 번째 시간입니다. 오늘 본문을 살펴보겠습니다.

> 내가 해 아래에서 내가 한 모든 수고를 미워하였노니 이는 내 뒤를 이을 이에게 남겨 주게 됨이라. 그 사람이 지혜자일지, 우매자일지야 누가 알랴마는 내가 해 아래에서 내 지혜를 다하여 수고한 모든 결과를 그가 다 관리하리니 이것도 헛되도다. 이러므로 내가 해 아래에서 한 모든 수고에 대하여 내가 내 마음에 실망하였도다. 어떤 사람은 그 지혜와 지식과 재주를 다하여 수고하였어도 그가 얻은 것을 수고하지 아니한 자에게 그의 몫으로 넘겨주리니 이것도 헛된 것이며 큰 악이로다. 사람이 해 아래에서 행하는 모든 수고와 마음에 애쓰는 것이 무슨 소득이 있으랴. 일평생에 근심하며 수고하는 것이 슬픔뿐이라. 그의 마음이 밤에도 쉬지 못하나니 이것도 헛되도다. 사람이 먹고 마시며 수고

하는 것보다 그의 마음을 더 기쁘게 하는 것은 없나니 내가 이것도 본즉 하나님의 손에서 나오는 것이로다. 아, 먹고 즐기는 일을 누가 나보다 더 해보았으랴. 하나님은 그가 기뻐하시는 자에게는 지혜와 지식과 희락을 주시나 죄인에게는 노고를 주시고 그가 모아 쌓게 하사 하나님을 기뻐하는 자에게 그가 주게 하시지만 이것도 헛되어 바람을 잡는 것이로다(전 2:18-26).

## 무엇을 위한 수고인가

오늘 이야기 역시 '모든 수고가 헛되다'는 메시지를 담고 있습니다. 시작부터 맥이 빠지는 느낌이 들지 않나요? 그럴수록 텍스트를 곱씹어 생각해 볼 필요가 있습니다. 당장 입맛에 맞지 않아도 오래 씹다 보면 그 속에서 전혀 예상하지 못했던 은은한 맛을 즐길 수 있습니다. 코헬렛이 자주 사용하는 말 가운데 하나가 "해 아래에서"입니다. '해'는 시간 혹은 역사의 은유입니다. 시간 여행자인 우리는 역사 속에서 벌어지는 일들을 몸으로, 마음으로 겪으며 삽니다. "나는 인생에 의욕이 없기 때문에 아무것도 하지 않고 가만히 있을 거야"라고 말하는 이들이 있다 해도, 세상 물결은 그들의 몸과 마음에 지울 수 없는 흔적을 남기게 마련입니다. 사람은 완전한 무위를 실천할 수 없습니다. 최소한의 생명을 유지하기 위해서라도 무언가를 하지 않으면 안 됩니다. 그런데 코헬렛은 "해 아래에서" 그것이 무엇이든 창조적인 일을 하려는 모든 시도조차 헛되더라고 말합니다. 그 허망함, 무의미성에 지친 그는 "내가 해 아래에서 내가 한 모든 수고를 미워하였노니"(전 2:18)라고 말합니다.

우리는 생명을 유지하기 위해 혹은 가족들이 인간적 삶을 누릴 수 있도록 하기 위해 일을 합니다. 에덴 동산에서도 인간은 무위도식하지 않았습니다. 하나님은 인류의 첫 사람에게 동산을 가꾸고 돌보는 일을 맡기셨습니다. 그때의 노동은 소외된 노동이 아니라 창조주의 기쁨에 동참하는 즐거운 노동이었습니다. 에덴 이후에 인간은 먹고살기 위해 이마에 땀을 흘려야 했습니다. 코헬렛은 삶의 기본조건을 마련하기 위한 일체의 노력 또한 허망하더라고 말합니다. 이 도저한 허무의식이 도대체 어디에서 오는 것일까요? 인간이 '무'無로부터 창조되었기 때문에 우리 몸과 마음에 어쩔 수 없이 스며든 무로 돌아가려는 충동 때문일까요? 허무를 의식하면서도 일하지 않을 수 없는 게 사람입니다. 우리가 일을 하고 무언가를 창조적으로 변형시키려 하는 까닭은 무엇입니까? 그것이 내 삶에 보람을 주고 기쁨을 주기 때문이 아닐까요? 수공업 장인들이 일하는 모습을 보면 저절로 고개가 숙여집니다. 그들의 작업 시간은 고요하기 이를 데 없습니다. 노동 자체가 기도처럼 보입니다.

노동이든 작업이든 행위든, 인간은 무언가를 해야 합니다. 그 행위의 결과로 우리는 양식을 얻기도 하고, 명예를 얻기도 하고, 보람이라는 열매를 거두기도 합니다. 우리는 가끔 '인생의 목표가 무엇인가'라는 질문 앞에 설 때가 있습니다. 아직 생산 활동에 투신하지 않은 이들은 이것을 '어떤 직업을 갖고 살 것인가'라는 말로 받아들입니다. 그 질문을 '어떤 존재가 되고 싶은가'라는 물음으로 바꾸어 생각하는 이들은 쉽게 답을 내리지 못합니다. 기독교인들은 아주 명랑하게 하나님의 기쁨이 되는 삶, 세상의 빛이 되는 삶이라고 말하기도 합니다. 그 질문을 멋쩍은 미소로 무지르면서 "그냥 사는 거지"라고 대답하는 이들도 있습니다. 깊이 생각하고 싶지 않다는 것입니다.

많은 사람들이 별생각 없이 성공의 사다리 윗단을 차지하기 위해 질주합니다. 인생의 의미 물음은 잠시 보류합니다. 질주를 멈추는 순간 누군가에게 추월당할지 모른다는 무의식적 공포 때문입니다. 세월이 갈수록 그 질문으로부터 점점 멀어집니다. 관성에 따라 살 뿐입니다. 마땅히 직면해야 하는 생의 의미 물음을 유보하는 대가는 참담합니다. 살다 보면 문득 왜 사는지 모르겠다는 생각이 들기도 하기 때문입니다. 세상 기준으로는 분명히 성공을 거둔 것 같은데 인간적 품격이 느껴지지 않는 이들도 있습니다. 자기욕망에 충실하게 사는 것이 다 나쁘다고 말할 수는 없다 해도, 그러한 자기중심적 삶의 결과 타자에 대한 공감 능력을 잃는다면 심각한 문제가 아닐 수 없습니다.

사도 바울은 성도들에게 "즐거워하는 자들과 함께 즐거워하고 우는 자들과 함께 울라"(롬 12:15)고 권고합니다. 쉬운 일처럼 보여도 쉽지 않습니다. 우리가 즐거워하는 자들과 함께 즐거워하는 것처럼 보여도, 마음 깊은 곳에서는 그가 누리는 기쁨이 내 것이 아니라는 사실 때문에 아쉬워합니다. 우는 자들과 함께 우는 것은 상대적으로 쉬운 일처럼 보이지만 꼭 그렇지도 않습니다. 비통한 울음은 우리를 불편하게 만들고 알 수 없는 채무의식을 자극하기 때문에 많은 이들이 그 울음의 자리를 회피합니다.

인간은 스스로에게 수수께끼입니다. 고대 그리스의 비극작가인 소포클레스는 『안티고네』에서 "이상한 존재는 많지만, 인간보다 더 이상한 존재는 없다"고 말합니다.[1] 코헬렛은 인간에 대한 질문을 던지며, 인간이 겪는 모든 현실의 이면을 철저하게 살핍니다. 그리고 그 부질없음에 놀라움을 금치 못합니다. 시편 49편의 시인 또한 동일한 깨달음의 세계로 우리를 인도합니다. "그러나 그는 지혜 있는 자도 죽고 어리석고 무지한 자도 함께 망하며 그들의 재물은 남에게 남겨 두고 떠나는 것을 보게 되리로다. 그러나 그들의 속생각에 그들의 집은 영원히 있고 그들의 거처는 대대에 이르리라 하여 그들의 토지를 자기 이름으로 부르도다. 사람은 존귀하나 장구하지 못함이여 멸망하는 짐승 같도다"(시 49:10-12).

온몸과 마음을 다해 추구했던 것들도 죽음이 찾아오면 나와 무관한 것이 됩니다. 지식도 명예도 권세도 물거품이 꺼지듯 사라집니다. 삶의 불안을 해소해 줄 것이라 여겨 허리띠를 졸라매고 모아 두었던 재물도 우리를 지켜 줄 수 없습니다. 무형적인 것도 그렇지만 유형적인 것들은 남은 자들에게 넘어가게 마련입니다. 남겨 두고 가는 것을 이어받는 사람이 좋은 사람이면 다행이지만 그렇지 못한 경우도 많습니다. 죽음의 세계에서 돌아와 그 유산을 회수할 수도 없습니다.

그래서 코헬렛은 말합니다. "그 사람이 지혜자일지, 우매자일지야 누가 알랴마는 내가 해 아래에서 내 지혜를 다하여 수고한 모든 결과를 그가 다 관리하리니 이것도 헛되도다"(전 2:19). 멋진 발명품들이 애초의 목적과 상관없이 생명을 위협하는 경우를 우리는 역사 속에서 경험했습니다. 알프레드 노벨이 다이너마이트를 발명했을 때, 그는 그것이 거칠고 척박한 자연환경을 극복하여 인간적 세계를 이루는 데 사용되기를 꿈꾸었을 것입니다. 그러나 다이너마이트는 인명을 살상하는 데 더 많이 사용되었습니다. 원자탄 또한 마찬가지입니다. 그것을 만든 과학자들은 그 가공할 무기가 세계에 평화를 가져올 것이라 기대했을 것입니다. 하지만 결과는 어떻습니까? 지금 지구상에는 지구라는 이 작은 행성을 몇 번이나 파괴할 수 있는 핵무기가 쌓여 있습니다. 어쩌면 우리는 언제라도 터질 수 있는 활화산 위에 문명을 건설한 채 살고 있는지도 모르겠습니다. 이것이 바로 '프랑켄슈타인 딜레마'입니다. 프랑켄슈타인은 메리 셸리가 1818년에 선보인 소설 속에 나오는 거인 괴물입니다. 자신의 요구가 실현되지 못하자, 그 괴물은 어느 순간 극도의 적개심을 드러내고 자기통제를 벗어나 악행을 일삼다가 비참한 최후를 맞습니다. 인공지능AI 기술이 발전할수록 점차 통제할 수 없는 상황에 이르게 될 것이 두려운 나머지 사람들의 불안함과 두려움은 증폭됩니다. 지금 우리를 매혹시키고 있는 과학기술 문명을 매혹의 눈으로만 볼 수 없는 것은 그러한 위험이 내재되어 있기 때문입니다.

결혼해서 아이를 낳고 살다 보면 대부분의 부모들은 자녀들에게 좋은 것을 물려주려고 진력합니다. 열심히 일해서 번 돈으로 자녀들에게 최고의 교육 기회를 제공하고 그들이 행복하게 살 수 있는 기반을 만들어 주기 위해 노력합니다. 그런 돌봄과 사랑을 받은 이들이 자기들에게 값없이 주어진 큰 혜택을 고맙게 여기고 사회적 빚으로 여긴다면 얼마나 좋겠습니까. 하지만 그렇지 못한 경우가 더 많습니다. 자기들이 누리는 것을 특권으로 인식하는 경우가 비일비재합니다. 자기의 건전한 노동을 통해 얻지 않은 물질적인 부 곧 상속된 부는 사람들의 자의식을 팽창시키고 자기가 대단한 사람이 된 것처럼 느끼게 만듭니다. 자기보다 못한 이들을 무시하고 과시적인 소비를 통해 자기의 우월함을 드러내려 하는 경우를 우리는 종종 목격합니다. '갑질'이라는 부끄러운 단어는 이렇게 우리 사회에 내면화되고 있습니다.

감리교회의 창시자인 존 웨슬리는 이런 사태를 예감이라도 한 듯 이렇게 말합니다. "노동의 신성함을 알지 못하는 자녀에게 많은 유산을 물려주는 것은 마치 섶을 지고 불속에 뛰어들게 함과 같다." 정신의 역량이 뒷받침되지 못했을 때 물질의 풍성함은 오히려 사람을 퇴락의 길로 인도할 수 있다는 것입니다. 코헬렛의 말이 실감이

납니다. 뒤를 이을 사람이 지혜자일지 우매자일지 우리는 알 수 없습니다. 우리가 아름답게 쌓아 올렸던 것들이 부정적으로 소비될 가능성이 다분합니다. 우리가 떠난 뒤에는 모든 것이 우리의 통제를 벗어납니다. 이것이 인간의 실질적인 고민입니다. 다음 대목도 동일한 메시지를 담고 있습니다.

## 수고의 딜레마

"이러므로 내가 해 아래에서 한 모든 수고에 대하여 내가 내 마음에 실망하였도다. 어떤 사람은 그 지혜와 지식과 재주를 다하여 수고하였어도 그가 얻은 것을 수고하지 아니한 자에게 그의 몫으로 넘겨주리니 이것도 헛된 것이며 큰 악이로다. 사람이 해 아래에서 행하는 모든 수고와 마음에 애쓰는 것이 무슨 소득이 있으랴"(전 2:20-22). 온갖 수고의 결과가 나의 의지와 관계없이 배분될 것이라는 사실에 대한 실망감을 표현하고 있습니다. 내가 수고하여 거두었던 열매들이 수고도 하지 않은 자들의 몫으로 넘어간다는 것입니다. 그것은 그저 허망한 것이 아니라 '큰 악'입니다. 때로는 밤잠을 줄여가며 쉬지 않고 일한 결과가 다른 이들의 몫으로 돌아갑니다. 그런 현실을 깨닫고 나면 우리 마음에서 생기가 사라집니다. 생기가 사라지면 기뻐할 능력 또한 줄어듭니다. 잠을 포기한 채 노력한 결과가 타자들에게 돌아갈 때 분노가 생기는 것은 당연한 일입니다.

근대화시기에 장시간 노동에 시달리던 이들은 잠 안 오는 약을 먹으며 일했습니다. 그러다 보면 몸과 마음이 피곤해지는 것은 당연한 일입니다. 피곤하다는 자각은 타자들을 환대할 여지를 앗아갑니다. 어려움을 겪는 사람을 보아도 다가가 위로해 줄 마음이 생기지 않습니다. 누군가가 힘든 내색을 하면, "너만 힘든 게 아니야"라고 말하며 밀어냅니다. 도움이 필요한 사람이 다가와도, "너무 바빠 시간을 낼 수 없다"고 말하며 외면합니다. 그 결과는 무엇입니까? 삶이 외로운 섬처럼 변하는 것 아닌가요? 외로움은 고립감을 낳고, 고립감은 다른 이들에 대한 질시와 원망, 경계심으로 발전합니다. 마음의 안식은 가뭇없이 사라집니다. 타자들과 어울려서 행복을 누릴 수 있는 능력이 줄어들수록 숨은 더욱 가빠집니다. 내 몸의 수고로 얻은 결과물들이 우리 삶을 충만하게 하지 못한다면 그 수고가 과연 의미 있는 것이라 할 수 있을까요?

바벨론의 창조 설화를 조금 살펴보겠습니다. 신들이 사회를 이루어 살다가 어느 날 밥 짓는 것도 귀찮고 설거지하는 것도 귀찮아졌습니다. "우리도 명색이 신인데 이런 허드렛일이나 해야 해? 우리 일을 덜어 줄 하인을 하나 만드는 게 어떨까?" 그래서 만든 것이 인간입니다. 인간은 애초부터 신들의 노예로 만들어진 존재라는 것입니다. 그런 인간의 노동이 창조적인 노동, 기쁨의 노동일 수는 없습니다. 신화는 그 사회의 시스템을 반영합니다. 역사 속에서 등장한 거의 모든 제국은 자기확장을 위해 타자를 수단으로 삼습니다. 그들의 지배 수단은 폭력입니다. 그러나 폭력만으로는 사람을 지속해서 지배하기 어렵습니다. 그래서 제국은 신화를 만들어냅니다. 제국의 신화는 대개 왕은 왕의 운명이 있고 노예는 노예의 운명이 있다고 말합니다. 그것이 신들의 뜻이라는 것입니다. 일종의 숙명론입니다. 숙명론에 잠식된 영혼은 자기들이 당하는 부당한 대우를 그저 받아들입니다. 위계사회가 작동되는 원리를 우리는 어렵지 않게 파악할 수 있습니다. 애굽을 상징하는 피라미드는 제국의 상징이기도 합니다. 사제들은 신의 아들을 자처하는 왕으로부터 노예에 이르기까지 사람들의 계급은 운명적으로 결정되어 있다고 가르칩니다. 신의 이름으로 억압을 정당화한다는 말입니다. 그래서 출애굽 공동체에 주신 십계명의 첫 번째 계명이 중요합니다. "너는 나 외에는 다른 신들을 네게 두지 말라"(출 20:3). "다른 신들"은 해방의 신이 아니라 사람들을 억압하는 신들, 사람들을 숙명론 속에 가두는 신들을 일컫는 말입니다.

하지만 성경이 들려주는 인간의 창조 이야기는 완전히 다릅니다. 성경은 인간이 노예로 지음받은 것이 아니라 하나님의 형상대로 지음받았다고 선언합니다(창 1:27). 하나님의 형상대로 지음받은 인간은 하나님의 기쁨에 동참하도록 초대받은 존재입니다. 그뿐 아니라, 인간은 하나님이 주신 창조적 능력을 통해 하나님의 일에 참여할 수 있는 존재이기도 합니다. 성경의 창조 이야기 속에는 억압이나 폭력이 없습니다. 하나님의 기쁨과 경탄이 주조음으로 깔려 있습니다. 에덴 동산에서 인간에게 위임된 노동은 행복한 노동, 기쁨의 노동이었습니다. 철저한 인간 해방입니다. 하지만 죄로 말미암아 에덴 동산에서 쫓겨난 이후에는 상황이 완전히 달라졌습니다. 노동은 고역이 되었고, 사랑해야 할 동료들은 경쟁자가 되었습니다. 그 이후에 태어난 첫 사람인 가인이 형제 살해자가 되었다는 사실은 삶의 불안정성을 여실히 보여줍니다. 가인의 후예들이 빚어내는 삶에는 짙은 그림자가 드리워 있습니다.

## 마음이 쉬지 못하는 인생

"일평생에 근심하며 수고하는 것이 슬픔뿐이라. 그의 마음이 밤에도 쉬지 못하나니 이것도 헛되도다"(전 2:23). 일평생 근심하며 수고하는데 거두는 게 슬픔뿐이라니 정말 참담합니다. "슬픔"이라고 번역된 단어는 '물리적·정신적 고통'이라는 뜻도 담고 있습니다. "그의 마음이 밤에도 쉬지 못하나니 이것이 헛되도다"라고 말하는데, "마음"은 속사람을 뜻하기도 하고 감정과 열망을 뜻하기도 합니다. 낮이 고된 노동의 시간이라면, 밤은 쉼과 성찰의 시간입니다. 밤에도 쉬지 못한다는 말은 무언가가 우리 마음을 짓누른다는 말이 아니겠습니까? 낮 동안의 일들이 변형된 형태로 꿈에서도 나타나는 경우가 많습니다. 마음이 쉬지 못하고 있다는 증거입니다. "여호와께서 집을 세우지 아니하시면 세우는 자의 수고가 헛되며 여호와께서 성을 지키지 아니하시면 파수꾼의 깨어 있음이 헛되도다. 너희가 일찍이 일어나고 늦게 누우며 수고의 떡을 먹음이 헛되도다. 그러므로 여호와께서 그의 사랑하시는 자에게는 잠을 주시는도다"(시 127:1-2). 잠이 하나님의 선물이라는 말이 그저 하는 말이 아님을 알 수 있습니다.

우리 주변을 보면 수납의 달인들이 있습니다. 그들은 수납 공간을 잘 구분하여 각종 도구를 넣어 놓고 필요할 때 쉽게 꺼내 사용합니다. 그런데 마음에는 경계와 구획이 없습니다. 마음을 수납할 공간이 마땅치 않습니다. 불안한 마음이 들면 그 마음을 어딘가에 넣어 두고 싶지만 그럴 수 없습니다. 우리는 의심, 두려움, 미움, 질투, 원망 등과 같은 부정적인 감정들을 처리하지 못한 채 함께 삽니다. 그것은 마치 음식물 쓰레기를 검은 비닐봉지에 담아 집안 곳곳에 버려두는 것과 마찬가지입니다. 마음이 쉬지 못하는 까닭은 마음이 늘 움직이고 있기 때문입니다. 하는 일이 별로 없는데도 우리가 피로를 느끼는 것은 마음이 쉼을 얻지 못하기 때문입니다. 이것이 우리 삶의 실상입니다. 그런데 코헬렛은 정직하게 자기 삶을 인식하고 있습니다. 그렇다면 인생은 아무런 의미도 없는 고통의 바다일 뿐일까요? 그렇지 않습니다. 다음 대목은 지금까지 우리를 이끌어 온 글의 분위기와 완전히 다른 이야기를 하고 있습니다.

### '마음 다함'의 삶

"사람이 먹고 마시며 수고하는 것보다 그의 마음을 더 기쁘게 하는 것은 없나니 내가 이것도 본즉 하나님의 손에서 나오는 것이로다"(전 2:24). 마음은 종잡을 수도 없고 휴식도 없습니다. 그것이 어쩔 수 없는 인간의 한계입니다. 물론 우리는 기도와 명상을 통해 그 마음을 다스리기 위해 노력해야 합니다. 향심 기도centering prayer는 침묵 속에 머물 때 우리 마음에 부유물처럼 다가오는 온갖 생각들 혹은 기억의 편린들을 흘려보내는 연습을 하라고 가르칩니다. 그 부유물들을 건져 올려서 들여다보거나 마음을 두지 말라는 것입니다. 그렇게 반복하다 보면, 그 부유물로 뿌옇던 우리 마음이 조금씩 정화되고 정돈되게 마련입니다. 내적 치유는 그렇게 진행됩니다. 그 모든 과정 가운데 하나님의 가없는 은혜가 작동하고 있음은 말할 나위가 없습니다.

기도와 명상의 시간은 평화롭지만 일상의 시간은 또다시 우리 마음을 뒤흔들곤 합니다. 이때 코헬렛의 지혜가 필요합니다. 먹고 마시고 수고하는 것이 삶의 방편이 될 때, 그것은 우리의 기쁨을 방해합니다. 그 자체에 집중해야 합니다. 명상가들은 그 순간에 오로지 집중하는 것을 가리켜 '마음 다함'mindfulness이라고 가르칩니다. 우리는 늘 한 가지 일을 하면서도 다른 데 정신이 팔려 있을 때가 많습니다. 그 순간 하고 있는 일보다 더 중요한 일이 있는 것처럼 느끼기 때문입니다. 톨스토이의 저작 가운데 『세 가지 질문』이라는 단편소설이 있습니다.[2] 이 소설에서 작가는 일종의 결정장애를 느끼는 왕의 질문을 소개하고 있습니다. '가장 소중한 때는 언제인가?', '가장 중요한 사람은 누구인가?', '가장 중요한 일은 무엇인가?' 그 질문에 답하기 위해 현자는 왕에게 흥미로운 이야기를 전해 주는데, 전체 줄거리를 통해 이 소설이 들려주는 교훈은 분명합니다. 가장 소중한 때는 지금이고, 가장 중요한 사람은 지금 나와 함께 있는 사람이며, 가장 중요한 일은 지금 곁에 있는 사람에게 정성을 다해 사랑을 베푸는 것입니다.

분산된 마음을 하나로 모을 때 힘이 생깁니다. 집중이라는 두 가지 한자를 살펴볼까요? '집중'集中은 한군데로 모으는 것입니다. 또한 '집중'執中은 치우치지 않고 온당한 도리를 취하는 것입니다. 이 단어는 문자적으로 '가운데를 잡는다'는 의미인데 '윤집궐중'允執厥中에서 유래한 것으로 보입니다. 중국의 요 임금이 순에게 왕위를 선양하면서 준 교훈으로, 정사에 임할 때 치우치지 말고 하늘의 명을 따르라는 뜻입니다. 저는 '마음 다함'이란 우리 마음을 하늘의 뜻에 조율시키는 과정이라 생각합니다. 그렇게 조율된 마음에 깃드는 것이 평화이고 기쁨입니다. 비록 궁극적인 안식이 없는 삶이라 해도, 모든 인간의 수고가 헛됨에 종속되어 있는 것처럼 보여도, 인간은 그 삶을 충실하게 살아내야 합니다. 삶의 모든 순간을 기쁘게 누릴 수 있어야 합니다. 현실을 있는 그대로 받아들이고 충실히 향유하는 것, 어쩌면 그것이 잘 사는 길인지도 모르겠습니다. 이것은 영화 「죽은 시인의 사회」에서 키팅 선생님이 학생들에게 가르쳤던 '카르페 디엠'carpe diem이라는 말과도 통합니다. '오늘을 굳게 붙잡으라'seize the day는 뜻입니다. 코헬렛은 우리가 세상에서 누리는 모든 것이 하나님의 손에서 나온다고 말합니다.

## 은총의 때는 바로 지금이다

"아, 먹고 즐기는 일을 누가 나보다 더 해보았으랴"(전 2:25). 이것은 단순한 자랑이 아닙니다. 먹고 즐기는 일조차 하나님이 허락하셔야 누릴 수 있음을 깨달은 이의 감탄입니다. 어떤 의미에서는 삶의 모든 순간이 은총의 순간입니다. 그것을 볼 눈이 없을 뿐입니다. 새번역은 이 구절을 조금 더 단순하고 명료하게 번역했습니다. "그분께서 주시지 않고서야, 누가 먹을 수 있으며, 누가 즐길 수 있겠는가?"

하나님의 은총의 때는 바로 지금입니다. 히브리서는 그래서 "오직 오늘이라 일컫는 동안에 매일 피차 권면하여 너희 중에 누구든지 죄의 유혹으로 완고하게 되지 않도록 하라"(히 3:13)고 권고합니다. 이리저리 흔들리는 마음 때문에 괴로움을 느낄 때마다 함민복 시인의 「나를 위로하며」라는 시를 떠올립니다.

삐뚤삐뚤
날면서도
꽃송이 찾아 앉는
나비를 보아라

마음아[3]

시인은 나비의 비행을 보며 그 아름다운 율동에만 시선을 주지 않습니다. 이리 비틀 저리 비틀 날면서도 어김없이 꽃송이 위에 착 내려앉는 나비를 보며 부끄러움을 느낍니다. 마음 둘 곳을 찾지 못해 늘 방황하는 자신의 모습이 떠올랐기 때문입니다. 지금 이 순간이 바로 은총의 순간임을 알 때 삶은 고역이 아니라 신비가 됩니다.

## 하나님의 선물

"하나님은 그가 기뻐하시는 자에게는 지혜와 지식과 희락을 주시나 죄인에게는 노고를 주시고 그가 모아 쌓게 하사 하나님을 기뻐하는 자에게 그가 주게 하시지만 이것도 헛되어 바람을 잡는 것이로다"(전 2:26). 코헬렛은 하나님이 기뻐하시는 사람에게 지혜와 지식과 희락을 주신다고 말합니다. 내 것이라 여기던 모든 것이 나의 성취나 업적이 아니라 하나님의 선물이라는 것입니다. 돈과 명예와 권세가 아니라, 지혜와 지식과 희락이 하나님의 선물입니다. "하나님의 나라는 먹는 것과 마시는 것이 아니요 오직 성령 안에 있는 의와 평강과 희락이라"(롬 14:17). 바울 사도의 가르침도 같은 지점을 가리키고 있습니다. 하나님이 기뻐하시는 사람은 많은 것을 소유했기에 행복한 사람이 아니라, 존재 자체이신 하나님과 깊이 결속되었기에 기쁨을 누리며 삽니다. 죄인들에게는 하나님이 노고를 주시고, 그가 수고하여 모은 모든 것을 하나님을 기뻐하는 자에게 넘겨주십니다. 그러나 그것조차 집착할 바가 못 됩니다.

2부

영원의 그림자 아래서

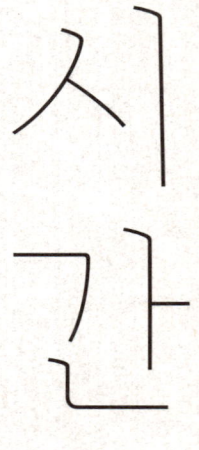

**여섯 번째 강의**

때에 맞는
삶의 아름다움
3:1-8

집착은 인간의 삶을 무겁게 만듭니다. 우리는 자기 이미지에 집착하고, 물건이나 사람이나 어떤 가치에 집착합니다. 문제는 그러한 집착이 일방적이라는 데 있습니다. 세상은 우리의 바람대로 움직이지 않습니다. 타자의 세계 또한 자율적이기 때문입니다. 내려놓을 것을 내려놓지 못할 때 삶이 누추해집니다. 인간관계의 파탄은 나의 기대와 그 기대를 저버리는 타자 사이의 불일치 때문에 생기는 경우가 많습니다. 성심껏 누군가의 요구에 응하되 자기의 선행을 잊는 게 좋습니다. 예수님도 같은 취지의 말씀을 하셨습니다. "너는 구제할 때에 오른손이 하는 것을 왼손이 모르게 하여 네 구제함을 은밀하게 하라. 은밀한 중에 보시는 너의 아버지께서 갚으시리라"(마 6:3-4). 생색을 내는 순간 선행조차 추하게 변합니다.

 공자는 인간에게 끊어 버려야 할 것 네 가지 곧 '의필고아'意必

固我가 있다고 했습니다. '의'를 파자하면 마음心의 소리音가 됩니다. 내가 이루고자 하는 것에 골똘하는 것이 의입니다. '필' 자에도 마음 '심'이 들어가 있습니다. 반드시 이루고야 말겠다는 다짐입니다. '고'는 그런 생각이 지속되어古 고착된 나머지 그 생각에 갇히는 상태口입니다. '아'는 외부와의 소통을 차단하는 단절을 의미합니다. '아' 자를 파자하면 손手에 창戈을 들고 있는 형태임을 알 수 있습니다. 한마디로 의필고아는 우리 마음이 굳어지는 단계임을 알 수 있습니다. 자아가 강한 사람은 손에 창을 들고 가까이 다가오는 사람들을 찌릅니다. 자기를 지키기 위함입니다. 자아가 강한 사람과 만나고 나면 왠지 힘이 들지 않던가요? 그는 타자들과 만나 자기를 바꿀 마음이 없습니다. 가르칠 것만 있기에 다른 이들의 말에 귀를 기울이지 않습니다. 여러분은 어떤 사람을 만났을 때 평안함을 느끼시나요? 나의 말을 경청하는 사람, 때로는 고개를 끄덕이며 공감을 표해 주는 사람, 자기 생각이 잘못되었을 때 기꺼이 인정하는 사람, 굳이 다른 이들의 생각이나 태도를 바꾸겠다는 의지를 보이지 않는 사람 아닌가요?

　　자아가 없는 사람은 없습니다. 인생은 자기를 형성해 가는 과정이기 때문입니다. 하지만 그것이 개별성 속에 깊이 빠져든 나머지 고착되어서는 안 됩니다. 지금까지의 삶의 과정을 통해 형성된 '자아' 의식은 매우 중요하지만, 더 큰 나가 되기 위해서는 그 의식이 타자 혹은 외부 세계에 개방되어야 합니다. 정직하게 자기를 성찰하는 사람은 자기가 부족한지를 절감합니다. 그래서 공부를 멈추지 않습니다. 책만 가지고 하는 공부를 말하는 것이 아닙니다. 마음 공부도 매우 중요합니다. 그때 비로소 우리는 마음의 주인이 될 수 있습니다.

지난 시간에 했던 이야기 기억하시나요? 이리저리 움직이는 마음이 나를 부려 먹고 삶을 힘겹고 분주하게 만듭니다. 코헬렛은 그런 마음에 휘둘리지 말고 갈피를 잡아 주어야 한다고 말합니다. 마음을 가지런히 모으는 '집중'集中과 더불어, 마음으로 하여금 치우치지 않고 중심을 굳게 붙잡게 하는 '집중'執中이 필요합니다. 그때 비로소 우리 삶의 모든 순간이 하나님의 은총의 때임을 자각하게 됩니다. '집착'이 아니라 '집중'이 중요합니다. 이제 전도서에서 잘 알려진 한 대목을 살펴보겠습니다.

> 범사에 기한이 있고 천하만사가 다 때가 있나니 날 때가 있고 죽을 때가 있으며 심을 때가 있고 심은 것을 뽑을 때가 있으며 죽일 때가 있고 치료할 때가 있으며 헐 때가 있고 세울 때가 있으며 울 때가 있고 웃을 때가 있으며 슬퍼할 때가 있고 춤출 때가 있으며 돌을 던져 버릴 때가 있고 돌을 거둘 때가 있으며 안을 때가 있고 안는 일을 멀리할 때가 있으며 찾을 때가 있고 잃을 때가 있으며 지킬 때가 있고 버릴 때가 있으며 찢을 때가 있고 꿰맬 때가 있으며 잠잠할 때가 있고 말할 때가 있으며 사랑할 때가 있고 미워할 때가 있으며 전쟁할 때가 있고 평화할 때가 있느니라(전 3:1-8).

"때"라는 단어가 연이어 등장합니다. '천하만사가 다 때가 있다'는 대전제로부터 때에 대한 성찰이 파노라마처럼 전개됩니다. 일곱 절에 걸쳐서 절마다 때에 대한 구체적인 사례가 두 쌍씩 소개되고 있습니다. 다시 말해, 코헬렛은 열네 쌍, 스물여덟 가지의 때를 노래합니다. 이것이 인간이 경험하는 '때' 혹은 '시간'의 총체를 구성한다고 말할 수는 없습니다. 삶은 복잡하고 다양하며 저마다 시간을 경험하는 방식이 다르기에 천편일률적으로 범주화하기 어렵습니다.

그렇다면 코헬렛이 열네 쌍의 때만을 이야기하고 있는 까닭은 무엇일까요? 성경에서 7은 완전수입니다. 하나님이 이레 동안 천지를 창조하셨다는 게 그 생각의 뿌리인지도 모르겠습니다. 대부분의 고대 문화권에서 3은 신과 관련된 숫자입니다. 성부, 성자, 성령, 삼위일체 하나님을 생각해 보면 알 수 있습니다. 환인, 환웅, 단군왕검으로 이어지는 단군 설화 역시 마찬가지입니다. 4는 동서남북 사방을 상징하는 땅의 숫자입니다. 3과 4를 더하면 7이 되고 곱하면 12가 됩니다. 7과 12라는 숫자는 성경에서 매우 중요하게 다루어집니다. 7은 닫힌 수가 아니라 열린 수입니다. 그렇기에 코헬렛이 소개하는 28개의 때에 대한 이야기는 무한히 확장될 수 있는 여지가 있습니다.

## 인생의 리듬 속에서

"범사에 기한이 있고 천하만사가 다 때가 있나니"(전 3:1). 여기에서 "기한"이라는 단어는 히브리어로 '제만'입니다. 정해진 시간을 가리킵니다. 정해진 시간은 때로 덧없는 시간이고 흘러가는 시간인 동시에 끝이 있는 시간입니다. 범사에 기한이 있다는 말은 세상 모든 일에는 항구성이 없다는 말입니다. 언젠가는 연기처럼 흩어지거나 사라지는 것이 시간입니다. 그러므로 그때가 아니면 누릴 수 없습니다. "때"는 히브리어로 '에트'인데 시간, 경험, 사건의 발생 등을 가리키는 단어입니다. 대체 시간이란 무엇일까요? 이것은 정말 어려운 질문입니다. 아리스토텔레스는 시간을 '공간 안에서 측정 가능한 운동'으로 이해했습니다. 시편 90편의 시인도 우리에게 당혹감을 안겨 주는 시간을 공간화하여 이해했습니다. 하나님의 시간인 영원과 인간의 유한한 시간은 어떤 범주로도 비교할 수 없습니다. 그는 자기의 유한함을 자각하고 있습니다. 아침에 돋아나 꽃을 피우다가도 저녁에는 시들어 말라 버리는 풀의 운명은 시간 속을 바장이는 인간의 운명과 다를 바 없습니다. 그런 끝에 하는 고백이 가슴 절절하게 와 닿습니다. "우리의 연수가 칠십이요 강건하면 팔십이라도 그 연수의 자랑은 수고와 슬픔뿐이요 신속히 가니 우리가 날아가나이다"(시 90:10).

『대학』에 나오는 한 구절이 떠오릅니다. "물유본말物有本末하고 사유종시事有終始하니, 지소선후知所先後면 즉근도의則近道矣라." "이 세상의 모든 사물에는 본과 말이 있고, 이 세상의 모든 일에는 시작과 마침이 있으니, 이 둘 사이를 잘 구별할 수 있으면 '도'에 가깝다"는 뜻입니다. 무엇이든 본과 말이 있고 선과 후가 있습니다. 양자의 차이를 알아 구별할 줄 아는 것이 지혜이고 참된 삶의 길입니다. 우리 삶이 어지러운 것은 그 차이를 구별할 줄 모르기 때문인지도 모르겠습니다. 본本은 나무로 하면 뿌리입니다. 뿌리가 튼튼해야 나무도 튼튼합니다. 그런데 뿌리는 땅에 묻혀 있어 눈에 보이지 않습니다. 그래서 소홀히 하기 쉽습니다. 말末은 나무로 하면 열매입니다. 그렇기에 눈에 잘 띕니다. 사람들이 본을 소홀히 하고 말에 집착하는 것은 그 때문입니다. 중요한 일도 있고 시급한 일도 있습니다. 대개 우리는 시급한 일을 처리하느라 중요한 일을 흘려보낼 때가 많습니다. 문제는 시급한 일은 끝도 없이 밀려온다는 사실입니다. 당장 처리해야 할 일에 집중하느라 가족의 서사를 만들 시간을 내지 못하는 이들이 많습니다. 뒤늦게 후회해도 그 시간은 다시 돌아오지 않습니다. 천하의 모든 때에 기한이 있고 끝이 있다는 코헬렛의 이야기가 참으로 적실합니다.

## 크로노스와 카이로스

헬라어에서 시간을 나타내는 두 단어는 '크로노스'Χρόνος와 '카이로스'Καιρός입니다. 누구에게나 똑같이 주어지는 물리적인 시간이 크로노스이고, 의미나 보람을 느끼게 하는 질적인 시간이 카이로스입니다. 크로노스가 수평적 시간이라면, 카이로스는 우리 삶에 돌입해 오는 수직적 시간입니다.

그리스 신화는 크로노스의 이야기를 다음과 같이 전해 줍니다. 크로노스는 하늘의 신 우라노스와 대지의 신 가이아 사이에 태어난 아들입니다. 그는 누이인 레아와 결혼하여 많은 자녀를 두었습니다. 하지만 크로노스는 집요한 강박관념에 사로잡혀 있었습니다. 그의 고민은 자녀 중 누군가가 반기를 들고 그의 권력을 찬탈할지 모른다는 것이었습니다. 레아가 낳는 모든 자녀가 그의 눈에 잠재적 위협으로 보였습니다. 결국 크로노스는 예방책으로 자식을 낳는 대로 즉시 삼켜 버렸습니다. 이 이야기는 무슨 뜻을 내포하고 있을까요? 크로노스가 자식들을 삼키는 것은 시간의 폭력성을 은유합니다. 시간은 실로 냉혹합니다. 세상의 모든 존재는 자신의 의지와 무관하게 죽음과 사멸의 운명에 놓여 있습니다. 시간은 멈추거나 역전시킬 수 없습니다. 젊고 아름다운 시간은 쉽게 지나가고 늙음이 찾아옵니다. 인간의 얼굴은 시간이 그려 놓은 캔버스라고 할 수 있습니다. 세월이 흐르면서 주름도 생기고 점도 생기고 잡티도 생깁니다. 이것은 시간이 만들어 놓은 작품들입니다. 사람들이 시술도 하고 주사도 맞으면서 과거의 모습을 회복하려 노력하지만 시간을 되돌릴 수는 없습니다. 잡으려 해도 잡을 수 없습니다. 그런 의미에서 시간은 폭력적입니다.

카이로스는 시, 분, 초로 구획되는 크로노스와는 달리 우리가 경험하는 질적인 시간입니다. 게임에 푹 빠진 아이들은 몇 시간이 순식간에 지나갔다고 말합니다. 싫어하는 일을 할 때는 시간의 운행이 답답하기만 합니다. 지루한 강의를 듣는 학생들은 연신 시계를 들여다봅니다. 몇십 분 지난 것 같은데 겨우 5분 지난 것을 보고 난감해합니다.

신학적인 차원에서 카이로스는 우리의 일상에 하나님이 개입하시는 시간일 때가 많습니다. 공생애를 시작하신 예수님의 첫 선언은 "때가 찼다"였습니다(막 1:15). 그 때는 변화의 때입니다. 시간에 매듭이 지어지는 순간입니다. 우리 인생을 돌이켜 보면 그런 카이로스적 순간이 있었습니다. 모세는 호렙산 떨기나무 불꽃 속에 강림하신 주님을 만나 삶의 방향을 바꾸었습니다. 이사야는 주님의 보좌에 대한 비전을 본 뒤 두려움에 사로잡혔고, 시간이 지나 하나님의 부르심에 응답하여 예언자의 직무를 받아들였습니다. 카이로스적 체험은 그렇게 찾아옵니다. 하나님의 은총의 순간도 그렇게 다가옵니다. 하나님이 우리 마음을 건드리시면 기억의 골방 저 깊은 곳에 숨겨져 있던 부끄러운 기억들이 소환됩니다. 그 기억과의 대면은 우리 영혼을 뒤흔들어 놓습니다. 자기 스스로 만들어 왔던 이미지가 무참하게 찢기는 아픔을 경험하게 됩니다. 그 아픔이야말로 우리를 지배하고 있던 그림자에서 벗어날 수 있도록 우리를 이끄는 통로입니다. 회개의 순간도 카이로스의 시간입니다. 인간은 수평적 시간에도 충실해야 하지만 수직적인 시간 앞에 겸허해야 합니다.

사실 우리는 시간이라는 한계 속에서 살고 있지만 시간을 이해하기란 여간 어려운 것이 아닙니다. 우리는 시간의 흐름을 과거, 현재, 미래의 순서로 말합니다. 엄밀히 말하자면, 과거는 지나갔기에 여기에 존재하지 않습니다. 미래 또한 아직 오지 않았기에 존재하지 않습니다. 하지만 과거에 대한 기억은 오늘 우리의 삶에 영향을 끼칩니다. 미래에 대한 기대 또한 현재에 영향을 미칩니다. 성 어거스틴은 시간에 대해서 깊이 궁구한 분입니다.

> 도대체 시간이 무엇입니까? 아무도 묻는 이가 없으면 아는 듯하다가도 막상 묻는 이에게 설명을 하려 들자면 말문이 막히고 맙니다. 그러나 제법 안답시고 말을 한다면 이렇습니다. 흘러가는 무엇이 없을 때 과거의 시간이 있지 아니하고, 흘러오는 무엇이 없을 때 미래의 시간도 있지 아니할 것이며, 아무것도 없을 때 현재라는 시간도 있지 아니할 것이다.[1]

알 듯 모를 듯합니다. 그는 또 "과거의 현재는 기억이요, 현재의 현재는 목격함이요, 미래의 현재는 기다림"이라고 말합니다.[2] 시간은 소용돌이가 되어 우리 삶을 빨아들이기도 하고, 모든 것을 뒤섞어 버리기도 합니다. 그런 시간 속에서 살아가는 것은 모험이 아닐 수 없습니다.

## 탄생과 죽음의 리듬

"날 때가 있고 죽을 때가 있으며 심을 때가 있고 심은 것을 뽑을 때가 있으며(전 3:2)" 삶에는 시작과 끝이 있습니다. 삶은 탄생으로부터 시작하여 종착지인 죽음에 이르는 과정입니다. 죽음은 괴롭지만 우리가 회피해서는 안 되는 현실입니다. 어떤 이는 "인간은 태어나는 순간 죽을 수 있을 만큼 충분히 늙었다"고 말합니다. 늙음과 소멸에 이르는 과정으로 이해한다면 이 말은 일리가 있습니다. 더구나 우리 생명이 언제 어떻게 끝날지는 아무도 장담할 수 없습니다. 그리스 작가 니코스 카잔차키스는 탄생과 죽음 사이에 있는 우리 삶을 이렇게 노래합니다.

> 어두운 심연으로부터 와서 어두운 심연에서 끝을 맺으면서 우리는 반짝하는 그 사이의 삶을 부른다. 우리가 태어나자마자 되돌아감은 시작되고, 전진과 후퇴는 동시에 존재한다. 우리는 매 순간 죽는다. 그러기에 많은 사람들이 울부짖어 왔다. 삶의 목표는 죽음이라고! 그러나 태어나자마자, 우리는 창조하고, 형성하고, 물질을 생명으로 바꾸는 싸움을 시작한다. 그러기에 많은 사람들이 부르짖어 왔다. 덧없는 삶의 목표는 불멸이라고![3]

태어난다는 사실 자체가 이미 되돌아감의 시작이고 전진과 후퇴는 동시에 존재한다는 것입니다. 우리의 시간 경험이 이러합니다. 그렇다고 해서 우울하게 살 필요는 없습니다. 덧없어 보이는 시간을 불멸의 시간으로 바꾸어가는 게 인간의 소명입니다.

"심을 때가 있고 심은 것을 뽑을 때가 있으며"에서 심을 때는 파종하는 때이고, 뽑을 때는 수확하는 때입니다. 인간은 파종하는 존재인 동시에 수확하는 존재이기도 합니다. 다른 이들이 이미 뿌려 놓은 것을 거두며 살고, 다른 이들을 위해 무언가를 파종하며 사는 것이 인생입니다. 그러니 조바심 낼 것도 없고 나태에 빠져서도 안 됩니다. 내가 의식하든 의식하지 못하든 우리는 무언가를 심고 있습니다. 누군가의 마음속에 생명과 평화의 씨를 심을 수도 있고, 죽음과 불화의 씨를 심을 수도 있습니다.

## 파괴와 회복의 순환

"죽일 때가 있고 치료할 때가 있으며 헐 때가 있고 세울 때가 있으며"(전 3:3). 참 두려운 말씀입니다. "죽일 때"라는 말은 우리 삶의 엄중함을 드러냅니다. 인간의 죄로 인해 죽음이 세상에 들어왔습니다. '죽음'도 비극이지만 '죽임'은 더욱 심각한 문제입니다. 그 잔혹함은 이루 말할 수 없습니다. 우리나라에서 구제역이나 조류인플루엔자가 유행했을 때, 애지중지 키우던 가축들을 땅에 묻어야 했던 이들은 상당한 심적 고통을 받았다고 합니다. 죽음을 피할 수는 없지만, 우리는 죽임이 없는 세상을 간절히 바랍니다.

치료의 때도 있습니다. 육체적 질병으로부터 회복되는 때 말입니다. 국가적 재난으로부터 회복되는 때도 있습니다. 자연재해로 말미암아 폐허로 변한 땅을 다시 사람이 살 수 있는 곳으로 복원하기 위해 일하는 이들의 모습은 눈물겹습니다. 인간의 탐욕으로 훼손된 세상을 회복시키는 것 역시 치료라 할 수 있겠습니다. 피조물들의 신음을 찬양으로 변화시키는 일 또한 우리가 감당해야 할 치료의 사명일 것입니다.

헐 때가 있고 세울 때가 있습니다. 낡은 것들이 무너져야 새로운 것이 세워집니다. 무너지는 집을 기둥으로 받친다 해도 더 큰 위험이 다가올 수 있습니다. 아깝지만 헐어야 할 때도 있습니다. 역사의 갱신 또한 그러합니다. 옛 질서가 무너져야 새로운 질서가 오게 마련입니다.

## 울고 웃는 삶의 파동

"울 때가 있고 웃을 때가 있으며 슬퍼할 때가 있고 춤출 때가 있으며"(전 3:4). 지금이 웃을 때라면 감사함으로 누려야 합니다. 그리고 울 때도 올 것이라는 사실을 알아야 합니다. 그래야 집착하지 않을 수 있습니다. 웃을 날만 있을 것이라고 생각해서는 안 됩니다. 슬퍼할 때가 있는가 하면 춤출 때도 있습니다. 인간의 시간은 수평으로 혹은 일직선으로 흘러가는 법이 없습니다. 파동을 치며 갑니다. 그러므로 높낮이가 있는 것입니다. 어느 시간도 영구히 지속되지 않습니다. 슬픔을 애써 지우려 할 필요는 없습니다. 슬픔 또한 우리 삶의 일부로 받아들이면 됩니다. 슬픔에 빠져들 필요도 없습니다. 슬픔 너머의 세상을 내다볼 지혜가 필요합니다.

## 버림과 품음의 지혜

"돌을 던져 버릴 때가 있고 돌을 거둘 때가 있으며"(전 3:5). 돌을 던져 버린다는 말이 무슨 뜻일까요? 우리 경험으로는 이해하기 어렵습니다. 이 부분에 대한 이해를 돕기 위해 엘리사의 예언을 살펴볼 필요가 있습니다. 엘리사는 모압과의 전쟁에 나서는 여호람에게 하나님의 말씀을 전합니다. "당신들이 모든 견고한 성읍과 모든 아름다운 성읍을 치고 모든 좋은 나무를 베고 모든 샘을 메우고 돌로 모든 좋은 밭을 헐리이다.……그 성읍들을 쳐서 헐고 각기 돌을 던져 모든 좋은 밭에 가득하게 하고 모든 샘을 메우고 모든 좋은 나무를 베고 길하레셋의 돌들은 남기고 물매군이 두루 다니며 치니라"(왕하 3:19, 25). 코헬렛이 말하는 돌을 던져 버릴 때와 돌을 거둘 때는 전쟁 상황을 반영하는 것 같습니다. 돌을 거둘 때는 폐허 속에서도 삶을 계속하려는 검질긴 노력의 때입니다. 우물의 돌을 치우고 경작지에 쌓인 오물들을 걷어내고 새로운 삶을 시작해야 합니다.

"안을 때가 있고 안는 일을 멀리할 때가 있으며"(전 3:5). 우리는 사랑하는 이를 보듬어 안고 어루만지고 싶어 합니다. 소설가이자 언어학자인 고종석 선생은 "어루만짐은 일종의 치유이고 보살핌이고 연대"라고 했습니다.[4] 누군가를 안을 때 따뜻한 온기가 전달됩니다. 하지만 계속 안은 채 살 수는 없습니다. 안았던 팔을 풀 때가 다가옵니다. 팔을 풀어야 다시 안을 수 있습니다. 무언가로 채워진 그릇을 사용할 수 없는 것처럼, 안고만 있으면 새로운 일을 시작할 수 없습니다. 새가 알을 낳으면, 어미새는 한결같은 정성으로 알을 품습니다. 그러다가 새끼가 알에서 깨어나면, 여기저기 날아다니며 벌레를 물어다 먹입니다. 새끼에게 깃이 나오고 나는 연습을 해야 하는 때가 오면, 어미새는 먹이를 바로 물어다 주지 않고 조금 떨어진 가지에 앉아서 먹이를 물고 있습니다. 스스로 와서 먹으라는 것입니다. 그런 반복적인 훈련을 통해 새끼가 자유롭게 날 수 있게 되면 어미새는 새끼들을 먼 곳으로 쫓아 보냅니다. 이것이 어미새의 사랑입니다. "너는 내 새끼니 절대 떠나선 안 돼. 여기에 있어. 엄마가 다 해줄게." 이것은 사랑이 아닙니다. 자녀들이 자유롭게 공간을 날고 독립적으로 살 수 있도록 해주어야 합니다.

### 찾음과 잃음의 조화

"찾을 때가 있고 잃을 때가 있으며 지킬 때가 있고 버릴 때가 있으며"(전 3:6). "찾을 때"는 잃어버렸던 사람 혹은 물건을 되찾기 위해 노력하는 것을 말합니다. 길을 잃은 양 한 마리를 찾기 위해 애를 태우며 산길을 헤매는 목자의 모습이 떠오릅니다. "잃을 때"는 소중히 여기던 것들을 떠나보내야 하는 때입니다. 원하지만 포기해야 할 때가 있습니다. 버려야 할 것을 버리지 못할 때 삶이 누추해집니다. 누군가에 대한 부정적 감정 또한 버려야 할 마음입니다. 그 마음을 버리지 못할 때 우리는 부정적 감정의 볼모가 될 수밖에 없습니다. 잘 잃어버리는 것, 잘 버리는 것이 삶의 지혜입니다. '고집쟁이 농사꾼'이라는 별명을 얻었던 전우익 선생의 글을 읽다가 "참 삶이란 부단히 버리는 것과 든든히 붙잡는 것의 통일"이라는 구절과 만났습니다. 단순하지만 깊은 통찰을 담고 있는 말입니다. 버려야 할 것은 미련 없이 버려야 삶이 맑아집니다. 그러나 버림만으로는 삶이 지속될 수 없습니다. 소중한 가치들은 꼭 붙들어야 합니다. 버려야 할 것을 버리지 못하고 붙들어야 할 것을 붙들지 못할 때, 지리멸렬해지기를 면하기 어렵습니다.

"찢을 때가 있고 꿰맬 때가 있으며"(전 3:7). "찢을 때"는 언제일까요? 이 단어는 성경에 자주 등장합니다. 참회의 시간에 사람들은 옷을 찢고 마음을 찢습니다. 굳어진 마음, 무정한 마음, 오만한 마음을 찢어야 할 때가 있습니다. 찢음은 아픔을 동반하게 마련입니다. "새는 알을 깨고 나온다"는 헤르만 헤세의 『데미안』에 나오는 유명한 문장처럼,[5] 깨뜨림 혹은 찢음이야말로 새로운 생명이 탄생하는 기회입니다. 찢을 때도 있지만 꿰매야 할 때도 있습니다. 갈라진 사람 사이의 관계를 이어 주어야 하고, 슬픔과 고통이 만든 상처는 봉합해야 합니다. 성경에서는 주로 어떤 경우에 '찢는다'는 표현이 등장할까요? 바로 참회할 때입니다. 옷과 마음을 찢는 행위는 참회의 의미를 담고 있습니다. 때로 우리에게는 옷만 찢는 것이 아니라 굳어진 마음을 찢어야 할 때가 있습니다. 그래야 그 속에서 새로운 것이 나오기 때문입니다.

## 말과 침묵의 조화

"잠잠할 때가 있고 말할 때가 있으며"(전 3:7). 이런 때를 분별하기도 참 어렵습니다. 우리는 잠잠해야 할 때 말하고, 말해야 할 때 잠잠합니다. 그러나 우리 경험상 분명하게 말할 수 있는 것이 있습니다. 해야 할 말을 하지 않아서 생기는 문제보다 하지 말아야 할 말을 했을 때 생기는 문제가 더 심각합니다. 침묵은 소리의 부재가 아닙니다. 가톨릭성경에 수록된 집회서는 침묵에 대해 이렇게 말합니다. "침묵을 지켜 현명함이 드러나는 사람이 있는가 하면, 끊임없이 지껄임으로써 남에게 미움을 사는 사람도 있다. 대답을 못해서 침묵을 지키는 사람이 있는가 하면, 대답할 때를 기다려 침묵을 지키는 사람이 있다. 지혜로운 사람은 때가 오기까지 침묵을 지키나, 어리석은 사람은 때를 분간하지 못하고 수다를 떤다. 너무 수다를 떠는 자는 남의 빈축을 사고, 말로 남을 누르려는 자는 남의 미움을 받는다"(집회서 20:5-8).

스위스 작가이자 철학자인 막스 피카르트는 "침묵을 배경 삼지 않는 말은 소음이나 다를 게 없다"고 했습니다.[6] 우리의 말은 침묵을 배경으로 해서 나올 때 의미 있는 말이 됩니다. 끊임없이 말하는 사람의 말은 오히려 경청되지 않습니다. 물론 잠잠하지 말아야 할 때도 있습니다. 불의를 보았을 때 그렇습니다. 잠잠해야 할 때 말하고, 말해야 할 때 침묵하면 세상은 어두워집니다.

## 사랑과 미움의 공존

"사랑해야 할 때가 있고 미워할 때가 있으며 전쟁할 때가 있고 평화할 때가 있느니라"(전 3:8). 사랑과 미움 사이를 오가는 게 우리의 삶입니다. 사랑은 평화를 이루고 미움은 전쟁을 낳습니다. 우리에게 주어진 시간이 어느 때인지 분별하면서 그 시간에 맞는 아름다움을 살아내는 것이 중요합니다. 부정적인 감정을 일으키는 시간이 찾아

왔다고 해서 그것을 떨쳐 버리려고만 하지 않고 그 부정성 속에 담겨 있는 긍정적 요소가 무엇인지 바라볼 수 있다면, 우리는 모든 때를 아름답게 살아낼 수 있지 않을까요? 물론 쉽지 않습니다. 그렇지만 우리는 그 길로 초대받고 있습니다.

**일곱 번째 강의**

영원을 사모하는
마음
3:9-15

전도서 여행을 하면서 우리는 '때'에 대한 이야기에 머물러 있습니다. 돌이켜 보면 정말 곡절 많은 것이 우리네 인생입니다. 예기치 않은 상황으로 인해 가던 길을 멈추어야 할 때도 있고, 돌아가야 할 때도 있고, 포기해야 할 때도 있습니다. 그 길 위에서 우리는 울고 웃고, 설렘과 권태 사이를 오가며 삽니다. 인생에는 사계도 있습니다. 칼로 베듯 구분할 수 없지만, 우리는 대체로 우리 인생이 어느 계절에 속해 있는지를 가늠하며 삽니다. 계절마다 옷을 갈아입는 것처럼, 자기 인생의 계절에 맞는 태도를 갖추기 위해 노력하기도 합니다. 자기 인생의 때를 모르는 것을 가리켜 철없이 산다고 합니다. 다시 코헬렛이 들려주는 이야기에 귀를 기울여 볼까요?

일하는 자가 그의 수고로 말미암아 무슨 이익이 있으랴. 하나님이 인생들에게 노고를 주사 애쓰게 하신 것을 내가 보았노라. 하나님이 모든 것을 지으시되 때를 따라 아름답게 하셨고 또 사람들에게는 영원을 사모하는 마음을 주셨느니라. 그러나 하나님이 하시는 일의 시종을 사람으로 측량할 수 없게 하셨도다. 사람들이 사는 동안에 기뻐하며 선을 행하는 것보다 더 나은 것이 없는 줄을 내가 알았고 사람마다 먹고 마시는 것과 수고함으로 낙을 누리는 그것이 하나님의 선물인 줄도 또한 알았도다. 하나님께서 행하시는 모든 것은 영원히 있을 것이라. 그 위에 더 할 수도 없고 그것에서 덜 할 수도 없나니 하나님이 이같이 행하심은 사람들이 그의 앞에서 경외하게 하려 하심인 줄을 내가 알았도다. 이제 있는 것이 옛적에 있었고 장래에 있을 것도 옛적에 있었나니 하나님은 이미 지난 것을 다시 찾으시느니라(전 3:9-15).

## 하나님의 시간과 인간의 시간

이 단락은 앞에서 살펴본 열네 쌍의 때에 대한 이야기의 결론이라 할 수 있습니다. "일하는 자가 그의 수고로 말미암아 무슨 이익이 있으랴"(전 3:9). 9절에는 "일하는 자"가 나옵니다. 이 세상에서 일하라고 부름받은 존재는 사람밖에 없으니 당연히 사람을 가리킵니다. 하나님은 동산을 잘 가꾸고 돌보라는 책임을 인간에게 부여하셨습니다. 그러나 앞에서 살펴보았듯이, 에덴 동산에서 쫓겨난 이후 인간의 노동은 고역이 되었습니다. "수고"라는 단어의 사전적 의미는 '일을 하느라 힘을 들이고 애를 씀'입니다. 히브리어로 수고를 뜻하는 단어는 노동이라는 뜻 외에 '고역', '슬픔', '탈진'이라는 뜻도 내포합니다. 하나님은 남자에게 "너는, 죽는 날까지 수고를 하여야만, 땅에서 나는 것을 먹을 수 있을 것이다"(창 3:17, 새번역)라고 하셨습니다. 코헬렛은 지금 그런 수고를 통해 무엇을 얻을 수 있느냐고 묻는 것입니다. 노동을 폄하하려는 말도 아니고, 먹고사는 일이 허망하다는 말도 아닙니다. 그렇게 수고해도 결국 자기 때를 바꿀 수 없다는 말입니다. 새번역은 이것을 "사람이 애쓴다고 해서, 이런 일에 무엇을 더 보탤 수 있겠는가?"(전 3:9)라고 번역했습니다. 이 말은 결국 바꾸지 못한다는 말입니다. 일어날 일은 일어나게 마련입니다. 숙명론처럼 들리기도 하지만, 이 구절은 하나님의 주권을 강조하려는 의도를 담고 있습니다. 모든 일은 하나님이 정하신 때와 절차에 따라 진행된다는 말입니다. 역사의 주인도 하나님이시고, 내 인생의 주인도 하나님이십니다. 때에 대한 판단은 내가 하는 게 아니라 하나님이 하십니다. 사람은 하나님의 때에 맞는 인생을 살기 위해 노력해야 합니다.

하나님의 시간과 우리가 바라는 때가 정확히 일치하면 좋을 텐데 현실은 그런 바람을 번번이 배신합니다. 그 불일치 때문에 우리는 전전긍긍하기도 하고 하나님을 원망하기도 합니다. 어려움을 겪을 때마다 하나님이 개입하셔서 모든 문제를 풀어 주시기를 소망하지만, 하나님은 우리 사정 따위는 아랑곳하지 않으시는 것처럼 보일 때도 있습니다. 우리의 시간을 짙게 물들이고 있는 것은 욕망입니다. 욕망으로 점철된 시간이 곧 인간의 시간입니다. 우리는 욕망이 충족되지 않을 때 스스로 불행하다고 여깁니다. 욕망과 충족 사이의 시간적 간극을 좁히는 것이 정말 행복의 비결일까요? 형편이 좋아서 바라는 것을 언제든 얻을 수 있는 사람이 행복할까요? 그렇지 않습니다. 오히려 그들은 권태에 빠질 가능성이 더 큽니다. 지연된 욕망이 우리 삶에 윤기를 더해 줄 때가 많습니다.

성경은 하나님의 자비하심이 얼마나 큰지를 말하면서도 하나님이 죄에 대해서는 엄격한 분이심을 강조합니다. "인자를 천대까지 베풀며 악과 과실과 죄를 용서하리라. 그러나 벌을 면제하지는 아니하고 아버지의 악행을 자손 삼사 대까지 보응하리라"(출 34:7).

하나님에 대한 경외심을 잃을 때 우리 삶의 자리는 시장바닥으로 변합니다. 하나님의 시간과 우리의 시간이 일치하지 않을 때 속상해하기보다는 하나님의 시간을 받아들이는 것이 지혜입니다. 때가 되면 하나님이 이루실 것이라 신뢰하는 것은 우리로 하여금 조바심과 권태에 떠밀려 가지 않게 해줍니다. 하나님의 때가 반드시 다 가온다고 믿을 때, 우울을 떨치고 명랑하게 자기 삶의 시간을 즐길 수 있습니다.

## 성장의 산고 속에서

"하나님이 인생들에게 노고를 주사 애쓰게 하신 것을 내가 보았노라"(전 3:10). '노고'라고 번역된 단어는 출산할 때 여인들이 경험하는 '산고'라는 뜻을 내포하고 있습니다. 살다 보면 부득이하게 고통스럽고 괴로운 일들을 받아들여야 할 때가 있습니다. 어려움이 없는 인생은 없습니다. "비 온 뒤에 땅이 굳는다"는 말이 있습니다. 어려움은 우리를 성숙의 길로 인도하는 안내인인지도 모릅니다. 또한 우리 존재를 새롭게 하기 위해 통과해야 하는 절차인지도 모릅니다. 맹자도 이와 유사한 이야기를 했습니다.

> 그러기에 하늘이 앞으로 큰 임무를 그 사람에게 맡기려 할 적에는 반드시 먼저 그 심지心志를 괴롭게 하며, 그 근골筋骨을 수고롭게 하며, 그 창자를 굶주리게 하며, 그 몸을 곤궁하게 하여, 행하는 일마다 뜻대로 되지 않게 하니, 이는 마음을 분발시키고 성정을 강인하게 하여 그 능력을 증가시키는 것이다.[1]

맹자는 이어서 "사람은 언제나 잘못을 저지른 뒤에 고치고, 마음이 피곤하고 생각이 막힌 뒤에야 비로소 분발하고 행동한다"고 말합니다. 이것이 어쩔 수 없는 인간의 모습입니다. 어려움이 찾아올 때, 길이 보이지 않는 상황을 맞이할 때, 우리는 비로소 자기를 돌아봅니다. 생각하고 이해하고 해석하려 노력합니다. 해석된 것만이 내 삶에 통합되기 때문입니다. 사람은 자기에게 벌어진 일의 전모를 분석하고 검토하는 과정을 거쳐 자기를 형성합니다. 입장과 태도가 생긴다는 말입니다.

어려움은 자기 속에 깊이 감추어져 있던 가능성이 발현되도록 돕기도 합니다. 코헬렛이 말하는 노고는 벌이 아닙니다. 노고의 원인을 다 이해할 수는 없다 해도 그것을 하나님이 주신 선물로 받아들이는 게 삶의 지혜입니다. 어려움에 짓눌려 생각조차 할 수 없을 때도 있습니다. 그러한 때에도 호흡을 가지런히 하고 자기에게 벌어진 일을 생각하고 또 생각해야 합니다. 그래야 입장이 생깁니다. 인생관이 정초됩니다. 인간의 인간됨은 돌이켜 생각하는 가운데 형성됩니다. 하루에도 몇 번씩 우리는 하지 말아야 할 말을 하고, 해야 할 일을 소홀히 합니다. 돌이켜 보아야 자기가 누구인지가 보입니다. 성숙한 사람은 자기 외부를 살피는 두 눈 이외에 자기를 살피는 내면의 눈을 뜬 사람이라 하겠습니다. 성찰 혹은 반성이란 자기를 객관화하여 바라보는 것입니다.

독일어 '자인'Sein은 존재라는 뜻입니다. 하이데거는 인간을 지칭하기 위해 '다자인'Dasein이라는 단어를 만들었습니다. '다'da는 '거기에 있다'는 뜻입니다. 학자들은 이것을 '현존재'라고 번역하는데, 내가 여기에 있다는 사실을 자각하며 사는 존재라는 뜻입니다. 내가 여기에 있다는 사실을 자각한다는 말은 자기 삶이 다양한 관계 속에 있음을 알아차린다는 말입니다. 그런 인간의 실존을 가리켜 하이데거는 '세계-내-존재'라고 말하기도 합니다. 인간은 관계를 맺으며 사는 존재입니다. 주어진 제약 속에서 타자의 세계와 의미 있는 관계를 맺으며 책임 있게 사는 것이 현존재로서의 인간의 본분입니다. 인간 존재human being의 소명은 인간이 되는 것being human입니다. 나의 외부에 있는 존재 곧 타자들은 나의 나됨을 비추어 주는 거울입니다. 거울에 얼굴을 비추어 보듯, 우리는 타자라는 거울을 통해 자기가 어떤 사람인지를 알게 됩니다. 곁에 있는 이들은 그런 의미에서 아주 소중합니다.

## 인생의 다채로운 풍경

"하나님이 모든 것을 지으시되 때를 따라 아름답게 하셨고 또 사람들에게는 영원을 사모하는 마음을 주셨느니라. 그러나 하나님이 하시는 일의 시종을 사람으로 측량할 수 없게 하셨도다"(전 3:11). 코헬렛은 하나님이 모든 때를 아름답게 하셨다고 말합니다. 이 아름다움은 단지 미학적 통찰이나 감수성만을 일컫는 것이 아닙니다. 모든 것이 적절하게 만들어졌다는 뜻도 담겨 있습니다. 아리스토텔레스는 지나치지 않은 것의 아름다움 곧 '적도'適度의 중요성을 강조했습니다. 사람마다 취향이 다르겠지만, 저는 화장을 너무 진하게 하거나 장신구를 너무 화려하게 한 이들을 보면 고개를 돌립니다. 불편하기 때문입니다. 누구나 다 그렇게 느껴야 한다고 말하는 게 아닙니다. 살다 보면 세상사는 늘 치우친 것처럼 보입니다. 적도가 지켜지지 않는다는 말입니다. 하지만 우리는 시간의 전모를 다 알지 못합니다. 코헬렛은 자기 삶의 경험을 취합하여 하나님이 모든 때를 아름답게 혹은 적절하게 만드셨다고 말합니다. 이 말은 제게 숨구멍

과도 같습니다. 지금은 비록 치우친 것처럼 보여도 하나님이 바로잡으시리라는 생각은 큰 위안을 줍니다. 다시 시작할 용기를 줍니다.

  삶의 풍경은 참 다채롭습니다. 구름이 하늘을 화판 삼아서 그리는 문양들을 보며 감탄할 때가 많습니다. 맑은 날도 있고 흐린 날도 있습니다. 먹구름이 푸른 하늘을 완전히 가려 버릴 때도 있고, 구름 한 점 없이 청명한 날도 있습니다. 인생 또한 그러합니다. 순풍을 만난 듯 삶이 흐뭇하게 전개될 때도 있지만, 역풍을 만나 괴로워할 때도 있습니다. 실패하거나, 넘어지거나, 아프거나, 사랑에서 멀어지거나, 미움을 받거나, 고적감에 몸부림칠 때를 좋아할 사람은 별로 없을 것입니다. 우리는 그런 삶의 계기들을 재빨리 제거하려 합니다. 하지만 그것이 말처럼 쉽지 않습니다. 불세출의 영웅이었던 헤라클레스는 히드라의 독이 묻은 예복을 입었다가 살갗이 타들어가는 고통을 느낍니다. 그 옷을 벗으려고 애써 보지만, 마치 살갗처럼 달라붙어 떨쳐낼 수 없었습니다. 결국 헤라클레스는 타오르는 장작더미 속에 자기를 던져 죽음을 선택합니다. 모두가 이런 극단적인 고통을 겪는 것은 아니지만, 어떤 사람도 고통을 겪지 않고 살 수는 없습니다.

  바라는 것이 이루어질 때 사람은 행복감을 느낍니다. 그러나 또 다른 욕망이 발생하는 순간, 행복감은 스러지고 불만족스럽다는 생각에 사로잡힙니다. 산을 올라가 본 사람들이 다 경험하는 것이 있습니다. 눈앞에 보이는 봉우리를 가쁜 숨을 내쉬며 오르고 나면 그 봉우리에 가려졌던 더 높은 봉우리가 보입니다. 그러면 자신도 모르게 한숨이 새어 나옵니다. '저기를 어떻게 또 오르지?' 하나의 지평은 또 다른 지평으로 끝없이 이어집니다. 목표 지점만 바라보고 나아가는 사람은 자기가 지나온 길가에 있는 기적들을 보지 못합니다.

무리 지어 피어 있는 꽃들에게 눈길조차 주지 않습니다. 그늘가에 앉아 잠시 쉬고 있는 이들에게 수인사를 건네지도 않습니다. 이런 태도로 삶을 사는 이들이 제법 많습니다. 저는 그것이야말로 삶의 낭비라고 생각합니다. 제가 좋아하는 유대인의 안식일 기도가 있습니다.

> 하루가 지나가고 한 해씩 사라지건만, 저희는 기적들 사이를 시각장애인처럼 걸어갑니다. 저희의 눈을 볼 것들로 채우시고 저희의 마음을 알 것들로 채우소서. 당신의 현존이 마치 번갯불처럼 저희가 걸어가는 어둠을 비추는 순간들이 있게 하소서. 저희가 어디를 바라보든 떨기에 불이 붙었건만 불타서 없어지지 않는 것을 볼 수 있게 하소서. 그리하여 당신께서 빚으신 흙덩이인 저희들이 거룩함에 닿게 하소서. 놀람 가운데 "이 얼마나 경외로 가득한 곳인가!" 외치게 하소서.[2]

하나님이 모든 것을 지으시되 때를 따라 아름답게 하셨다는 말은 우리 삶의 소중한 노잣돈입니다. 인간의 어리석음은 자기의 때를 향유하지 못하고 남의 때를 부러워하는 것이 아닐까요? 자기 때의 아름다움을 발견해야 합니다.

## 영원을 사모하는 마음

11절에서 우리가 주목해야 할 부분은 하나님이 인간에게 영원을 사모하는 마음을 주셨다는 것입니다. "영원"은 시간의 무한한 연장이 아닙니다. 의미 없는 시간이 무한히 반복될 때 사람은 권태를 느낍니다. 독일어로 권태를 뜻하는 '랑바일레'die Lanweile는 '길다'는 뜻의 'lang'과 '틈', '시간'을 뜻하는 'weile'이 결합된 단어입니다. 시간이 길게 느껴진다는 말입니다. 시간 여행자인 인간은 시간의 주인이 아닙니다. 허락된 시간 동안만 이 땅에 머물 뿐입니다. 소멸에의 예감에 사로잡힐 때 비애감이 찾아옵니다. 바로 그 비애감이야말로 영원에 대한 그리움이 개시되는 순간입니다. 영원에 대한 그리움이 곧 영원에 대한 바른 인식으로 이어지지는 않습니다. 사모하는 마음은 영원히 충족되지 않을지도 모릅니다. 노자의 『도덕경』에 나오는 한 대목이 떠오릅니다. 그는 도가 매우 미묘한 것이라 하면서 이렇게 말합니다. "보려고 해도 드러내지 않으니 평평함이라 하고, 들으려 해도 들리지 않으니 희미하다 하고, 잡으려 해도 잡히지 않으니 미세하다 한다."視之不見 名曰夷 聽之不聞 名曰希 搏之不得 名曰微 파악 불가능한 세계입니다. 그러나 그 흔적을 보고 우리는 황홀함을 느낍니다.

코헬렛이 말하는 '영원'을 히브리어로 '올람'ᵐᵉᵗ이라고 하는데, 그 단어의 뿌리는 '감추다'라는 뜻의 '렘'ᵐᵉ입니다. 영원은 인간에게는 감추어진 것입니다. 바울 사도도 우리 마음에 새겨진 그리움이 하나님 앞에 갈 때 해소된다는 측면에서 이렇게 말합니다. "우리가 지금은 거울로 보는 것같이 희미하나 그때에는 얼굴과 얼굴을 대하여 볼 것이요 지금은 내가 부분적으로 아나 그때에는 주께서 나를 아신 것같이 내가 온전히 알리라"(고전 13:12). 인간은 영원의 그림자를 볼 수 있을 뿐입니다. 하나님이 하시는 그 모든 일을 인간이 다 이해할 수 없습니다. 하나님에 대해 다 아는 척하는 사람들은 정말 위험한 사람들입니다. 그들을 따르다가는 낭떠러지에 몰릴 수도 있습니다. 우리는 머뭇거리는 태도로 하나님의 뜻을 여쭈며 살아야 합니다. 가톨릭 사제이자 시인인 에르네스또 까르데날의 책에서 이런 문장과 만났습니다.

모든 인간은 하나님의 사랑으로 인하여 마음속에 상처를 입고 태어난다. 하나의 목마름을 안고 태어난다. 우리는 비록 하나님을 뵙지는 못했지만, 사람이란 낯선 곳에 태어나서 겨울이 되면 한 번도 가본 적이 없는 태초의 고향에 대한 신비로운 향수를 핏속에서 느끼고 방향도 모르면서 고향을 찾아 떠나가는 철새와 비슷한 존재다. 그들은 약속된 땅이 부르는 소리를 들은 것이다.[3]

그는 인간의 마음에 하나님의 사랑으로 인한 상처가 있다고 말합니다. 그 상처의 다른 이름이 그리움 혹은 동경입니다. 영원에 대한 그리움은 인간만이 가진 고유한 속성입니다. 때가 되면 철새들이 본향으로 날아가듯, 인간은 자기도 모르는 사이에 가야 할 곳이 있다는 사실을 알게 됩니다. 성경은 '하늘에 있는 본향'이 바로 우리가 가야 할 곳이라 말합니다(히 11:16). 우리는 머무는 존재가 아니라 길을 가는 존재입니다. '간다'는 말은 어떤 이행 속에 있다는 것을 의미합니다. 이행을 받아들이며 지향을 바로 하는 것이 지혜로운 삶입니다.

### 선을 행한다는 것

"사람들이 사는 동안에 기뻐하며 선을 행하는 것보다 더 나은 것이 없는 줄을 내가 알았고 사람마다 먹고 마시는 것과 수고함으로 낙을 누리는 그것이 하나님의 선물인 줄도 또한 알았도다"(전 3:12-13). 반복되는 이야기지만 어떤 노고나 어려움, 고통과 시련이 찾아올 때마다 우리는 무정한 삶을 향해 질문을 던집니다. '이 일이 왜 벌어진 거지?', '왜 하필이면 나야?', '내가 무슨 죄를 지었나?' 결국 그런 질문은 자기 삶을 성찰하게 만듭니다. 문제는 아무리 성찰해 보아도 까닭을 알 수 없는 일이 많다는 데 있습니다. 까닭을 모른다고 하여 생을 포기해야 할까요? 그럴 수 없습니다. '왜'라는 질문에 답이 없다 해도 살아야 합니다. 그것이 삶의 엄중함입니다. 알 수 없음을 사는 것이 인생입니다. 그렇기에 지금 이 순간이 중요합니다. 현재를 어떻게 사는 게 지혜로운 삶인가요? 코헬렛은 기뻐하며 선을 행하라고 권고합니다. 덧붙여서 먹고 마시는 것과 수고함으로 낙을 누리는 것이 하나님의 선물이라고 말합니다. 이것은 진탕 먹고 마시며 인생을 즐기라는 말이 아니라, 소박할지언정 우리가 누리는 모든 것을 하나님의 선물로 여기며 살라는 말입니다.

선을 행한다는 것은 무엇일까요? 인간의 인간됨은 요구받음에 응답함으로 구현됩니다. 에리히 프롬은 『사랑의 기술』에서 돌봄, 책임, 존경, 지식이라는 사랑의 네 가지 속성을 소개합니다.[4] 책임이 사랑의 속성이라는 말이 신선하게 다가옵니다. 책임을 뜻하는 영어 단어 'responsibility'는 '응답하다'라는 뜻의 'response'의 명사형입니다. 책임은 '너의 요구에 응답하는 것'입니다. 강영안 교수는 유대계 철학자인 레비나스의 철학을 설명하면서 "배고프고 헐벗은 가운데, 사회적 불의 가운데 나에게 호소하는 타인은 지금까지 제한 없이 자유를 행사하던 나에게 충격으로 다가온다. 타인은 그의 벌거벗은 얼굴을 통해 나를 판단하고 정죄한다"고 말합니다.[5] 타인의 얼굴의 호소에 응답할 때 우리는 비로소 자기중심적인 삶에서 벗어나 더 큰 지평 속으로 들어가게 됩니다. 선을 행한다는 것은 바로 그런 것입니다. 책임으로부터 도피하는 것은 악입니다. 악을 행하는 이들은 자신을 우울의 회로에 가두는 것입니다. 강도 만난 사람을 보고 피하여 달아남으로 제사장과 레위인은 참 사람의 길에서 멀어졌습니다(눅 10:30-37).

## 경외의 자리에서 영원을 바라보다

"하나님께서 행하시는 모든 것은 영원히 있을 것이라. 그 위에 더 할 수도 없고 그것에서 덜 할 수도 없나니 하나님이 이같이 행하심은 사람들이 그의 앞에서 경외하게 하려 하심인 줄을 내가 알았도다"(전 3:14). 코헬렛은 하나님이 하시는 일은 영원히 있을 것인데, 거기에 인간이 보탤 수도 없고 뺄 수도 없다고 말합니다. 인간의 노력이 다 부질없다는 뜻일까요? 그렇다면 우리가 굳이 망가진 세상을 고치기 위해 헌신해야 할 이유가 어디 있겠습니까? 이 말은 아무 일도 하지 말라는 뜻이 아니라, 자신이 무언가를 할 수 있다는 헛된 자부심에서 벗어나라는 뜻입니다.

세상의 모든 물은 하류를 향해 흘러갑니다. 계곡물은 실개천이 되어 흐르다가 개울에 합류합니다. 개울은 더 큰 강과 합류하고, 강은 마침내 바다에 이르게 됩니다. 바다는 높낮이가 없는 수평의 세계입니다. 잔잔할 때도 있고 크게 일렁일 때도 있습니다. 세상의 모든 일이 그러합니다. 우리는 세상에 아름다운 변화를 일으키기 위해 할 수 있는 모든 일을 해야 합니다. 그러나 역사를 궁극적으로 이끌어가는 분은 하나님이십니다. 인간은 다만 그 앞에서 경외감을 느낄 뿐입니다. '경외'는 '신적 두려움'입니다. 경외심에 사로잡힐 때 비로소 우리는 자신의 작음을 절감합니다. '아, 나는 얼마나 작은 존재인가. 내가 안다고 자부하던 것들이 얼마나 오만한 일이었던가.' 경외심을 느낄 때 비로소 우리는 경거망동하지 않고 살게 됩니다. 경외하는 마음 가운데 머물며 삶의 이치를 깊이 생각하는 이들은 삿된 욕망에 휘둘리지 않습니다. 뒤집어 말하면, 우리가 욕망에 사로잡혀 살고 사소한 일에도 화를 내는 것은 삶의 이치를 깊이 생각하지 않기 때문이고 더 큰 세계에 대한 감각을 잃어버렸기 때문입니다.

## 하나님의 창조 리듬

"이제 있는 것이 옛적에 있었고 장래에 있을 것도 옛적에 있었나니 하나님은 이미 지난 것을 다시 찾으시느니라"(전 3:15). 인간 행동의 헛됨을 설명하기 위해서 어떤 일이 끝없이 반복된다고 말한 코헬렛은 과거와 현재와 미래가 하나님 앞에 열려 있다고 가르칩니다. 하나님은 하신 일을 되풀이하십니다. 하나님 앞에서는 아무것도 숨길 수 없습니다. 혹시 세 살 때의 일을 기억하십니까? 지난날 우리가 저지른 나쁜 일들을 다 기억하고 있습니까? 그것을 모두 기억하는 사람은 거의 없습니다. 기억하지 못한다고 해서 과거가 사라지는 것은 아닙니다. 내가 누군가에게 입힌 상처는 나는 잊어도 피해자는 잊지 못하는 경우가 많습니다. 하나님은 상실된 것, 잊혀진 것까지 찾으십니다. 우리 죄를 미세한 것까지 기록했다가 벌주신다는 말이 아닙니다. 하나님은 인간이 망가뜨린 것을 가지고도 새로운 아름다움을 빚으실 수 있습니다. 인간의 실수와 욕망 때문에 잘못되었던 일들까지도 하나님의 사랑의 용광로 속에 들어가면 새로운 것으로 빚어질 수 있습니다. 자주 인용되는 바울 사도의 말도 같은 뜻일 것입니다. "우리가 알거니와 하나님을 사랑하는 자 곧 그의 뜻대로 부르심을 입은 자들에게는 모든 것이 합력하여 선을 이루느니라"(롬 8:28). 이러한 하나님의 사랑의 영원하심이 우리 삶의 든든한 토대가 됩니다.

하나님의 창조 리듬에 보폭을 맞추고 사는 것이 지혜입니다. 하나님의 리듬 속에 머물 때 우리 삶은 든든해집니다. 하나님의 창조 리듬이 지속되는 가운데 살고 있음을 자각할 때, 비로소 기쁨과 감사가 찾아옵니다. 모든 순간이 은총이 도래하는 순간이 됩니다. 과거에 있던 것이 오늘날에도 있고, 장래에 일어날 일이 이미 우리가 경험한 일임을 알 때 낙심하지 않을 수 있습니다. 하지만 기후 위기라는 전대미문의 재앙은 이런 우리의 낙관론에 균열을 일으킵니다. 지금은 시간이 촉박합니다. 특단의 대책이 필요합니다. 우리에게 필요한 것은 하나님의 창조 리듬을 따라 살려는 결단이 아닐까요?

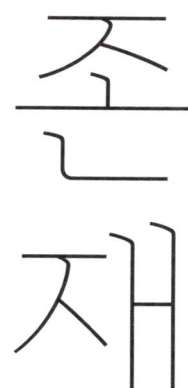

**여덟 번째 강의**

**사람과 짐승이
일반이라**
3:16-22

지난 시간에는 하나님이 모든 때를 아름답게 하셨다는 이야기를 함께 나누었습니다. 모든 때의 아름다움을 한껏 누리며 사는 이들이야말로 지혜자입니다. 주어진 것조차 누리지 못하는 것만큼 어리석은 것은 없습니다. 우리는 몸이 아프면 병원에 갑니다. 그런데 마음의 병은 쉽게 알아차리지 못합니다. 마음에 병이 들면 회복 탄력성이 현저하게 떨어지고 타자들을 맞아들일 여백조차 협소해집니다. 그래서 불친절해지고 타자들로부터 얻을 수 있는 기쁨을 얻지 못하기에 우울함에 빠지게 됩니다. 우울은 고립을 낳습니다. 악순환입니다. 마음의 병인 줄도 모르는 병이 있습니다. 이미 주어진 것을 누리지 못하는 병입니다. 그 병 때문에 우리 삶이 빈곤해졌습니다. 풍요로움은 우리에게 많은 기회를 제공하지만, 욕망과 욕망 사이의 거리가 점점 좁혀지면서 정작 아무것도 누리지 못하게 만들기도 합니다. '풍요 속의 빈곤'이라는 말이 이런 경우에도 적용될 수 있습니다.

어린 시절, 장난감이라는 것을 가질 수 없었던 우리는 나름대로 행복했습니다. 나무를 깎아 만든 팽이를 돌리기도 하고, 소나무 등걸을 떼어다 만든 배에 송진을 묻혀 물에 띄우기도 했습니다. 인공적으로 누릴 수 있는 것이 없었기에 자연이 주는 것들로 만족하며 지냈습니다. 골고루 가난했기에 남루한 옷도 부끄럽지 않았습니다. 오늘의 우리는 정말 많은 것들을 누리며 살지만, 그에 반해 행복감을 크게 느끼지는 못합니다. 더 좋은 것을 누리는 타자들과 내 처지를 비교하기 때문입니다. 우리는 비교 행위를 통해 불행의 회로에 적응합니다. 스스로 사유의 주체가 되지 못할 때 외부 세계가 우리 삶에 큰 영향을 미칩니다. 타자들이 우리의 행과 불행을 결정하도록 하는 것처럼 어리석은 일이 또 있을까요? 코헬렛이 들려주는 이야기를 통해 우리 삶을 성찰해 보면 좋겠습니다. 오늘 살펴볼 본문은 조금 난해합니다. 그래도 차분하게 접근하다 보면 길이 보일 것입니다.

또 내가 해 아래에서 보건대 재판하는 곳 거기에도 악이 있고 정의를 행하는 곳 거기에도 악이 있도다. 내가 내 마음속으로 이르기를 의인과 악인을 하나님이 심판하시리니 이는 모든 소망하는 일과 모든 행사에 때가 있음이라 하였으며 내가 내 마음속으로 이르기를 인생들의 일에 대하여 하나님이 그들을 시험하시리니 그들이 자기가 짐승과 다름이 없는 줄을 깨닫게 하려 하심이라 하였노라. 인생이 당하는 일을 짐승도 당하나니 그들이 당하는 일이 일반이라. 다 동일한 호흡이 있어서 짐승이 죽음 같이 사람도 죽으니 사람이 짐승보다 뛰어남이 없음은 모든 것이 헛됨이로다. 다 흙으로 말미암았으므로 다 흙으로 돌아가나니 다 한 곳으로 가거니와 인생들의 혼은 위로 올라가고 짐승의 혼은 아

[ 존재 ]

래 곧 땅으로 내려가는 줄을 누가 알랴. 그러므로 나는 사람이 자기 일에 즐거워하는 것보다 더 나은 것이 없음을 보았나니 이는 그것이 그의 몫이기 때문이라. 아, 그의 뒤에 일어날 일이 무엇인지를 보게 하려고 그를 도로 데리고 올 자가 누구이랴(전 3:16-22).

## 세상을 보는 눈

"또 내가 해 아래에서 보건대"(전 3:16). 코헬렛이 즐겨 쓰는 표현입니다. 보는 행위야말로 모든 인식의 기본입니다. 자신이 잘 보는 사람인지 한번 생각해 보십시오. 수십 년을 지나다니던 길에서 문득 낯선 풍경을 발견하고 놀란 적이 있지 않으신가요? 저는 가끔 그런 경험을 하곤 합니다. 얼마 전에도 큰길가에 있는 공중전화 부스를 보고 깜짝 놀랐습니다. 옛날부터 그 자리에 있었지만 내게 무관한 것이라 여겨 주목하지 않았던 것입니다. 우리는 보고 싶은 것들만 봅니다. 우리 눈이 외부를 향하고 있지만 모든 것을 다 보는 것은 아닙니다. 저는 외국으로 여행을 가거나 유학을 떠나는 젊은이들에게 "그곳에서 발견하는 낯선 것을 모두 기록해 보라"고 권고합니다. 낯선 세계에 들어선 이들은 자기가 취약한 처지에 있다는 사실을 자각합니다. 무얼 어떻게 해야 할지 몰라 주뼛거리게 마련입니다. 낯섦이야말로 여행이 우리에게 주는 가장 큰 선물입니다. 우리의 의식은 낯선 세계와의 대면을 통해 확장됩니다. 시베리아에서 유형살이를 하던 도스토옙스키는 그 힘겨운 생활을 허비하지 않았습니다. 유형지는 인간 세상의 모형이었습니다. 그는 그곳 동료들의 행동거지며 말투 그리고 표정까지 세심하게 살폈습니다. 그것이 그의 소설적 자산이 되었습니다. 그는 보는 사람이었던 것입니다. 코헬렛도 세상사를 무심히 보지 않습니다. 은둔자의 초연함으로 등을 돌리지도, 무심한 이의 심드렁함으로 외면하지도 않았습니다. 단, 그의 눈에 거슬리는 것이 하나 있었습니다.

### 정의가 실종된 시대

"재판하는 곳 거기에도 악이 있고 정의를 행하는 곳 거기에도 악이 있도다"(전 3:16). 코헬렛은 재판이 일어나는 곳에 악이 있다고 말합니다. 재판은 공정해야 합니다. 재판이 공정하지 않을 때 정의로운 세상은 불가능해집니다. 법을 집행하는 이들이 법을 자의적으로 해석하거나 이해관계에 따라 치우치게 판결한다면 세상은 아수라장이 되고 말 것입니다. 처음부터 법이 있었던 것은 아닙니다. 원시시대에는 부족의 불문율이 법의 역할을 담당했으나, 사회 규모가 확장되면서 사람들 간 갈등을 해소하기 위한 체계적인 원칙이 필요하게 되었습니다. 나 혼자 사는 세상이라면 법이 없어도 되고, 둘이 산다면 문제가 생겼을 때 대화로 풀어가면 됩니다. 문제는 한정된 재화를 나누는 일 때문에 발생합니다. 수렵채취시대 사람들은 족장의 분배에 대체로 순응했습니다. 자기 몫을 더 달라고 요청하는 일이 적었을 것입니다. 농업혁명이 일어나 잉여가 발생하면서 분배의 문제는 많은 이들에게 첨예한 문제가 되었습니다. 잉여를 많이 차지하는 이들이 권력까지 손에 넣는 경우가 많았습니다. 갈등은 필연적이었고, 그 갈등을 해결하기 위해서는 당사자의 이해관계를 넘어서는 공동 규범이 필요했습니다.

법의 생명은 공정함입니다. 예컨대 빵이 세 개밖에 없는데 사람이 다섯 명이면 누구나 분배 방식에 예민해질 수밖에 없습니다. 법원을 비롯한 사법기관 근처에 정의의 여신상이 세워져 있는 경우를 종종 볼 수 있습니다. 여신상은 한 손에 공정함과 공평함을 상징하는 천칭 저울을, 다른 손에 정의로운 집행을 상징하는 칼을 들고 서 있습니다. 주목할 것은 여신상이 눈을 가리고 있다는 사실입니다. 치우치지 않겠다는 의지의 표현일 것입니다. 토라에는 그런 치우침을 경계하라는 엄중한 지시가 자주 등장합니다. "너희는 재판할 때에 불의를 행하지 말며 가난한 자의 편을 들지 말며 세력 있는 자라고 두둔하지 말고 공의로 사람을 재판할지며"(레 19:15). 가난한 사람이라고, 혹은 세력 있는 사람이라고 무작정 편을 들거나 감싸 주어서는 안 됩니다. 법의 토대가 무너지면 사회는 바로 설 수 없습니다.

사법적 정의를 히브리어로 '미쉬파트'מִשְׁפָּט라고 합니다. 미쉬파트는 법관이 사실에 입각하여 법조문에 따라 공정하게 집행하는 행위입니다. 예를 들어, 어떤 사람이 사랑하는 아들의 생일선물을 사고 싶은데 수중에 돈이 없습니다. 장난감 가게에 들어간 그는 망설임 끝에 아들이 정말 갖고 싶어 하던 장난감을 훔치고, 금세 붙잡혀 경찰에 넘겨집니다. 이때 경찰은 그 사람의 딱한 처지를 동정하여 아무 일도 없었던 것으로 처리해도 될까요? 인정으로는 그러고 싶어도 그렇게 하면 사법적 정의가 무너집니다.

그가 구속됨으로 사법적 정의가 확립되지만, 그로 인해 그의 아들이 돌보아 줄 이 하나 없이 방치된다면 어떻게 해야 할까요? 이런 경우, 검찰이 그의 사정을 감안하여 불기소 혹은 기소유예 처분을 하여 그가 아들과 살 수 있도록 해줄 수 있습니다. 죄가 없다고 인정하는 것은 아니지만, 새로운 삶의 기회를 부여함으로 한 가정이 다시 일어설 수 있게 됩니다. 이것을 가리켜 회복적 정의 곧 '체다카'צְדָקָה라 할 수 있습니다. 율법에 나오는 면제년 규정이나 희년법은 불공평한 세상을 갱신하기 위한 역사의 꿈이 발현된 것입니다. 체다카의 제도화라는 말입니다. 유대인 가정에는 아이부터 어른까지 적은 돈을 모으는 저금통이 있다고 합니다. 우리 식으로 말하자면 돼지저금통 같은 것입니다. 여기 모인 돈은 어려운 이들을 돕는 일에 사용합니다. 어려서부터 한 지역 공동체 속에 있는 어려운 이웃들을 기억하며 그들을 위해 할 수 있는 작은 일에 동참하는 기쁨을 누리도록 하는 것입니다. 교육적으로도 매우 중요한 의미가 있다고 생각합니다. 이 저금통의 이름이 체다카인데, 체다카는 자기욕망을 절제하는 훈련의 기회를 제공하는 동시에 자선의 기쁨을 어릴 적부터 느끼게 해줍니다. 미쉬파트와 체다카는 하나님이 세우신 사회의 두 기둥입니다. 공평과 정의가 무너진 세상을 바라보며 아모스가 외쳤던 소리가 우렁우렁 들려오는 듯합니다. "오직 정의를 물같이, 공의를 마르지 않는 강같이 흐르게 할지어다"(암 5:24).

코헬렛은 공정하게 이루어져야 할 재판이 재판관들의 선입견에 따라서 왜곡되고 있음을 목도하고 있습니다. 무도한 세상입니다. 흉악범죄를 저지르고 인질극을 벌이던 피의자가 외쳤던 소리를 기억하시나요? "유전무죄, 무전유죄." 그런 외침이 그의 범죄를 정당화할 수는 없지만, 우리 시대의 실상을 드러내는 소리였음은 부정할 수 없습니다. 요즘에는 차라리 재판관들을 인공지능으로 바꾸면 어떨까 하는 이야기까지 나오고 있습니다. 기계가 오히려 입력한 데이터에 따라 더 정확하고 객관적으로 판결하지 않겠느냐는 것입니다. 실현 가능성이 있는 이야기인지는 모르겠지만 재판관들이 새겨들어야 할 말이 아닐까요?

## 하나님의 심판

"내가 내 마음속으로 이르기를 의인과 악인을 하나님이 심판하시리니 이는 모든 소망하는 일과 모든 행사에 때가 있음이라 하였으며"(전 3:17). 코헬렛은 재판 자리에서 벌어지는 악의 현실을 직시하면서 궁극적 정의는 하나님의 현존을 통해 실현될 것이라고 말합니다. 의인과 악인 모두 하나님의 심판 아래에 있습니다. 부패한 재판관들은 의인을 악인으로 만들거나 악인을 의인으로 만들기도 하지만, 그 모든 일이 바로잡히는 때가 이를 것입니다. 현실에서는 정의가 패배하는 것처럼 보여도, 하나님의 법정에서는 결국 정의가 승리합니다. 모든 일에는 때가 있습니다. 전에 이야기했던 '지연된 시간'에 대한 기억을 되살려 보십시오. 악한 자들이 세력을 얻어 번성할 때마다, 우리는 "하나님은 무얼 하고 계시는가?"라고 탄식합니다. 하나님은 세상일에 즉각적으로 개입하시지 않습니다. 그 때문에 악한 이들은 더욱 방자해집니다. 하나님은 악행을 벌하지 않고 넘기시지 않습니다. 다만 심판을 늦추실 뿐입니다. 유예된 시간은 돌이킬 수 있는 기회입니다.

모든 일에는 때가 있습니다. 밀밭에서 웃자란 가라지는 추수하는 날 불태워집니다. 그 사실을 아는 이들은 불의한 이들이 득세하는 현실에 불퉁거리지 않습니다. 종교 개혁자인 마르틴 루터는 저녁이 되면 창문을 통해 바깥을 내다보며 이렇게 기도했다고 합니다. "하나님, 이 세상이 저의 것입니까, 주님의 것입니까? 주님의 것이라면 알아서 돌보아 주십시오. 저는 이만 자러 갑니다." 출처가 명확하지 않지만 흥미로운 대목입니다. 역사가 하나님의 뜻에 따라 전개될 것이라는 확고한 믿음이 있을 때 우리는 조바심하지 않을 수 있습니다.

## 사멸할 수밖에 없는 존재

"내가 내 마음속으로 이르기를 인생들의 일에 대하여 하나님이 그들을 시험하시리니 그들이 자기가 짐승과 다름이 없는 줄을 깨닫게 하려 하심이라 하였노라"(전 3:18). 인간이 짐승과 다를 바 없다는 말은 인간에 대한 비하인가요? 인간과 짐승은 엄연히 다른데 어떤 의미에서 그와 같이 말하는 것입니까? 결국은 인간도 짐승도 사멸할 수밖에 없는 존재라는 것이 아니겠습니까? 죽음은 나의 통제 아래 있지 않습니다.. 생명과 죽음은 하나님께 속해 있습니다. 시편 시인은 그 사실을 누구보다 명확하게 인식하면서 이렇게 노래합니다. "주께서 낯을 숨기신즉 그들이 떨고 주께서 그들의 호흡을 거두신즉 그들은 죽어 먼지로 돌아가나이다. 주의 영을 보내어 그들을 창조하사 지면을 새롭게 하시나이다"(시 104:29-30). 생명은 들숨과 날숨 사이에 있습니다. 들숨과 날숨은 나의 의지와 무관하게 저절로 쉬어집니다. 잠시 호흡을 멈출 수는 있지만 그 이상은 어렵습니다. 사람은 마지막 숨을 거두고 세상을 떠납니다. 하나님이 거두셔서 호흡이 떠나가는 것입니다.

창세기 2:7은 하나님이 아담을 지으시고 그 코에 생기를 불어넣으셨다고 말합니다. 지금 우리 숨은 하나님이 불어넣으시는 것입니다. 지금이 은총의 때인 것은 그래서입니다. 홍순관의 노래 「나는 내 숨을 쉰다」는 숨에 대해 돌아보게 만듭니다. "숨 쉰다 숨을 쉰다 꽃은 꽃 숨을 쉬고 나무는 나무 숨을 쉰다 숨 쉰다 숨을 쉰다 아침은 아침 숨을 쉬고 저녁은 저녁 숨을 쉰다 나는 내 숨을 쉰다 내 숨을" 숨을 제대로 쉬는 게 잘 사는 인생입니다. 다른 이들의 숨을 쉬지 말아야 합니다. 우리에게 주어진 숨을 제대로 쉴 때 기쁨과 감사가 찾아옵니다.

인간이나 동물이나 유기체적 생명은 영원히 살 수 없습니다. 그렇기에 오늘을 아름답게 살아내야 합니다. 내게 남은 시간이 한 달 밖에 없다는 선고를 받았다고 상상해 보십시오. 그 마지막 한 달을 어떻게 사시겠습니까? 남을 위해 봉사하며 최대한 가치 있게 사용하겠다고 말하는 분도 있을 것이고, 지난 인생을 돌아보며 하나님 앞에 엎드려 회개하고 깨끗한 모습으로 떠나고 싶다고 말하는 분도 있을 것입니다. 제가 이런 질문을 하자, 한 달 동안 아이들과 아름다운 서사를 만들고 싶다고 말하는 분도 있었습니다. 사람들에게 잊히지 않기 위해 할 수 있는 모든 흔적을 남기려고 노력하겠다는 분도 있겠지요. 시간은 동일하지만 사람들은 그 시간을 저마다의 색깔로 칠하며 삽니다. 작자 미상의 글 하나가 우리에게 깊은 공명을 일으킵니다.

> 만일 단지 짧은 기간 동안 살아야 한다면
> 이 생에서 내가 사랑한 모든 사람들을 찾아보리라.
> 그리고 그들을 진정으로 사랑했음을 확실히 말하리라.
> 덜 후회하고 더 행동하리라.
> 또한 내가 좋아하는 노래들을 모두 불러 봐야지.
> 아, 나는 춤을 추리라.
> 나는 밤새도록 춤을 추리라.
>
> 하늘을 많이 바라보고 따뜻한 햇빛을 받으리라.
> 밤에는 달과 별을 많이 쳐다보리라.
> 그다음에는 옷, 책, 물건,
> 내가 가진 사소한 모든 것들에 작별을 해야겠지.
> 그리고 나는 삶에 커다란 선물을 준 대자연에게 감사하리라.
> 그의 품속에 잠들며.

개인적인 소망이 담겨 있는 글이지만 공감되는 부분이 많습니다. 한마디로 일상을 충만하게 누리고 싶다는 말이 아닌가요? 내게 남은 시간이 무한하지 않음을 깨닫게 되면 일상이 은총이며 기적임을 알게 됩니다. 글쓴이는 이 세상에서 이러한 모든 것을 누리게 해 준 대자연에게 감사하겠다고 말합니다. 그리스도인으로 이야기하면 하나님께 감사하겠다는 말입니다. 그의 마지막 꿈은 그의 품속에서 잠드는 것입니다.

인간은 죽음이라는 궁극적 한계를 의식하고 있고 앞으로 장구한 날을 살 수 없음을 알기에 자신의 삶을 의미 있게 구성하고 싶어 합니다. 로댕의 작품「생각하는 사람」처럼 심각한 표정으로 앉아 아무리 생각해 보아도 인생의 의미가 무엇인지를 찾기란 어려운 일입니다. 삶의 의미는 타자들과 더불어 아름다운 관계를 맺고 그들의 요구에 응답할 때 비로소 느낄 수 있습니다. 삶의 의미는 찾는 게 아니라 창조하는 것입니다. 그것이 인간의 과제입니다.

"인생이 당하는 일을 짐승도 당하나니 그들이 당하는 일이 일반이라. 다 동일한 호흡이 있어서 짐승이 죽음 같이 사람도 죽으니 사람이 짐승보다 뛰어남이 없음은 모든 것이 헛됨이로다"(전 3:19). 앞에서 나온 구절을 반복하는 것처럼 보입니다. 코헬렛은 인간과 짐승의 호흡이 동일하다고 말합니다. 이때 그가 말하는 호흡은 '생명의 원기'를 뜻하는 것이지 생령을 뜻하는 것이 아닙니다. 모든 것은 하나님의 뜻 안에서 나타납니다. 그것을 자각할 때 세상에는 하나님이 숨겨 놓으신 암호가 가득 찬 곳임을 인정하지 않을 수 없습니다. 생명의 원기가 내 안에 들어오면 생명이 탄생하고, 떠나가면 죽음의 세계로 넘어갑니다. 짐승과 우리가 다를 바 없습니다. 내 안에 스쳐 지나온 생명의 원기가 동물들에게도 깃들어 있다는 사실을 깨달을 때, 우리는 그들을 함부로 대할 수 없게 됩니다.

## 흙으로 돌아가는 존재

"다 흙으로 말미암았으므로 다 흙으로 돌아가나니 다 한 곳으로 가거니와 인생들의 혼은 위로 올라가고 짐승의 혼은 아래 곧 땅으로 내려가는 줄을 누가 알랴"(전 3:20-21). 물질적으로 환원하면 인간은 별것 없습니다. 인간의 몸에서 나오는 지방이나 철분으로 무엇을 만들 수 있겠습니까? 우리 몸을 물질로 대체하면 남는 게 별로 없습니다. 그래서 사람들은 인간을 육체로만 파악하지 않습니다. 혼과 영이 있어 인간은 존귀합니다. 옛사람들은 사람이 죽으면 혼魂은 위로 올라가고 백魄은 흩어져 땅으로 돌아간다고 생각했습니다. 땅과 하늘이 조응하여 한 존재가 이루어졌다는 생각이 반영된 세계관입니다. 몹시 놀라 어쩔 줄 모르는 상태를 이르는 '혼비백산'이라는 단어도 여기서 유래한 것이 아닐까 싶습니다.

플라톤이 쓴 『국가』라는 책에는 파플라군 사람 에르의 이야기가 나옵니다.[1] 에르는 전쟁 중 전사한 뒤 열흘이 지나 시신과 함께 발견되지만, 장례 직전 다시 깨어나 사후 세계에서 본 경험을 들려줍니다. 에르에 따르면 인간의 혼은 죽은 후 천 년 동안 하늘이나 땅 아래에서 머무르는데, 이는 살아 있을 때 올바르게 살았는지 아닌지에 따라 달라집니다. 그 시간이 다 채워지면 혼들은 다음 생을 선택하는 장소에 집결합니다. 제비뽑기를 통해 선택 순서가 정해지고, 각 혼은 주어진 순서에 따라 다양한 삶의 모형들 가운데 하나를 선택합니다. 에르는 이 과정에서 단지 운에 맡기는 것이 아니라, 혼의 내면 상태 곧 과거의 삶에 대한 반성과 염원이 결정적인 역할을 한다고 전합니다. 예컨대, 과거의 잘못된 삶을 진심으로 뉘우친 사람은 더 나은 삶을 선택하려는 열망을 갖게 되고, 반대로 이전 생에서 아름답게 살았지만 자만에 빠진 사람은 불행한 삶을 선택하기도 합니다. 결국 플라톤은 인간의 삶이 단순한 운명의 결과가 아니라, 스스로의 선택과 책임에 달려 있다는 점을 강조하고 있습니다.

코헬렛은 그렇게 모든 것을 설명할 생각이 없습니다. 알 수 없음을 알 수 없음으로 받아들여야 하는 것이 지혜입니다. 인생들의 혼은 위로 올라가고 짐승의 혼은 아래로 내려간다고 하지만 그것을 누가 알겠느냐는 것입니다. 그리스적 사고에서는 그것이 명백한 것으로 보이지만, 히브리적 사고에서는 누구도 죽음 이후에 벌어지는 일을 알 수 없습니다. 우리는 죽은 다음에 심판이 있을 것이라 믿고, 잘못한 사람들은 지옥에 가고 하나님의 뜻대로 산 사람들은 하나님 나라에 간다고 생각하지 않습니까? 그런데 옛날 히브리인들의 사고 속에는 벌을 받는 장소로서의 지옥 개념이 없었습니다. 죽으면 다만 죽은 자들의 세계인 스올로 간다고 생각했을 뿐입니다.

어느 날 공자의 제자인 계로가 공자에게 귀신을 섬기는 일에 대해 묻자 공자가 대답합니다. "아니, 삶을 알지 못하는데 어찌 죽음을 알겠느냐?" 未知生 焉知死 이 말이 시사하는 바는 오늘이 매우 중요하다는 것입니다. 공자의 말과 코헬렛의 말이 서로 조응하고 있습니다. 사람이 죽으면 혼이 하늘로 가는지 짐승의 혼이 아래로 내려가는지 우리는 이성적으로 판단할 수 없습니다. 이것이 인간의 한계입니다.

## 오늘을 충실히 살아내는 지혜

"그러므로 나는 사람이 자기 일에 즐거워하는 것보다 더 나은 것이 없음을 보았나니 이는 그것이 그의 몫이기 때문이라. 아, 그의 뒤에 일어날 일이 무엇인지를 보게 하려고 그를 도로 데리고 올 자가 누구이랴"(전 3:22). 우리가 알지 못하는 죽음의 문제, 사후의 문제에 대한 질문과 관련하여 여러분은 어떤 생각을 품고 있습니까? 하나님을 믿는 사람은 죽은 다음 더 큰 생명이신 하나님의 품으로 간다고 믿습니다. 코헬렛은 죽고 난 다음의 일은 내게 속한 일이 아니고 하나님이 하실 일이라고 말합니다. 결국 오늘을 의미 있게 살고 주어진 일을 즐겁게 감당하는 것이야말로 내게 주어진 삶의 몫이라는 이야기입니다. 미래에 벌을 받을지 상을 받을지 걱정하지 말고 그저 오늘을 충실하게 살라는 것입니다. 다른 이가 누리는 것을 누리지 못한다 하여 한탄할 것 없습니다. 쓸데없는 비교는 우리를 우울하게 만들 뿐 아니라, 지금 우리에게 주어진 것을 향유하지 못하게 만듭니다. "여호와는 나의 산업과 나의 잔의 소득이시니 나의 분깃을 지키시나이다. 내게 줄로 재어 준 구역은 아름다운 곳에 있음이여, 나의 기업이 실로 아름답도다"(시 16:5-6). 이 마음이면 됩니다. 믿음으로 산다는 것은 지금의 삶을 은총으로 여기며 사는 것입니다.

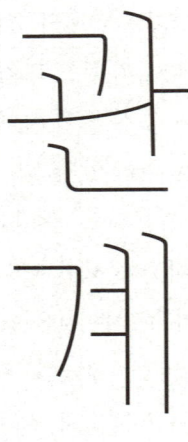

**아홉 번째 강의**

억압, 수고, 우정

4:1-12

전도서 여행을 떠나온 지 꽤 시간이 흘렀습니다. 전도서 하면 어떤 문장이 떠오르나요? 대체로 "헛되고 헛되며 헛되고 헛되니 모든 것이 헛되도다"(전 1:2)라는 말씀을 꼽지 않을까 싶습니다. 여기에는 '헛되다'는 단어가 다섯 번이나 반복됩니다. 지금까지 잘 따라온 분들은 아시겠지만, 이 말은 '공허하다' 혹은 '무의미하다'는 뜻이 아닙니다. 이 단어는 차라리 불교 용어인 '수냐타'Sunyata와 유사합니다. 이 용어를 흔히 '공'空이라고 번역합니다. '빌 공' 자는 '헛되다', '쓸데없다'는 뜻도 있으므로 이 말을 모든 일이 부질없다는 뜻으로 이해하면 안 됩니다. 수냐타는 모든 사물과 현상이 고유하고 항구적인 실체가 없음을 나타냅니다. '헛되다'고 번역된 히브리어 '헤벨'hebel이 곧 수냐타는 아니지만 두 개념은 서로를 비추어 줍니다. 코헬렛은 세상에서 많은 것을 경험해 보았지만, 그 모든 일이 시간이 지나면서 마치 손가락 사이로 빠져나가는 모래알처럼 사라지고 말더라고 말합니다. 항구적인 실체가 없는 것을 아등바등 붙잡으려 하는 것이 어쩌면 어리석은 일이 아닐까요? 코헬렛은 세상사가 모두 부질없다고 탄식하는 것이 아니라, 그것에 너무 집착하지 말라고 말합니다. 집착을 내려놓는 순간, 오늘을 한껏 향유할 수 있는 힘이 생깁니다. 오늘 본문을 함께 읽어 보겠습니다.

> 내가 다시 해 아래에서 행하는 모든 학대를 살펴보았도다. 보라, 학대받는 자들의 눈물이로다. 그들에게 위로자가 없도다. 그들을 학대하는 자들의 손에는 권세가 있으나 그들에게는 위로자가 없도다. 그러므로 나는 아직 살아 있는 산 자들보다 죽은 지 오랜 죽은 자들을 더 복되다 하였으며 이 둘보다도 아직 출생하지 아니하여 해 아래에서 행하는 악한 일을 보지 못한 자가 더 복되다 하였노라. 내가 또 본즉 사람이 모든 수고와 모든 재주로 말미암아 이웃에게 시기를 받으니 이것도 헛되어 바람을 잡는 것이로다. 우매자는 팔짱을 끼고 있으면서 자기의 몸만 축내는도다. 두 손에 가득하고 수고하며 바람을 잡는 것보다 한 손에만 가득하고 평온함이 더 나으니라. 내가 또다시 해 아래에서 헛된 것을 보았도다. 어떤 사람은 아들도 없고 형제도 없이 홀로 있으나 그의 모든 수고에는 끝이 없도다. 또 비록 그의 눈은 부요를 족하게 여기지 아니하면서 이르기를 내가 누구를 위하여는 이같이 수고하고 나를 위하여는 행복을 누리지 못하게 하는가 하여도 이것도 헛되어 불행한 노고로다. 두 사람이 한 사람보다 나음은 그들이 수고함으로 좋은 상을 얻을 것임이라. 혹시 그들이 넘어지면 하나가 그 동무를 붙들어 일으키려니와 홀로 있어 넘어지고 붙들어 일으킬 자가 없는 자에게는 화가 있으리라. 또 두 사람이 함께 누우면 따뜻하거니와 한 사람이면 어찌 따

뜻하랴. 한 사람이면 패하겠거니와 두 사람이면 맞설 수 있나니 세 겹 줄은 쉽게 끊어지지 아니하느니라(전 4:1-12).

### 꿰뚫어 보는 사람

"내가 다시 해 아래에서 행하는 모든 학대를 살펴보았도다"(전 4:1). 앞에서 말했듯이, 코헬렛은 유심히 보는 사람입니다. 그는 해 아래에서 행하는 모든 일을 봅니다. 우리는 세상에서 벌어지는 모든 일을 다 볼 수도 없고, 볼 수 있다 해도 거기에 마음을 온전히 기울일 수 없습니다. 에너지가 한정되어 있기 때문입니다. 세상에는 무언가를 유심히 보는 이들이 있습니다. 그들은 다른 이들의 눈에 띄지 않는 일에 주목합니다. 꽃을 세심하게 살피는 사람도 있고, 사람들이 관계를 맺는 방식에 관심을 보이는 이들도 있습니다. 가끔은 일상 너머의 세계를 얼핏 보기도 합니다. 그들 덕분에 우리는 우리가 사는 세상이 예사로운 곳이 아님을 자각합니다. 시인이나 예언자는 '보는 사람'입니다. 그저 보는 사람이 아니라 꿰뚫어 보는 사람입니다. 아브라함 헤셸은 꿰뚫어 본다는 건 현상을 안에서 알아보는 것이라면서 "놀랄 줄 아는 눈만이 사물을 꿰뚫어 볼 수 있다"고 말합니다.[1]

"빙산의 일각"이라는 말이 있듯이, 드러난 것이 사물이나 사태의 전체가 아닙니다. 우리가 사용하는 말도 그렇습니다. 기호로서의 문자는 우리가 전달하려는 것의 아주 일부만 전달할 뿐입니다. 의사소통이란 언어로 표현되지 않은 것까지 알아차릴 때 이루어집니다. 예를 들어, 내가 누군가에게 "그동안 잘 지내셨어요?"라고 인사를 건넨다고 생각해 보십시오. 마주 선 사람이 "예, 잘 지냈어요"라고 응답하지만, 우리는 그 말 속에 담긴 어조나 그의 표정을 보고 실은 그가 잘 지내지 못했다는 사실을 직감합니다. 그것을 알아차리지 못하고 명랑하게 자기 할 말만 한다면 둘 사이의 심리적 거리는 멀어질 수밖에 없습니다. 언표된 말 너머까지 헤아려야 하니 말로 하는 의사소통은 참 쉽지 않습니다.

무심히 바라볼 때는 보이지 않던 것들이 마음을 다하여 보면 보일 때가 있습니다. 무심히 본다는 말은 지금 벌어지고 있는 사태가 나와 무관하다고 여긴다는 말입니다. 여기저기 관심을 보이고 남의 일에 참견하는 사람을 보고 우리는 오지랖이 넓다고 말합니다. 그의 다양한 관심에 대한 놀람이기도 하지만, 쓸데없이 참견한다는 책망이기도 합니다. 세상사에 초연한 태도로 사는 사람도 있습니다. 그들은 남에게 해를 끼치지는 않는다 해도 인간으로서 마땅히 가져야 할 공적 책임은 지지 않는 이들입니다. 코헬렛은 모든 것이 헛되다고 말하지만 초연한 태도로 삶을 대하지 않습니다.

## 학대받는 자들의 눈물

"학대"는 사람을 가혹하게 대하는 것입니다. 누군가를 함부로 대하는 마음의 밑바탕에 있는 것은 무엇일까요? 성경은 하나님이 인간을 자신의 형상을 따라 만드셨다고 말합니다. 인간이 하나님의 형상이라는 고백은 어떤 인간도 수단으로 대할 수 없다는 뜻을 내포합니다. 인간을 수단으로 대한다는 것은 그를 지으신 분에 대한 모독입니다. 누군가를 학대하는 것은 그의 하나님의 형상됨을 부정하는 일입니다. "가난한 자를 조롱하는 자는 그를 지으신 주를 멸시하는 자요 사람의 재앙을 기뻐하는 자는 형벌을 면하지 못할 자니라"(잠 17:5). 혐오와 적대감이 넘치는 우리 시대가 명심해야 할 말씀입니다.

"보라, 학대받는 자들의 눈물이로다"(전 4:1). 코헬렛은 눈앞에서 벌어지는 학대의 현실을 외면하지 않습니다. 그 현실을 우리 눈

앞에 들이대며 보라고 말합니다. 힘없는 사람들이 힘 있는 사람들에게 학대당하는 일은 일상에서 자주 벌어집니다. 그런 현실에 익숙해져 당연한 것처럼 여기고 살아가는 이들이 많습니다. '어차피'라는 부사는 참 슬픕니다. 어떤 단어를 두고 슬프다고 말하는 게 이상하지만 제게는 그렇게 보입니다. 이 단어는 '어차어피'於此於彼의 줄임말로 '이렇게 하든지 저렇게 하든지'라는 뜻입니다. 세상은 제 생긴 대로 굴러가게 마련이라는 생각이 이 단어 속에 내포되어 있습니다. 이 단어는 새로운 시작을 가로막는 장벽이 될 수도 있습니다. 이런 마음에는 새로움이 잉태될 수 없습니다.

베드로와 요한은 성전의 아름다운 문 앞에서 날 때부터 걷지 못하는 사람을 보았습니다. 성전에 드나드는 사람들은 구걸로 연명하는 그를 풍경처럼 대했을 것입니다. 그런 의미에서 그는 비존재나 마찬가지였습니다. 성령의 충만함을 경험한 베드로와 요한은 문득 그 사람 앞에 멈추어 서서 그를 눈여겨봅니다. 그는 더 이상 풍경이 아니라 마주 선 사람 곧 인격이 되었습니다. 두 사도는 그에게 "우리를 보라"(행 3:4) 말합니다. 마침내 눈과 눈이 마주칩니다. 그는 갈망하는 눈으로 두 사도를 바라보았습니다. "은과 금은 내게 없거니와 내게 있는 이것을 네게 주노니 나사렛 예수 그리스도의 이름으로 일어나 걸으라"(행 3:6)는 말과 함께 베드로가 그의 오른손을 잡아 일으켰습니다. 그는 즉시 다리와 발목에 힘을 얻어 벌떡 일어나 걸었습니다. 그는 걷기도 하고 뛰기도 하며 하나님을 찬양했습니다. 이 모든 변화의 사건은 눈여겨봄으로부터 비롯되었습니다.

코헬렛은 땅에서 학대받는 자들의 눈물에 주목하라고 말합니다. 그들은 외롭습니다. 누구도 그들을 돌아보지 않기 때문입니다. 한 사람이 어려움에 빠지는 순간, 촘촘하던 관계의 끈들이 서서히 끊어집니다. 가까이 있던 이들이 슬그머니 등을 돌리고 떠납니다. 학대받는 자들은 대부분 무력합니다. 그들의 울타리가 되어 줄 사람이 없습니다. 가끔 삶에 지쳐서 누군가의 어깨에 기댄 채 잠시라도 쉬고 싶지만 어깨를 빌려주는 사람이 하나도 없을 때, 자신이 천지간에 외톨이가 되었다는 느낌에 사로잡힐 때 사람은 죽음을 생각합니다. 주님은 제자들에게 땅 끝까지 이르러 복음의 증인이 되라고 하셨습니다(행 1:8). 땅 끝은 우리로부터 공간적으로 먼 곳을 뜻하는 말이 아닙니다. 모든 극한 상황에 처한 이들은 땅 끝에 선 사람들입니다. 벼랑 끝에 선 듯 삶이 위태로운 이들에게 다가가는 것이야말로 부름받은 이들의 직무입니다. 믿음생활이란 서러움 곁으로 가는 일이라고 생각합니다. 그들 곁에 다가가 설 땅이 되어 주고, 기댈 언덕이 되어 주는 것은 거룩한 일입니다.

18세기 영국의 정치 사상가 에드먼트 버크는 역사 속에서 악이 승리하기 위한 유일한 조건이 있다고 말하는데, 그것은 바로 '선한 사람들의 침묵'입니다. 우리는 불의를 보면서도 침묵할 때가 많습니다. 괜한 분쟁에 휘말렸다가 일상의 평온까지 빼앗기고 싶지 않기 때문입니다. 아무리 애써 보아도 세상은 달라지지 않는다는 경험적 숙명론이 우리를 지배하기도 합니다. 버크는 그런 우리의 미온적 태도에 철퇴를 가하는 말을 합니다. "단지 조금밖에 할 수 없다는 이유로 아무것도 하지 않는 사람들이야말로 가장 큰 실수를 하는 것이다."

우리는 태산처럼 압도적인 문제를 풀기에는 자신의 힘이 너무 미약하다고 생각합니다. 어쩌면 그것이 사실인지도 모릅니다. 그런데 돌아보면 역사의 변화는 늘 계란으로 바위 치는 무모한 이들을 통해 일어났습니다. 문제의 크기에 압도되어 선한 사람들이 침묵할 때, 악은 더욱 기세등등하게 우리 삶을 유린합니다. 할 수 있기 때문이 아니라, 해야 할 일이기에 해야 할 때가 있습니다. 새로움을 지향하는 이들에게 필요한 것은 언젠가는 뜻이 이루어질 것을 믿으며 인내하는 것입니다. 그래서 요한계시록은 환난의 시기를 사는 성도들에게 필요한 것은 인내와 믿음이라고 말합니다(계 13:10). 학대받는 이들을 눈여겨보고 그들의 눈물을 닦아 주려는 이들이 하나둘 늘어날 때 역사의 흐름이 바뀔 수 있습니다.

### 삶과 죽음의 경계에서

"그러므로 나는 아직 살아 있는 산 자들보다 죽은 지 오랜 죽은 자들을 더 복되다 하였으며 이 둘보다도 아직 출생하지 아니하여 해 아래에서 행하는 악한 일을 보지 못한 자가 더 복되다 하였노라"(전 4:2-3). 세상에서 고통당하는 사람들을 보면 '저 고생을 하려고 태어났나? 차라리 일찍 죽었더라면 더 나았을 텐데. 아니, 차라리 태어나지 않는 편이 더 나았을 텐데' 하는 생각이 들 때도 있습니다. 불경한 생각이긴 합니다만, 사실 이것은 욥의 탄식을 제 방식으로 풀어 본 것입니다. 욥은 견디기 어려운 고통 앞에서 결국 무너집니다. 그는 죽음의 세계를 그리워합니다. 삶을 혐오하기 때문에 그런 것은 아닙니다. 살고 싶지만 그럴 수 없는 사람의 슬픔과 아픔이 그 말 속에 배어 있습니다. 세상에 행복을 원하지 않는 사람이 누가 있겠습니까? 누구든 행복하기를 원합니다. 하지만 우리가 행복을 누리지 못하도록 하는 일들이 참으로 많습니다. 너무나 고통스러워서 견딜 수 없을 때 '내가 왜 태어나서 이 고생인가? 차라리 죽었더라면 나았을 텐데' 하는 탄식이 저절로 나옵니다. 지금도 이런 처지에 있는 사람들이 많습니다.

## 시기심의 덫

"내가 또 본즉 사람이 모든 수고와 모든 재주로 말미암아 이웃에게 시기를 받으니 이것도 헛되어 바람을 잡는 것이로다"(전 4:4). 경쟁은 인간의 DNA 속에 새겨진 것일까요? 에서와 야곱의 탄생 이야기를 떠올려 보면 좋을 것 같습니다. 이삭의 아내 리브가가 쌍둥이를 배었는데, 그 둘이 태 안에서 서로 싸웠다고 합니다. 리브가는 탄식합니다. "이렇게 괴로워서야, 내가 어떻게 견디겠는가?"(창 25:22, 새번역) 창세기는 온통 형제간의 갈등과 화해의 이야기로 점철되어 있습니다. "사촌이 땅을 사면 배가 아프다"는 말이 있듯이, 시기와 질투는 참 뿌리가 깊습니다.

여러분이 잘 아는 누군가가 눈부신 성공을 거두었다고 생각해 보십시오. 이때 세 가지 감정이 나타납니다. 첫째는 놀람과 경탄입니다. 마음에 얽힌 것 하나 없이 순수하게 그의 성공을 축하하고 박수를 보내는 것입니다. 둘째는 선망의 감정입니다. 여기에는 약간의 질투심이 담겨 있습니다. 셋째는 시기심입니다. 시기심은 질투와 유사하지만 구분되는 감정입니다. 방향성이 둘 사이의 차이를 드러냅니다. 질투는 다른 사람이 가진 것을 내가 갖지 못한 데서 찾아오는 슬픔으로, '나'를 향한 마음입니다. 반면 시기심은 다른 사람이 내가 가지지 못한 것을 가졌을 때 느끼는 좌절감과 미움으로, '그'를 향한 부정적 마음입니다. 선망의 감정은 우리를 자극해서 노력하는 계기가 되기도 하지만, 자기 처지에 대한 비관으로 이어질 수도 있습니다. 시기심은 원망의 감정으로 이어집니다. 세상을 원망하고 부모를 원망하고 시기심을 일으킨 당사자를 원망합니다. 선망과 원망 사이에서 바장일 때 건강한 삶을 살 수 없습니다.

교회 전통은 인간의 내면에 깊이 뿌리 내린 죄를 일곱 가지로 설명합니다. 사람들은 이것을 '마루' 혹은 '으뜸'이라는 뜻의 '종' 자를 붙여 칠죄종七罪宗이라 합니다. 교만, 인색, 시기, 분노, 음욕, 탐욕, 나태가 그것입니다. 교만은 자기 분수를 넘어서는 것을 바라는 마음입니다. 그래서 교만의 해독제는 겸손입니다. 겸손은 자기 한계를 알아차리고 자기의 분수에 맞는 삶을 기뻐할 줄 아는 것입니다. 인색은 누군가에게 무엇을 주기 싫어하는 마음입니다. 인색에 대비되는 말은 자선입니다. 필요한 이에게 나누어 주는 마음을 훈련해야 삶이 맑아집니다. 물질의 인색보다 더 심각한 것은 마음의 인색입니다. 남을 인정하려 하지 않는 마음이 그것입니다. 시기심의 해독제는 남을 흔쾌히 받아들이는 넓은 마음입니다. 분노는 주변 사람뿐 아니라 자기 자신도 힘들게 합니다. 화를 쏟아내는 사람들에게는 사람들이 다가서기 어렵습니다. 분노의 해독제는 온유한 마음입니다. 온유함은 따뜻하게 품어 안는 마음입니다. 그의 주변에는 사람들이 즐겨 머물게 됩니다. 음욕은 어떤 대상을 자기의 쾌락을 위한 도구로 삼고 싶어 하는 마음입니다. 이런 마음에서 인간 소외가 일어납니다. 음욕의 해독제는 정결함입니다. 정결함은 버릴 것을 버리는 데서 비롯됩니다. 자기 마음속에 있는 더러운 욕망을 비우기 위한 훈련이 필요합니다. 탐욕은 끝없는 욕망입니다. 욕망은 아무리 채우려 해도 채워지지 않는 밑 빠진 독입니다. 탐욕의 해독제는 절제입니다. 절제는 감성적인 욕구를 이성으로 제어하는 것입니다. 나태는 권태에 빠져 마땅히 해야 할 일을 하지 않는 것입니다. 나태의 해독제는 근면과 성실함입니다. 울면서라도 씨를 뿌리는 사람이 거두는 법입니다. 칠죄종을 경계하되 그와 상대되는 미덕으로 자기를 닦아 나가야 합니다. 물론 하나님의 은혜의 빛과 만날 때 죄의 뿌리가 뽑히겠지만, 우리의 일상 속에서 그런 삶을 부단히 훈련하는 것은 마땅히 필요한 일입니다.

앞서 시기심의 해독제는 남을 흔쾌히 받아들이는 마음이라고 했습니다. 마지못해 받아들이는 게 아니라, 그의 기쁨을 나의 기쁨으로 여길 수 있어야 합니다. '탕자의 비유'에 등장하는 맏아들은 집으로 돌아온 동생을 기쁘게 맞아들이지 못했습니다. 오히려 아버지의 처사를 못마땅해합니다. 아버지는 그를 좋은 말로 타이릅니다. "네 동생은 죽었다가 살아났으며 내가 잃었다가 얻었기로 우리가 즐거워하고 기뻐하는 것이 마땅하다"(눅 15:32). 이 이야기는 다른 이의 기쁨을 함께 기뻐하는 일이 얼마나 어려운지를 보여줍니다. 경쟁사회에서 경쟁을 내면화하며 살고 있는 우리의 경우는 더욱 그러합니다. 코헬렛은 애써 얻은 성취도 다른 이들의 시깃거리가 되는 것을 보면서 그 또한 헛되어 바람을 잡는 것이라고 말합니다.

## '더'의 길과 '덜'의 길

"우매자는 팔짱을 끼고 있으면서 자기의 몸만 축내는도다. 두 손에 가득하고 수고하며 바람을 잡는 것보다 한 손에만 가득하고 평온함이 더 나으니라"(전 4:5-6). 조금 모호하게 들리는 구절입니다. 이럴 때는 다른 번역본을 참고하는 게 좋습니다. "'어리석은 사람은 팔짱을 끼고 앉아서, 제 몸만 축낸다'고 하지만, 적게 가지고 편안한 것이, 많이 가지려고 수고하며 바람을 잡는 것보다 낫다"(새번역). 어리석은 사람은 다른 이들을 시샘하느라 팔짱을 낀 채 남의 것만 바라봅니다. 그 때문에 자기에게 이미 주어진 것을 한껏 누리지 못합니다. 이런 일은 정말 비일비재하게 일어납니다. 앞에서 말했듯이, 사람은 늘 타자의 욕망을 모방하며 삽니다. 다른 이들이 누리는 것을 누리고 싶어 합니다. 욕망은 경주하는 개들의 눈앞에 매달린 고깃덩

어리와 같아서 붙들기 어렵습니다. 차라리 경쟁하지 않아도 누릴 수 있는 것을 즐길 수 있는 능력을 키우는 게 낫습니다.

에리히 프롬의 『소유냐 존재냐』는 소유 중심의 삶과 존재 중심의 삶을 비교합니다.[2] 그 틀을 가지고 우리 삶을 돌아볼 필요가 있습니다. 우리는 몇십 년 전에 비해서 엄청난 물질적 풍요를 누리고 있습니다. 냉장고, 세탁기, 건조기, 전자레인지, 에어컨, 청소기, 컴퓨터, 휴대전화, 자동차 등 지금 우리가 문명의 이기를 통해서 누리고 있는 혜택들은 조선시대에 하인 서른 명을 두고 사는 것과 유사하다 합니다. 그런데도 불행하다고 느끼는 이들이 많습니다. 소유는 늘었지만 자기 삶을 주체적으로 살아가는 능력이 줄어들었기 때문입니다. 존재를 망각한 삶은 항구적인 불만족에 시달릴 수밖에 없습니다. 행복은 무언가를 더해가는 삶이 아니라, 불필요한 것들을 덜어내는 삶에서 비롯되는 것 아닐까요? '더'의 길이 아니라 '덜'의 길로 인생 항로를 바꿀 때 불안이 우리를 집어삼키지 못합니다.

### 끝없는 노고의 공허함

"내가 또다시 해 아래에서 헛된 것을 보았도다. 어떤 사람은 아들도 없고 형제도 없이 홀로 있으나 그의 모든 수고에는 끝이 없도다. 또 비록 그의 눈은 부요를 족하게 여기지 아니하면서 이르기를 내가 누구를 위하여는 이같이 수고하고 나를 위하여는 행복을 누리지 못하게 하는가 하여도 이것도 헛되어 불행한 노고로다"(전 4:7-8). 여기, 아들도 없고 형제도 없이 홀로 사는 사람이 있습니다. 그래서일까요? 그는 끝없이 다가오는 일에 시달립니다. 울타리 없는 집에 사는 사람처럼 그는 늘 위태롭습니다. 외로움을 떨쳐 버리기 위해서일까요? 그는 끝없는 노고 속으로 자기를 밀어 넣습니다. 그래서 많은 것을 얻었지만 허전한 마음에서 벗어나지 못합니다. 자기가 수고하여 거둔 열매를 함께 나눌 사람이 없기 때문입니다. 그는 성실합니다. 자기 일을 소홀히 하지 않습니다. 하지만 자기가 하는 일을 즐기지 못합니다. 해야만 하는 일이기에 할 뿐입니다. 생텍쥐페리의 소설 『어린 왕자』에서 1분에 한 번씩 가로등을 끄고 켜는 사람 같습니다.[3] 의무라는 감옥에 갇힌 사람. 수고의 열매를 함께 나눌 사람이 없기에 기쁨이 없습니다. 그 일을 좋아하지 않지만 차마 버리지도 못합니다. 코헬렛은 그런 수고가 무슨 의미가 있는지 묻는 것입니다.

## 우정의 힘

"두 사람이 한 사람보다 나음은 그들이 수고함으로 좋은 상을 얻을 것임이라. 혹시 그들이 넘어지면 하나가 그 동무를 붙들어 일으키려니와 홀로 있어 넘어지고 붙들어 일으킬 자가 없는 자에게는 화가 있으리라"(전 4:9-10). 두 사람이 한 사람보다 낫다는 것은 당연한 이야기입니다. 하나님은 자신의 뜻대로 지어진 세상을 보고 기뻐하셨습니다. 그런데 하나님 보시기에 좋지 않은 부분이 있었습니다. 바로 사람이 혼자 사는 것입니다(창 2:18). 그래서 그를 위하여 돕는 배필을 만드십니다. 인간은 '서로 함께'의 존재입니다. '그대가 있어 내가 있다', '너 없이는 나도 없다'는 말입니다. 인간은 구별된 개체이지만 홀로 살 수 없습니다. 욕망의 문법에 따라 사는 동안 우리는 고립감을 느낍니다. 친밀한 우정을 나눌 대상이 줄어들기 때문입니다. 경쟁과 시기심으로 점철된 세상에서 우정을 나눌 벗이 있다는 것처럼 좋은 일이 또 있을까요? '벗 우'友 자를 떠올려 보십시오. '또 우'又 자가 들어 있습니다. 사실 이 글자는 '오른 우'右 자 두 개를 겹쳐 놓은 것이라고 합니다. 벗은 손을 잡고 있는 두 사람의 모습을 형상화한 것입니다.

　　로댕의 작품 가운데 「대성당」은 상대적으로 덜 알려진 작품입니다. 로댕은 얼핏 보면 합장을 한 것처럼 보이는 두 손을 보여줍니다. 작품을 자세히 보면, 사실 그 두 손은 한 사람의 두 손이 아니라 두 사람의 오른손이 마주하고 있는 것임을 알 수 있습니다. 하나의 대리석 곧 한 뿌리에서 나온 다른 두 손이 모여 따뜻한 공간을 이룹니다. 두 사람이 서로에게 귀를 기울이듯, 아니면 상대방이 경험하는 아픔을 어루만지려는 것처럼 가까이 다가섭니다. 그 두 마음이 만드는 따뜻한 공간이야말로 우리에게 안식을 줍니다. 그 공간은 기쁨의 샘이며, 세상에서 입은 상처를 치유하는 둥지입니다. 인간은 홀로 살 수 없습니다.

　　함께 길을 가는 사람은 동행이 넘어지면 일으켜 주고, 누군가 힘에 부쳐 뒤처지면 다시 걸음을 맞출 수 있도록 기다려 줍니다. 그것이 동행의 법칙입니다. 코헬렛의 말도 다르지 않습니다. 하나가 넘어지면 다른 동무가 와서 붙들어 일으켜 주지만, 홀로 있으면 넘어져도 붙들어 일으켜 줄 사람이 없습니다. 이런 생각은 다음 구절로 변주됩니다.

### 세 겹 줄의 견고함

　　"또 두 사람이 함께 누우면 따뜻하거니와 한 사람이면 어찌 따뜻하랴. 한 사람이면 패하겠거니와 두 사람이면 맞설 수 있나니 세 겹 줄은 쉽게 끊어지지 아니하느니라"(전 4:11-12). 이 구절은 차갑고 냉랭한 세상에서 온기를 나누며 사는 인생이 얼마나 소중한지를 말하고 있습니다. 세상에 아무런 의미가 없는 것 같고 허무의 바다에 떠 있는 것처럼 삶이 아득할 때가 있습니다. 냉기가 스며들어 우리 영혼을 마비시킵니다. 혼자서는 그 상황을 타개할 수 없습니다. 그때 필요한 것은 곁에 다가와 손 내밀어 주는 사람입니다. 언 손을 잡아 온기를 나누어 주는 사람이 없는 인생은 얼마나 힘겹습니까? 고립의 대안은 연결입니다. 뇌의 시냅스가 튼튼해야 기억이 선명하고 다양한 연상 능력이 향상되는 것처럼, 누군가와 연결될 때 영혼의 회복 탄력성이 커집니다. 그런 의미에서 공동체는 외로운 이들에게 주어진 선물입니다. 바울 사도는 교회의 신비를 말하면서 그리스도를 중심으로 연결되는 사랑의 공동체를 아름답게 묘사합니다. "그에게서 온몸이 각 마디를 통하여 도움을 받음으로 연결되고 결합되어 각 지체의 분량대로 역사하여 그 몸을 자라게 하며 사랑 안에서 스스로 세우느니라"(엡 4:16). 사람들은 모닥불 주위에 모여들어 불꽃을 가만히 응시하며 도란도란 이야기하는 것을 좋아합니다. 적당한 어둠이 배경이 되어 주기 때문에 마음 깊은 곳에 있던 것을 꺼내 놓기도 합니다. 신앙 공동체 또한 그렇게 서로 연결되고 결합됩니다.

    코헬렛은 혼자 누우면 어찌 따뜻하겠느냐고 말한 뒤, 한 사람이면 패하겠지만 두 사람이면 맞설 수 있고 세 겹 줄은 쉽게 끊어지지 않는다고 말합니다. 점층법적인 서술입니다. 메시지도 이미지도 선명합니다. 한 사람이면 패하고, 두 사람이면 맞설 수 있고, 세 사람이면 끊어지지 않는 든든함을 얻게 된다는 것입니다. 우정의 연대가 깊어질 때 영혼의 밤은 물러가고 새벽이 다가옵니다. 냉랭하고 막막한 허무의 바다에서 표류하지 않으려면 함께 손을 모을 수 있는 친밀한 타자들이 늘어나야 합니다. 그들과 함께 만드는 따뜻한 공간 속에 신성한 기운이 깃듭니다.

**열 번째 강의**

하나님을
두려워하라
4:13-5:7

지난 시간에 나눈 이야기를 잠시 돌아볼까요? 코헬렛은 해 아래에 학대가 있는 것을 보았다고 했습니다. 가슴 아픈 일이지만 이것이 우리의 현실입니다. 이런 일이 도처에서 벌어지고 있습니다. 인간이 에덴 동산에서 쫓겨난 이후 인간의 역사는 갈등의 역사로 점철되었습니다.

창세기 1장부터 11장까지를 '원역사'라고 하는데, 인간의 창조, 죄, 낙원 추방, 고된 노동, 형제간의 갈등, 살인, 폭력의 확장, 죽음, 홍수 심판, 바벨탑 사건 등이 숨 가쁘게 다루어지고 있습니다. 인간 삶의 거의 모든 측면이 압축적으로 소개되고 있습니다. 창세기 12장부터는 이스라엘의 조상들에 대한 이야기가 인상 깊게 다루어집니다. 가인과 아벨 이야기는 형태를 달리하며 인간 역사에서 반복됩니다. 창세기 이야기가 형제간의 갈등과 화해의 이야기라고 했던 말 기억하시지요? 물론 그 과정은 간단하지 않습니다.

출애굽기는 폭력이 증대되면서 개인 간의 갈등과 경쟁이 어떻게 제도화되었는지를 보여줍니다. 피라미드로 상징되는 애굽의 질서는 제도적 폭력이 사람들을 어떻게 비인간화하는지를 보여줍니다. 폭력이 제도화되면서 지배자와 피지배자가 갈리고, 지배자들은 자기들의 지배를 정당화하기 위해 종교를 이용합니다. 제도적 종교는 숙명론적 태도를 사람들에게 주입하여 현실의 모순을 받아들이게 만듭니다. 피지배계급이 자기들의 처지를 운명으로 받아들일 때 지배는 용이해집니다. 그것이 하나님 보시기에 좋지 않았습니다. 떨기나무 불꽃 사이에서 모습을 드러내신 하나님은 모세에게 이렇게 말씀하십니다. "내가 애굽에 있는 내 백성의 고통을 분명히 보고 그들이 그들의 감독자로 말미암아 부르짖음을 듣고 그 근심을 알고"(출 3:7). 하나님의 들으심과 앎에서 역사 변혁이 시작됩니다.

창조 신앙은 세상에 존재하는 모든 것 속에 하나님의 숨결이 깃들어 있다고 말합니다. 사람은 하나님의 형상대로 지음받은 존재입니다. 하나님의 작품이라는 말입니다. 그런 사람을 목적이 아닌 수단으로 대하고, 경우에 따라서 함부로 파괴하는 행위는 하나님의 작품에 대한 훼손입니다. 그것이 하나님 보시기에 악했습니다. 지금 세상에서는 이와 같은 어처구니없는 일들이 반복해서 벌어지고 있습니다. 하나님의 작품을 훼손하면서 그것을 개발이라 말하고, 적을 제거한다는 명분으로 미사일을 쏘아 무고한 민간인까지 죽게 하고는 그것을 부수적 손실이라고 얼버무리기도 합니다. 해 아래에서 벌어지는 모든 학대는 하나님 보시기에 악한 것입니다. 오늘 본문으로 들어가겠습니다. 여기서부터는 지금까지와는 다른 어조의 이야기가 등장합니다. 조금 낯설게 느껴지기도 합니다.

가난하여도 지혜로운 젊은이가 늙고 둔하여 경고를 더 받을 줄 모르는 왕보다 나으니 그는 자기의 나라에서 가난하게 태어났을지라도 감옥에서 나와 왕이 되었음이니라. 내가 본즉 해 아래에서 다니는 인생들이 왕의 다음 자리에 있다가 왕을 대신하여 일어난 젊은이와 함께 있고 그의 치리를 받는 모든 백성들이 무수하였을지라도 후에 오는 자들은 그를 기뻐하지 아니하리니 이것도 헛되어 바람을 잡는 것이로다. 너는 하나님의 집에 들어갈 때에 네 발을 삼갈지어다. 가까이 하여 말씀을 듣는 것이 우매한 자들이 제물 드리는 것보다 나으니 그들은 악을 행하면서도 깨닫지 못함이니라. 너는 하나님 앞에서 함부로 입을 열지 말며 급한 마음으로 말을 내지 말라. 하나님은 하늘에 계시고 너는 땅에 있음이니라. 그런즉 마땅히 말을 적게 할 것이라. 걱정이 많으면 꿈이 생기고 말이 많으면 우매한 자의 소리가 나타나느니라. 네가 하나님께 서원하였거든 갚기를 더디게 하지 말라. 하나님은 우매한 자들을 기뻐하지 아니하시나니 서원한 것을 갚으라. 서원하고 갚지 아니하는 것보다 서원하지 아니하는 것이 더 나으니 네 입으로 네 육체가 범죄하게 하지 말라. 사자 앞에서 내가 서원한 것이 실수라고 말하지 말라. 어찌 하나님께서 네 목소리로 말미암아 진노하사 네 손으로 한 것을 멸하시게 하랴. 꿈이 많으면 헛된 일들이 많아지고 말이 많아도 그러하니 오직 너는 하나님을 경외할지니라(전 4:13-5:7).

## 지혜로움과 어리석음 사이에서

"가난하여도 지혜로운 젊은이가 늙고 둔하여 경고를 더 받을 줄 모르는 왕보다 나으니"(전 4:13). 코헬렛은 젊은이와 왕을 무대 위로 올려놓습니다. 극단적인 대비입니다. 지혜 문헌은 'A보다 B가 낫다. 무엇하기 때문이다'라는 서술 구조를 취할 때가 많습니다. 그러한 대조가 기억에 선명하게 각인되기 때문입니다. 늙고 둔한 왕은 어떤 사람일까요? 둔하다는 것은 말이나 행동이 느리고 미련하다는 뜻입니다. 이해가 늦다는 뜻도 있습니다. 나이 듦이 곧 둔함과 이어지는 것은 아니지만 코헬렛은 그런 상황을 가정하고 있습니다. 여기서는 굳어졌다는 말로 이해해도 좋습니다. 굳어짐은 새로운 것을 받아들일 여지가 없음을 의미합니다. 늙고 둔한 왕은 직언을 받을 줄 모르는 사람입니다. 이런 이들은 주변에 아첨꾼들만 둡니다.

    월터 브루그만은 『예언자적 상상력』이라는 책에서 두 집단의 협력과 충돌을 다룹니다.[1] 한편에는 왕이 있습니다. 그는 질서를 지키는 사람입니다. 법질서를 지킴으로 세상이 혼란스럽게 돌아가지 않도록 해야 하는 자기 역할에 충실합니다. 지키는 일이 그의 직무의 핵심입니다. 그런 왕과 마주 선 사람이 있습니다. 예언자입니다. 예언자는 기득권의 편에 서기보다는 사회 질서 속에서 작동하고 있는 악의 실체를 들여다보고 그것을 책망하는 사람입니다. 그는 하나님의 분노를 가슴 깊이 느낍니다. 그의 언어는 때로 칼날이 되어 사람들의 마음을 꿰뚫는가 하면, 때로 망치가 되어 굳은 마음을 부숩니다. 예언자를 가리켜 '인간의 마음을 습격하는 사람'이라 말하기도 합니다. 그는 역사가 지향해야 할 방향을 가리킵니다. 현상 질서를 지키려는 사람과 그 질서를 변혁하려는 사람이 마주 서 있습니다. 둘은 늘 긴장관계를 유지할 수밖에 없습니다. 질서를 지켜야 하는 왕은 다소 보수적입니다. 역사를 진보의 방향으로 이끌려는 예언자는 진보적인 것처럼 보입니다. 보수와 진보 중에 어느 것이 좋은가 하는 가치 평가는 이 대목에서 하지 않는 것이 좋겠습니다. 지켜야 할 것은 마땅히 지켜야 하고, 개선해야 할 것은 개선해야 합니다. 이 둘은 모두 소중한 가치입니다.

예언자의 직무 가운데 하나는 왕이 잘못하는 일이 있을 때 바로잡을 것을 요구하는 것입니다. 칼날 같은 언어든 망치 같은 언어든 직언은 듣는 사람을 아프게 합니다. 그 말이 옳은 말이라 해도 마찬가지입니다. 왕에게 해야 할 말을 하지만 에둘러 말함으로 방어기제가 작동할 여지를 주지 않는 지혜로운 예언자도 있었습니다. 나단의 경우가 그러합니다. 다윗 왕이 정욕에 사로잡혀서 충직한 부하의 아내를 범하고 범죄 행위를 은폐하는 일이 벌어졌을 때, 그는 조용히 왕을 찾아가 한담을 하듯 엉뚱한 이야기를 꺼냅니다. 차마 드러내기 어려운 죄책감에 시달리던 왕은 결국 그의 말에 귀를 기울입니다. 나단은 한 부자가 손님 대접을 위해 자신의 양 대신 가난한 이웃의 단 하나뿐인 소중한 양을 빼앗아 잡은 이야기를 들려줍니다. 그 이야기를 들은 다윗은 자기가 다스리는 땅에서 그런 불의한 일이 일어났다는 사실에 분노합니다. 그 사람은 죽어 마땅하다고 말합니다. 이 말이 떨어지자 미풍처럼 부드럽던 나단의 언어가 칼날처럼 날카로워집니다. "임금님이 바로 그 사람입니다"(삼하 12:7, 새번역) 비로소 다윗은 자기 죄의 엄중함을 깨닫습니다. 이것이 바로 이야기의 힘입니다. 에둘러 말하든 직언을 하든 예언자는 하나님의 말씀을 바로 전해야 하고, 왕은 예언자가 자유롭게 말할 수 있는 분위기를 제공해야 합니다. 그래야 역사가 바로 섭니다. 왕이 예언자에게 침묵을 강요하고, 예언자 또한 본분을 잊고 직언을 포기하면 그 나라는 바로 설 수 없습니다. 한 나라가 건강해지려면 왕과 예언자가 창조적 긴장 속에 있어야 합니다. 그런데 13절의 늙고 둔한 왕은 직언을 받아들이려 하지 않습니다. 그렇기에 그는 어리석은 왕입니다.

코헬렛은 그와 대조적인 인물을 보여줍니다. 가난하지만 지혜로운 젊은이입니다. "그는 자기의 나라에서 가난하게 태어났을지라도 감옥에서 나와 왕이 되었음이니라"(전 4:14). 한번 상상력을 발휘해 보십시오. 이 젊은이는 가난한 집에서 태어났습니다. 일종의 흙수저입니다. 그는 열심히 노력해도 가난의 굴레에서 벗어날 수 없다는 사실을 깨닫습니다. 그는 가난한 부모를 원망하지도, 세상에 대해 적대감을 보이지도 않습니다. 다만 세상사를 깊이 통찰합니다. '내가 이렇게 열심히 일을 해도 가난에서 벗어나지 못하는 것은 왜일까? 땀 흘려 일을 해도 입에 풀칠하기조차 어려운 것은 내가 게을러서도, 머리가 나빠서도 아니다. 힘 있는 이들이 내 몫을 빼앗아가기 때문이다.' 그래서 그는 이 문제를 바로잡기 위해 뜻을 같이하는 이들을 규합합니다. '우리 좋은 세상을 함께 만들어 봅시다.' 기득권자들은 이런 사람의 등장을 반기지 않습니다. 그저 재빨리 제거해야 할 대상일 뿐입니다. 그들은 그런 젊은이를 잡아 감옥에 가둡니다. 자기들의 통제 아래 두는 것입니다. 리더가 사라졌으니 새로운 세상의 꿈조차 스러진 것일까요? 남겨진 사람들의 가슴에는 이미 갇힌 그 젊은이가 심어 준 꿈이 자라고 있었습니다. 그 꿈은 스러지기는커녕 더욱 아름답게 불타올랐습니다. 시간이 흘러 감옥에 갇혔던 사람이 석방되자 사람들은 그에게 왕이 되어 달라고 청합니다.

상상력을 발휘하다 보니 구체적인 한 사람이 떠오르네요. 남아프리카공화국 최초의 유색인종 대통령 넬슨 만델라입니다. 넬슨 만델라는 민주화 운동을 하다가 27년간 감옥에 갇혀 있었습니다. 과거에 남아프리카 공화국의 유색인들은 백인 통치자들의 가혹한 압제에 시달렸습니다. 흑백 분리주의 정책으로 인해 그들은 비인간적인 취급을 받으며 살았습니다. 넬슨 만델라가 대통령에 당선되어 세상이 바뀌었으니, 오랜 억압을 견뎌 온 이들이 가해자들에게 보복하고 싶은 마음을 품는 것은 어쩌면 자연스러운 일입니다. 그들은 저마다 상처의 기억을 가지고 있었을 것입니다. 모멸감을 안겨 주고, 감옥에 가두고, 고문하고, 착취하고, 성폭력을 저지르고, 죽이기까지 한 사람들입니다. 넬슨 만델라는 이러한 폭력의 악순환을 끊기 위해 깊이 고민했습니다. 그는 성공회 대주교였던 데스몬드 투투와 함께 '진실과 화해 위원회'를 조직했습니다. 과거의 가해자들이 위원회에 나와 자신의 악행을 솔직히 고백하면, 사면을 통해 그 죄를 용서받을 수 있도록 한 것입니다. 피해자와 가해자의 대면은 큰 긴장을 동반했지만, 그 긴장이 화해의 기쁨으로 전환되는 경우도 많았다고 합니다. 이것은 굉장한 역사 실험입니다.

### 권력의 덧없음

다음 구절은 새번역을 참고해 보겠습니다. "내가 보니, 세상에서 살아 움직이는 모든 사람이, 왕의 후계자가 된 젊은이를 따른다. 한 왕이 다스리는 백성의 수가 셀 수 없이 많다 하여도, 그가 물러나면 어느 누구도 그의 업적을 찬양하지 않으니, 왕으로서 통치하는 것도 헛되며 바람을 잡으려는 것과 다를 바 없다"(전 4:15-16, 새번역). 대중의 속성은 움직임입니다. 항심이 없습니다. 그들은 찬미해야 할 대상을 찾고 그에게 열광합니다. 그 열광의 물결에 참여하는 순간 고양감을 느낍니다. 그러나 파도가 잦아들듯 열광의 시간이 지나가면 열광은 환멸로 바뀌기도 합니다. 그가 사라지면 사람들은 더 이상 그의 업적을 찬양하지 않습니다. 새롭게 숭배할 자를 찾기에 급급하기 때문입니다. 너무 냉소적으로 말한 것 같지만 이런 일은 역사 속에서 늘 반복되어 왔습니다. 코헬렛은 세상사를 꿰뚫어 보는 사람입니다. 대중의 속성을 너무나 잘 압니다. 그는 사람들이 살아 있는 권력에만 머리를 숙이는 경향이 있다고 말합니다. 사람들이 나를 보고 열광한다 해도 거기에 사로잡히면 결국 낭패를 보게 마련입니다. 거기에 빠지지 말아야 합니다. 대중들의 열광이라는 것은 어쩌면 물거품 같은 것인지도 모릅니다.

역사는 끊임없이 움직입니다. 옛 질서가 무너지고 새로운 질서가 태동됩니다. 군중들은 새로운 것에 열광합니다. 그러나 그 질서 또한 시간과 더불어 낡아갑니다. 이것이 세상의 이치입니다. 해 아래 새로운 것이 없다는 말은 여기에도 적용됩니다. 새로움은 늘 아픔을 동반합니다. 옛 세계가 무너져야 하기 때문입니다. 아픔을 통해 더 나은 질서를 낳는다면, 그 아픔은 창조적 진통이 됩니다. 아픔이 없으면 새로움도 없습니다. 새로움을 거부하는 순간 역사는 낡아지고, 역사의 고삐를 쥐고 있다고 자부하던 이들은 굳어집니다. 코헬렛은 왕이 되어 통치하는 것도 결국은 헛됨에 종속될 수밖에 없다고 말합니다. 이제 5장으로 넘어가 볼까요?

## 하나님의 현존 앞에서

"너는 하나님의 집에 들어갈 때에 네 발을 삼갈지어다. 가까이 하여 말씀을 듣는 것이 우매한 자들이 제물 드리는 것보다 나으니 그들은 악을 행하면서도 깨닫지 못함이니라"(전 5:1). 하나님의 집은 성전입니다. 성전에 들어갈 때 발을 삼가야 한다는 말은 무슨 뜻일까요? 모세는 불붙는 떨기나무 가운데 임재하신 하나님과 대면했을 때 신을 벗고 엎드렸습니다. 왜 신발을 벗었을까요? 광야에서 신발은 매우 중요합니다. 맨발이라면 독사에 물릴 수도 있고 날카로운 돌에 찔릴 수도 있습니다. 신발은 일종의 정체성의 상징입니다. 요즘말로 이력서나 스펙인 셈입니다. 하나님의 현존 앞에서 신발을 벗는다는 것은 그런 의미에서 자기가 성취해 온 일체의 것들을 내려놓고 벌거벗은 존재로 하나님을 대면한다는 말입니다. 자부심이나 성취물을 가지고 하나님 앞에 설 수 없습니다. 특히 교회에서 특별한 자리를 요구하는 이들이 새겨들어야 할 말입니다. 코헬렛이 말하는 발을 삼간다는 말은 경외하는 마음을 품으라는 말입니다. 불교 신자들이 사찰의 불이문에 들어설 때의 모습을 보신 적이 있는지요? 그들은 옷을 단정하게 하고 두 손을 모아 허리를 숙여 외경심을 드러냅니다. 우리와 다른 종교이지만 이런 태도는 배울 필요가 있습니다. 자만심과 교만함 그리고 자애심을 내려놓고 감사와 찬양, 긍휼을 바라는 마음을 품고 주님께 나아가야 합니다. 경외심이 없다면 예배는 더 이상 예배가 아닙니다.

  교회에 다니는 것이 곧 신앙생활은 아닙니다. 믿음 없이 그저 예배 분위기가 좋아서, 마음이 편해져서, 사람들과 사귈 수 있어서 교회에 다니는 사람들이 있습니다. 그러다가 어느 순간 믿음에 눈을 뜨게 된다면 다행입니다. 문제는 일평생 교회에 다니면서도 아직 신발을 벗지 못한 사람들입니다. 이사야는 이런 사람들을 통렬하게 꾸짖습니다. "너희가 내 앞에 보이러 오니 이것을 누가 너희에게 요구하였느냐. 내 마당만 밟을 뿐이니라"(사 1:12). 이사야는 비전 가운데서 높이 들린 보좌에 앉아 계시는 주님을 뵈었습니다. 스랍들의 찬양소리로 인해 문지방의 터까지 흔들리고 있었습니다. 경외심에 사로잡힌 이사야는 두려워하며 외칩니다. "그때에 내가 말하되 화로다 나여, 망하게 되었도다. 나는 입술이 부정한 사람이요 나는 입술이 부정한 백성 중에 거주하면서 만군의 여호와이신 왕을 뵈었음이로다 하였더라"(사 6:5). 코헬렛은 하나님 앞에 서는 이들에게 요구되는 또 다른 것을 제시합니다.

## 침묵의 지혜

"너는 하나님 앞에서 함부로 입을 열지 말며 급한 마음으로 말을 내지 말라. 하나님은 하늘에 계시고 너는 땅에 있음이니라. 그런즉 마땅히 말을 적게 할 것이라"(전 5:2). "함부로"의 사전적 정의는 '조심하거나 깊이 생각하지 아니하고 마음 내키는 대로 마구'입니다. 기도를 폭포수처럼 쏟아내는 이들이 있습니다. 그들은 마음을 차분하게 가라앉히기보다는 흥분상태를 유지하려 합니다. 그것이 좋은 기도, 절박한 기도라 여기기 때문입니다. 그래야 하나님이 그 기도를 들어주신다는 무의식적인 확신 때문인지도 모르겠습니다. 기도를 들으시는 주님은 우리의 속마음까지 살피시는 분입니다. 땅에서 들려오는 신음소리를 "주님의 나라가 임하소서"라는 기도로 들으시는 분입니다. 우리 사정을 아뢰는 것도 중요하지만 하나님의 뜻을 경청하는 과정 또한 중요합니다. 기도는 언어를 통해서만 이루어지는 것이 아닙니다. 기도는 하나님의 마음을 기준음으로 삼아 우리 마음을 조율하는 과정입니다. 침묵 속에 머물며 하나님의 현존을 느낄 때 우리 속에서 치유가 일어납니다. 하나님은 우리를 어루만지심으로, 우리를 사로잡고 있던 것들로부터 벗어나게 해주심으로 치유하십니다. 우리를 단순하게 만들어 평온을 누리게 하십니다.

수도자이며 영성가인 토머스 머튼은 사람들이 침묵하지 못하는 것은 죽음에 대한 두려움 때문이라고 말합니다. 의미 없는 말로 자신의 귀를 먹먹하게 만듦으로써 죽음의 공포에서 벗어나려 한다는 것입니다. 그러면서 침묵이 왜 필요한지를 이렇게 설명합니다.

가장 깊은 차원의 의사소통은 의사소통이 아니라 친교다. 그것은 말이 없다. 그것은 말을 넘어서고 웅변을 넘어서며 개념을 넘어선다. 우리가 발견하는 것은 새로운 일치가 아니다. 우리는 더욱 오래된 일치를 발견한다. 친애하는 형제들이여, 우리는 이미 하나다. 단지 하나가 아니라고 상상할 뿐이다. 우리가 회복해야 할 것은 우리의 근본적 일치다. 우리가 되어야 하는 것은 있는 그대로의 우리다.[2]

"걱정이 많으면 꿈이 생기고 말이 많으면 우매한 자의 소리가 나타나느니라"(전 5:3). 참 절묘한 대비입니다. 걱정이 많으면 꿈자리가 사나워집니다. 이것은 누구나 경험하는 바입니다. 말이 많으면 반드시 어리석은 말을 하게 마련입니다. 하지만 말하는 당사자가 이 사실을 알아차리기란 여간 어려운 게 아닙니다. 끊임없이 말하는 사람과 만나면 쉽게 피곤해집니다. 그들은 자기의 식견을 과시적으로 드러내 보이려 합니다. 늘 가르치려는 태도를 유지합니다. 다른 이들에게 말할 기회를 주지 않습니다. 하물며 하나님 앞에서 말을 많이 하는 이들이야 말해 무엇하겠습니까? 예수님도 기도에 대해 가르치면서 "이방인과 같이 중언부언하지 말라. 그들은 말을 많이 하여야 들으실 줄 생각하느니라"(마 6:7-8)고 하셨습니다.

## 말의 무게

"네가 하나님께 서원하였거든 갚기를 더디게 하지 말라. 하나님은 우매한 자들을 기뻐하지 아니하시나니 서원한 것을 갚으라. 서원하고 갚지 아니하는 것보다 서원하지 아니하는 것이 더 나으니"(전 5:4-5). 서원이란 하나님께 어떤 도움을 청하고 그 보답으로 헌신을 맹세하는 것입니다. 서원은 함부로 하면 안 됩니다. 서원의 동기는 자신을 괴롭히는 문제를 해소하기 위한 절박함일 때가 많습니다. 한나는 하나님 앞에서 아기를 낳지 못하는 자기 신세를 눈물로 아뢰면서, 아기를 허락하시면 그 아이의 한평생을 주님께 바치고 삭도를 그 머리에 대지 않겠다고 서약합니다(삼상 1:11). 또한 서원은 외경심을 불러일으키는 현실과의 접촉이 일으키는 감동의 표현일 때도 있습니다. 코헬렛은 하나님께 한 서약은 반드시 지켜야 한다고 말합니다. 서약을 지킨다는 말은 하나님에 대한 경외심을 잃지 않고, 베푸신 은혜에 대한 감사를 잊지 않는다는 말입니다. 상황이 달라졌다 하여 마음을 바꾸는 순간 우리 영혼은 남루해집니다. "그의 마음에 서원한 것은 해로울지라도 변하지 아니하며"(시 15:4). 서원한 것을 지킬 수 없으면 차라리 서원을 하지 말아야 합니다.

"네 입으로 네 육체가 범죄하게 하지 말라. 사자 앞에서 내가 서원한 것이 실수라고 말하지 말라. 어찌 하나님께서 네 목소리로 말미암아 진노하사 네 손으로 한 것을 멸하시게 하랴"(전 5:6). 우리는 스스로 한 말의 덫에 걸려 죄를 범하는 경우가 많습니다. '업'業, 카르마이라는 말을 들어 보셨지요? 업은 삶의 과정을 통해 켜켜이 쌓여 우리의 운명이 되는 것을 일컫는 말로, 주로 불교에서 사용하는 말입니다. 업에는 세 가지가 있다고 합니다. '신업'身業, '구업'口業, '의업'意業입니다. 신업은 말 그대로 몸으로 짓는 업입니다. 산목숨을 죽이는 것, 자기 것이 아닌 것을 가지려고 하는 것, 음란한 짓을 하는 것 등입니다. 구업은 입으로 짓는 업입니다. 거짓말, 이간질, 괴롭히는 말, 교묘한 말로 사람들을 호리는 것이 여기에 해당합니다. 의업은 마음에서 비롯되는 업입니다. 탐욕, 분노, 어리석음 같은 것입니다. 그 중에서 우리가 지금 살피고 있는 것은 말에 대한 경고입니다. 코헬렛은 하나님 앞에서 한 서원을 함부로 되물릴 수 없다고 말합니다. 말은 신중해야 합니다. 말은 사람들의 관계를 이어 주기도 하고 단절시키기도 합니다. 성경 도처에서 말에 대한 교훈을 읽을 수 있습니다. 특히 야고보서에 나오는 교훈을 늘 명심하면 좋겠습니다. "우리가 다 실수가 많으니 만일 말에 실수가 없는 자라면 곧 온전한 사람이라 능히 온몸도 굴레 씌우리라"(약 3:2). "혀는 능히 길들일 사람이 없나니 쉬지 아니하는 악이요 죽이는 독이 가득한 것이라"(약 3:8).

### 경외의 순간

"꿈이 많으면 헛된 일들이 많아지고 말이 많아도 그러하니 오직 너는 하나님을 경외할지니라"(전 5:7). 꿈도 그렇지만 말이 많으면 실수하게 마련입니다. 같은 말을 반복하고 있는 것은 그만큼 말을 절제하기 쉽지 않기 때문입니다. 하나님을 경외하는 이들은 말을 삼갈 줄 압니다. 자기가 얼마나 부족한 존재인지를 알기 때문입니다. 경외심을 품고 산다는 것은 하나님의 창조물인 우리가 얼마나 존엄한지, 그리고 하나님에게 얼마나 값진 존재인지를 알아차리는 것입니다. 사람을 함부로 대하는 이들은 경외심을 모르는 사람들입니다. 아브라함 헤셸은 "당신이 놀라는 감각을 잃어버릴 때, 헛된 자만심으로 우러러 보는 능력을 위축시킬 때, 우주는 당신 앞에서 하나의 장터가 되고 만다"고 말합니다.[3] 하나님을 경외하는 것과 우리가 서로를 귀하게 여기는 것은 내적으로 연결되어 있습니다. 경외의 순간은 정화의 순간입니다. 나로부터 해방되는 순간이라는 말입니다.

**열한 번째 강의**

지금을
누리며 살라
5:8-20

전도서는 일관된 서사가 있는 책이 아닙니다. 마치 잠언처럼 다양한 지혜의 말들이 연이어 등장합니다. 그래서 앞뒤 문맥을 살피지 않아도 해석에 크게 문제가 되지 않습니다. 코헬렛은 세상의 모든 것을 자세히 살피는 사람입니다. 산속에 깊이 들어가면 오히려 산의 전모를 볼 수 없는 것처럼, 우리도 일상 속에 젖어들어 살면 세상사를 그저 받아들이게 마련입니다. 외부자의 시선으로 볼 때 보이는 것들이 있습니다. 그는 거리를 두고 관찰하는 사람이기 때문입니다. 코헬렛은 마치 외부자처럼 자기가 본 세상을 적나라하게 보여줍니다.

너는 어느 지방에서든지 빈민을 학대하는 것과 정의와 공의를 짓밟는 것을 볼지라도 그것을 이상히 여기지 말라. 높은 자는 더 높은 자가 감찰하고 또 그들보다 더 높은 자들도 있음이니라. 땅의 소산물은 모든 사람을 위하여 있나니 왕도 밭의 소산을 받느니라(전 5:8-9).

## 세상의 불의를 직시하며

코헬렛은 빈민을 학대하는 일이 도처에서 벌어지고 있음을 목격합니다. 힘 있는 사람들이 힘없는 사람들을 수단으로 삼고 착취하는 일이 일상이 된 세상은 정상이 아닙니다. 사람들은 이러한 문제를 인식하면서도 어쩔 수 없는 현실로 받아들입니다. 비정상의 정상성입니다. 코헬렛은 정의와 공의가 짓밟히는 것을 보더라도 이상하게 여기지 말라고 말합니다. 이것은 그저 현실에 순응하라는 말일까요? 그렇지 않습니다.

어두운 현실 때문에 속상해하고 분노하고 투덜거리지만, 결국 내가 할 수 있는 일이 아무것도 없다고 체념한다면 악인들의 얼굴에 미소가 번질 것입니다. 그런 세상에 대해 불퉁거리는 동안 우리 마음에는 짙은 그늘이 지고 우울감이 서서히 자리를 잡아 갑니다. 우리에게 필요한 것은 현실을 직시하며 새로운 변화를 모색하는 일입니다. 분노는 부정의에 대한 자연스러운 반응이지만, 분노만으로는 새로운 세상을 열어 갈 수 없습니다. 불의한 세상사에 대한 분노가 내면에 쌓이기만 한다면 오히려 자신을 소진시킬 뿐입니다.

그러한 맥락에서 우리에게 필요한 것은 명랑한 정신입니다. 세상에서 가장 강한 사람은 유머를 즐길 줄 아는 사람이 아닐까요? 사람들과 어울려 살다 보면 의견이 맞지 않아 긴장관계가 발생하기도 합니다. 유머리스트는 그런 팽팽한 긴장 속에 틈을 만듭니다. 그래서 사람들 사이에 깃든 긴장을 해소하고 조금 더 여유를 가지고 사안을 바라보게 해줍니다. 우리 속에 여유와 명랑한 기운이 있을 때 악과 지속적으로 싸울 여력이 생깁니다. 이것이 진정한 강함입니다.

노자는 『도덕경』에서 "타인을 이기는 자는 힘이 센 데 불과하지만 자신을 이기는 자라야 진정한 강자다" 勝人自有力 自勝自强라고 했습니다. 악의 현실 앞에서도 우리가 악에게 굴복하지 않을 수 있는 힘은 어디서 유래하는 것일까요? "높은 자는 더 높은 자가 감찰하고 또 그들보다 더 높은 자들도 있음이니라"(전 5:8)는 말 속에 답이 있습니다. 높은 자리에 앉은 이들이 하야 할 일이 있다면 정의를 세우기 위해 노력하는 것입니다. 사람들이 마음 놓고 자기 산업을 일구며 살 수 있도록 돕는 것입니다. 왕들도 더 큰 권위 아래 있습니다. 역사를 주관하시는 분이 살아 계심을 믿는 이들은 오늘의 현실을 맥없이 수용하지도 않고, 변화되지 않는 세상 질서 때문에 낙심하지도 않습니다. 강고한 현실에 끝없이 이의를 제기하면서도 우울의 늪에 빠지지 않습니다. 그다음 우리가 살펴볼 본문은 소유에 관한 이야기입니다.

> 은을 사랑하는 자는 은으로 만족하지 못하고 풍요를 사랑하는 자는 소득으로 만족하지 아니하나니 이것도 헛되도다. 재산이 많아지면 먹는 자들도 많아지나니 그 소유주들은 눈으로 보는 것 외에 무엇이 유익하랴. 노동자는 먹는 것이 많든지 적든지 잠을 달게 자거니와 부자는 그 부유함 때문에 자지 못하느니라. 내가 해 아래에서 큰 폐단 되는 일이 있는 것을 보았나니 곧 소유주가 재물을 자기에게 해가 되도록 소유하는 것이라. 그 재물이 재난을 당할 때 없어지나니 비록 아들은 낳았으나 그 손에 아무것도 없느니라. 그가 모태에서 벌거벗고 나왔은즉 그가 나온 대로 돌아가고 수고하여 얻은 것을 아무것도 자기 손에 가지고 가지 못하리니 이것도 큰 불행이라. 어떻게 왔든지 그대로 가리니 바람을 잡는 수고가 그에게 무엇이 유익하랴. 일평생을 어두운 데에서 먹으며 많은 근심과 질병과 분노가 그에게 있느니라. 사

람이 하나님께서 그에게 주신 바 그 일평생에 먹고 마시며 해 아래에서 하는 모든 수고 중에서 낙을 보는 것이 선하고 아름다움을 내가 보았나니 그것이 그의 몫이로다. 또한 어떤 사람에게든지 하나님이 재물과 부요를 그에게 주사 능히 누리게 하시며 제 몫을 받아 수고함으로 즐거워하게 하신 것은 하나님의 선물이라. 그는 자기의 생명의 날을 깊이 생각하지 아니하리니 이는 하나님이 그의 마음에 기뻐하는 것으로 응답하심이니라(전 5:10-20).

### 욕망의 덧없는 순환

"은을 사랑하는 자는 은으로 만족하지 못하고 풍요를 사랑하는 자는 소득으로 만족하지 아니하나니 이것도 헛되도다"(전 5:10). 이 구절에 사용된 "사랑"이라는 단어가 의미심장합니다. "은" 혹은 "풍요"는 우리 모두가 바라는 바입니다. 물질이나 재화가 무슨 소용이냐고 말하는 이들도 있지만, 그렇게 적실하게 들리지는 않습니다. 물질에 초연한 것처럼 말하는 이들은 대개 먹고사는 일을 다른 이들에게 의존하는 이들인 경우가 많습니다. 은과 풍요로 상징되는 물질은 우리에게 여러 가지 편리함을 안겨 줍니다. 소비사회는 구매력을 사람에 대한 평가 기준으로 보기도 합니다.

그럼에도 은과 풍요는 우리가 사랑해야 할 대상은 아닙니다. 사랑해야 할 것과 이용해야 할 것이 뒤바뀌는 것을 가리켜 '타락'이라 합니다. 물건이나 재화는 사랑하고, 정작 사랑해야 할 사람은 사용하는 것이야말로 전도된 삶이 아니겠습니까? 사람을 사용한다는 말은 그를 인격으로 대하기보다 수단으로 대한다는 말입니다. 타자를 자기욕망 충족을 위한 수단으로 삼는 순간 인간 소외가 일어납니다. 산업사회는 인간의 노동력을 수단으로 삼습니다. 이런 현실조차 부정하라는 말은 아닙니다. 그러나 어떤 경우에도 인간은 수단이 아니라 목적으로 대해야 합니다. 칸트는 이것을 가리켜 '정언명령'定言命令이라 명명했습니다.

사랑에는 다양한 층위가 있습니다. 일단 물건을 사랑하는 것이 있습니다. 앞서 이야기한 것처럼, 물건은 사랑의 대상이 아니라 사용의 대상입니다. 자기에 대한 사랑도 있습니다. 자신을 사랑하지 않고는 타자도 사랑할 수 없기에 자기를 아끼고 사랑하는 것은 꼭 필요한 일입니다. 문제는 그 사랑이 오직 자기에게만 국한되는 것입니다. 타자를 지향하지 못한 채 자기 속에 침잠하는 사랑은 병적입니다. 이것과는 다른 사랑이 있습니다. 이웃에 대한 사랑과 하나님에 대한 사랑입니다. 어거스틴은 하나님을 만나 사랑에 빠진 기쁨을 『고백록』에서 이렇게 고백합니다. "늦게야 님을 사랑했습니다. 이렇듯 오랜, 이렇듯 새로운 아름다움이시여."[1] 이 문장을 떠올릴 때마다 가슴이 울렁울렁합니다. 하나님에 대한 사랑이 가슴에 피어오를 때 우리 마음을 사로잡고 있던 다른 것들은 힘을 잃고 스러집니다. 자유가 우리 속에 유입되는 것입니다. 은과 풍요를 사랑하는 사람들은 마치 갈증을 해소하기 위해 소금물을 들이키는 사람과 같습니다. 욕망을 우리 삶의 추동력으로 삼는 삶이 거두는 열매는 허망함이며 그 쳇바퀴에서 내려올 수 없습니다. 악순환입니다.

현대인들은 두 가지 병에 시달립니다. 첫째는 남과 같아지지 않으면 못 견디는 병입니다. 남이 누리는 것을 누리지 못하면 스스로 비참하다고 여깁니다. 많은 이들이 선망과 원망 사이를 바장이며 삽니다. 타인의 욕망을 모방하며 사는 동안 만족감과 감사의 능력은 줄어듭니다. 현대인의 또 다른 병은 남과 구별되기를 원하는 것입니다. 많은 현대인들이 실제적인 필요에 따라 소비하기보다는 기호를 소비하는 데 집중합니다. 우리가 하루에도 수백 번 접하는 각종 광고들은 우리를 다른 이들과 구별해 주는 방법을 제시합니다. 다른 이들이 소비할 수 없는 것을 소비하는 일에 쾌감을 느끼는 이들이 있습니다. 자본주의의 작동 원리는 '희소성'을 자극하는 것입니다. 값진 보석과 비싼 차를 구매하는 심리의 저변에 깔린 것은 구별되려는 욕망이 아닐까요? 다시 반복합니다. 돈이 주인 노릇하는 세상에 대한 가장 강력한 저항은 자족하는 마음과 감사하는 마음입니다. 저는 성령의 아홉 가지 열매 가운데 현대인들에게 꼭 필요한 것이 절제라고 생각합니다. 절제는 자기의 욕망과 열정, 감각적 욕구를 제어하고 조절할 수 있는 능력입니다.

### 부의 그림자

"재산이 많아지면 먹는 자들도 많아지나니 그 소유주들은 눈으로 보는 것 외에 무엇이 유익하랴"(전 5:11). 재산이 많으면 그만큼 먹는 사람도 많아집니다. 솔로몬의 왕궁에서 벌어지던 연회 광경을 떠올려 보십시오. 황금시대를 열었던 왕답게 그는 풍요로움을 한껏 맛보며 살았습니다. 성경은 솔로몬의 궁궐에서 소비되었던 음식의 양을 자세하게 기록하고 있습니다. 잘 빻은 밀가루 서른 섬, 거친 밀가루 예순 섬, 살진 소 열 마리, 목장 소 스무 마리, 양 백 마리, 그 외에도 수사슴과 노루와 암사슴과 살진 새들이 있었습니다(왕상 4:22-23). 그런 풍요로운 잔치를 벌였다고는 해도 우리가 먹을 수 있는 것은 불과 제 배를 채우는 것을 넘지 못합니다. 솔로몬의 궁궐에서 사용되던 모든 식재료는 백성들이 제공한 것입니다. 왕과 귀족들을 부양하기 위해 얼마나 많은 이들이 착취를 당했을까요? 이스라엘의 역사를 기록한 성서 기자가 세세한 부분까지 남긴 것은 솔로몬의 영화로움을 드러내기 위한 것이지만, 우리는 역설적으로 그 시대에 대한 고발을 봅니다.

"노동자는 먹는 것이 많든지 적든지 잠을 달게 자거니와 부자는 그 부요함 때문에 자지 못하느니라"(전 5:12). 유대인들은 부요함을 하나님의 선물로 이해했습니다. 그런데 코헬렛은 다소 부정적으로 이야기하고 있습니다. 부요함 자체가 나쁘다고 말할 수는 없습니다. 부는 우리에게 여러 가지 가능성을 열어 주고 편리함을 안겨 주기 때문입니다. 하지만 상당히 위험한 것이기도 합니다. 부에 대한 집착이 우리에게서 자유를 앗아가기 때문입니다. 예수님은 부의 위험에 대해 간명하게 경고하셨습니다. "낙타가 바늘귀로 나가는 것이 부자가 하나님의 나라에 들어가는 것보다 쉬우니라"(막 10:25), "너희가 하나님과 재물을 겸하여 섬기지 못하느니라"(마 6:24).

코헬렛은 노동자의 단잠과 부자의 전전불매輾轉不寐를 대조하여 보여줍니다. 지켜야 할 것이 많을수록 번민도 많습니다. 지켜야 할 것이 없는 사람은 몸도 마음도 가볍습니다. 우리 삶이 복잡해진 것은 지켜야 할 것이 많아졌기 때문인지도 모르겠습니다.

예수님은 제자들을 세상에 파송하시면서 말씀하셨습니다. "너희 전대에 금이나 은이나 동을 가지지 말고 여행을 위하여 배낭이나 두 벌 옷이나 신이나 지팡이를 가지지 말라. 이는 일꾼이 자기의 먹을 것 받는 것이 마땅함이라"(마 10:9-10) 이것은 하나님 나라를 전하는 일과 소유의 넉넉함이 양립할 수 없다는 사실을 제자들에게 보여 주기 위함이 아니었을까요? 내 주머니가 넉넉하다든지 무언가를 도모할 수 있는 가능성이 많으면 절박함이 사라집니다. 사람들과 깊이 있게 만나기 어렵습니다. 진정한 만남은 돈을 매개로 하지 않는 만남일 때가 많습니다. 교회가 사용할 수 있는 돈이 많을 때 오히려 복음적 자유로부터 멀어질 수도 있습니다. 우리의 가능성이 많아질 때 하나님의 가능성이 닫히는 경우가 많습니다.

## 소유의 무게, 나눔의 향기

"내가 해 아래에서 큰 폐단 되는 일이 있는 것을 보았나니 곧 소유주가 재물을 자기에게 해가 되도록 소유하는 것이라"(전 5:13). 코헬렛은 재물이 해가 될 수도 있다고 말합니다. 재물을 자기에게 해가 되도록 소유한다는 말은 무슨 뜻일까요? 돈을 벌고 재산이 늘어나면 사람들의 인심이 넉넉해질까요? 어려운 사람의 고통을 덜어 주기 위해 자기 재물을 잘 내놓는 분들을 보면 존경스럽습니다. 그들의 소유물은 화가 아니라 복입니다.

진주에서 한약방을 운영하며 얻은 수입의 태반을 선한 일에 사용한 김장하 선생의 이야기가 많은 이들에게 감동을 준 바 있습니다. 그는 배우지 못한 이들의 한을 풀어 주기 위해 학교를 설립하고, 가난한 학생들에게 성적과 무관하게 장학금을 지속적으로 지급하고, 선한 일을 하는 이들에게 아낌없이 후원했습니다. 그 귀한 뜻을 기리기 위해 어느 단체가 감사패를 전하려 하자 그는 이렇게 말합니다. "버렸으면 미련 없이 버려야지. 줬으면 그만이지."[2] 누군가가 돈 버는 재미는 느껴 보지 못했느냐고 묻자 그는 이렇게 대답합니다. "나는 그런 것 못 느꼈어. 돈에 대한 개념도 그렇게 애착이 없었고, 재물은 내 돈이라는 생각이 안 들고 '언젠가 사회로 다시 돌아갈 돈이고 잠시 내가 위탁받았을 뿐이다' 그 생각뿐이야. '이왕 사회로 돌아갈 돈인 바에야 보람 있게 돌려줘 보자' 그런 거지."[3] 김장하 선생의 돈 철학이 담긴 문장이 있습니다. "똥은 쌓아 두면 구린내가 나지만 흩어 버리면 거름이 되어 꽃도 피우고 열매도 맺는다. 돈도 이와 같아서 주변에 나누어야 사회에 꽃이 핀다."

모두가 이런 깨달음을 얻지는 못합니다. 정반대의 경우가 더 많습니다. 우리는 재물이 늘어도 인색함을 면치 못하는 이들을 어렵지 않게 만납니다. 움켜쥐는 일에만 익숙한 이들은 소유를 자기 존재의 이유로 삼습니다. 그들은 가지고 있는 것을 남을 위해 쓰지 못하는 것은 물론이고 자기를 위해서도 쓰지 못합니다. 이익 동기가 인간관계를 규정할 때 돈은 흉기가 됩니다. 돈 욕심 때문에 서로 원수가 되는 경우도 있습니다. 형제자매간에 부모의 유산을 둘러싼 분쟁으로 송사를 벌이기도 하고, 오랫동안 정겹게 지내던 시골 마을 사람들이 돈 문제 때문에 갈라지기도 합니다. 바로 이것이 코헬렛이 말하는바 소유주가 자기 재물을 해가 되도록 소유한다는 말일 것입니다.

## 바람을 좇는 인생

"그 재물이 재난을 당할 때 없어지나니 비록 아들은 낳았으나 그 손에 아무것도 없느니라"(전 5:14). 재난은 돈으로 막을 수 없습니다. 물론 우리는 기후 재앙이 닥쳐올 때 그 첫 피해자들이 대개 가난한 사람들이라는 사실을 알고 있습니다. 돈이 있으면 재난에 어느 정도 맞설 수 있는 것은 사실입니다. 그러나 그것이 우리 삶을 완전히 지켜 줄 수는 없습니다. 느닷없이 닥쳐오는 재난을 누가 막을 수 있단 말입니까. 재난은 우리가 모아 둔 것들이 무력하다는 사실을 깨닫게 합니다.

"그가 모태에서 벌거벗고 나왔은즉 그가 나온 대로 돌아가고 수고하여 얻은 것을 아무것도 자기 손에 가지고 가지 못하리니"(전 5:15). 코헬렛은 다시금 우리를 삶의 근본적 한계인 죽음의 거울 앞에 세웁니다. 우리는 세상에 벌거벗고 나왔고 돌아갈 때는 수의 하나 입고 갈 뿐입니다. "내가 모태에서 알몸으로 나왔사온즉 또한 알몸이 그리로 돌아가올지라"(욥 1:21). 모든 것을 잃어버린 욥의 이 말은 경건하게 들리지만 일말의 헛헛함조차 없다고는 말할 수 없습니다. 바울 서신에서도 비슷한 말씀을 찾아볼 수 있습니다. "우리가 세상에 아무것도 가지고 온 것이 없으매 또한 아무것도 가지고 가지 못하리니 우리가 먹을 것과 입을 것이 있은즉 족한 줄로 알 것이니라"(딤전 6:7-8). 족한 줄 알아야 하는데 우리는 만족하지 못합니다. 많은 것들을 누리고 살면서도 감사하거나 기뻐할 줄 모릅니다. '더럽다'는 말을 '덜 없다'는 말로 설명하는 분이 있더군요. 덜어낼 것을 덜어내야 삶이 단순해지고 깨끗해지는데 그러기가 쉽지 않습니다.

스테디셀러 가운데 『모리와 함께한 화요일』이라는 책이 있습니다.[4] 스포츠신문 기자로 바쁜 생활을 하던 미치는 어느 날 자기의 옛 은사였던 모리가 루게릭병으로 투병중이며 세상을 떠날 날이 얼마 남지 않았다는 소식을 듣습니다. 그는 너무 늦기 전에 스승을 찾아뵈어야겠다는 생각에 바쁜 일정을 쪼개 선생님을 찾아갑니다. 죽음을 앞둔 스승은 그를 반기며 이런저런 이야기를 들려줍니다. 그 이야기가 매우 유익했습니다. 그래서 미치는 화요일마다 스승을 찾아가서 이야기를 나눕니다. 스승과의 만남은 각박하게 살던 자기 생활을 돌아보게 만듭니다. 지금까지 소중하게 여기던 것들이 정말 소중한 게 아닐 수도 있다는 사실을 자각하면서 그는 조금씩 삶의 스타일을 바꾸어 나갑니다. 죽음이라는 한계 앞에서 스승이 들려주는 이야기를 통해 정말 소중한 것이 무엇인지를 깨닫게 되었던 것입니다.

"이것도 큰 불행이라. 어떻게 왔든지 그대로 가리니 바람을 잡는 수고가 그에게 무엇이 유익하랴. 일평생을 어두운 데서 먹으며 많은 근심과 질병과 분노가 그에게 있느니라"(전 5:16-17). 왔다가 가는 게 인생입니다. 세상에서 하는 모든 수고는 바람을 잡으려는 것과 같습니다. 바람은 잡을 수 없습니다. 다만 느낄 수 있을 뿐입니다. 바람은 이마에 흐른 땀을 식혀 주기도 하고, 울울했던 마음을 날려 보내기도 합니다. 하지만 그것은 잠시 왔다가 가는 것일 뿐 곁에 붙잡아 둘 수는 없습니다. 순간순간 고맙게 누리면 됩니다. 바람을 맡아 주는 은행은 없습니다. 잡아 두려는 부질없는 애씀이 우리 삶을 힘들게 합니다. 바람을 잡으려는 수고를 하는 이들의 운명은 무엇인가요? 17절 말씀은 조금 알쏭달쏭합니다. 일평생을 어두운 데서 먹는다는 말이 무슨 뜻입니까? 누가 볼까 봐 몰래 먹는 것일까요? 시편이 들려주는 삶의 맥락에서 이해하면 좋을 것 같습니다. "너희가 일찍이 일어나고 늦게 누우며 수고의 떡을 먹음이 헛되도다"(시 127:2). 어두운 데서 먹는다는 말은 주어진 인생을 충만하게 살아내지 못하고, 내 인생에 시간의 향기가 배어들 틈도 없이 허겁지겁 사는 것을 의미합니다. 무언가를 손에 쥐려 안달하고 서둘러 욕망을 충족시키기 위해 애를 쓰다 보면, 결국 남는 것은 울분과 고생과 분노뿐입니다. 예나 지금이나 사람 사는 일은 다 비슷한가 봅니다. 코헬렛은 마치 지금 현대인들이 사는 모습을 지켜보며 말하고 있는 것 같습니다. 그는 우리에게 "그렇게 사는 거 정말 잘 사는 거야?"라고 묻고 있습니다.

## 충만한 삶의 향연

"사람이 하나님께서 그에게 주신 바 그 일평생에 먹고 마시며 해 아래에서 하는 모든 수고 중에서 낙을 보는 것이 선하고 아름다움을 내가 보았나니 그것이 그의 몫이로다"(전 5:18). 세상일은 대체로 무상하고 우리가 알 수도 이해할 수도 없는 부조리투성이입니다. 그렇다고 하여 낙심할 필요는 없습니다. 인간의 위대함은 다시 시작할 수 있다는 데 있습니다. 뱅골만을 지나가는 사공들은 담수가 필요하면 바다의 어느 지점을 찾아간다고 합니다. 그곳에 가면 지하 깊은 곳으로부터 맑은 물이 솟구쳐 오른다고 합니다. 사실인지는 모르겠지만, 그 이미지는 제게 매우 강력하게 다가왔습니다. 바다 물결을 뚫고 솟아오르는 맑은 물은 새로운 세상이 어떻게 열리는지를 암시하는 듯합니다. 이사야서에 나오는 한 문장이 떠오릅니다. "그날에 애굽 땅 중앙에는 여호와를 위하여 제단이 있겠고 그 변경에는 여호와를 위하여 기둥이 있을 것이요"(사 19:19). 새로운 세상을 꿈꾸는 이들은 자기 삶의 자리에서 새 하늘과 새 땅을 열기 위해 노력해야 합니다. 비록 우리 한평생이 짧고 덧없는 것처럼 보여도 하나님의 선물임을 잊지 말아야 합니다. 코헬렛은 우리가 애쓰고 수고하여 얻은 것으로 먹고 마시고 즐거워하는 것이야말로 삶의 지혜라고 말합니다.

지금 우리에게 주어진 삶의 가능성을 기꺼워하며 그것을 하나님의 선물로 여겨 감사함으로 누리는 것은 우리를 욕망의 수레바퀴 밑으로 밀어 대는 세상에 대한 강력한 저항입니다. 하나님의 사람은 세상의 물결에 떠밀려 가는 사람이 아니라 그 물결을 거슬러 가는 사람입니다. 저마다 높아지는 것을 삶의 목표로 삼는 세상에서, 예수님은 제자들에게 가장 낮은 자리에서 섬기라고 말씀하셨습니다. 삶의 불확실성에 대처하기 위해 물질을 넉넉하게 소유하는 것이 당연하다고 말하는 세상에서, 주님은 필요한 사람에게 나누어 주는 것이 하늘에 보화를 쌓는 일이라고 말씀하십니다. 잠언에도 유사한 가르침이 나옵니다. "흩어 구제하여도 더욱 부하게 되는 일이 있나니 과도히 아껴도 가난하게 될 뿐이니라. 구제를 좋아하는 자는 풍족하여질 것이요 남을 윤택하게 하는 자는 자기도 윤택하여지리라"(잠 11:24-25). 믿음으로 사는 이들은 다른 삶이 가능하다는 사실을 세상에 삶으로 증언해야 합니다.

"또한 어떤 사람에게든지 하나님이 재물과 부요를 그에게 주사 능히 누리게 하시며 제 몫을 받아 수고함으로 즐거워하게 하신 것은 하나님의 선물이라. 그는 자기의 생명의 날을 깊이 생각하지 아니하리니 이는 하나님이 그의 마음에 기뻐하는 것으로 응답하심이니라"(전 5:19-20). 오늘 우리에게 허락된 것들을 하나님의 선물로 받아들일 때 세상은 여전히 살 만한 곳으로 인식됩니다. 우리가 일상적으로 감당해야 할 일과 노고 또한 하나님이 맡기신 일로 여길 때 우리 마음에 빛이 스며듭니다. 새번역은 20절 말씀을 이렇게 번역했습니다. "하나님은 이처럼 사람이 행복하게 살길 바라시니, 덧없는 인생살이에 크게 마음 쓸 일이 없다." 우리에게 시시때때로 닥쳐오는 일을 처리하느라 전전긍긍하다가도 이 말씀을 생각하면 다소 마음이 가라앉습니다. '그래, 지금 내게 닥쳐온 일이 조금 힘겨운 건 사실이야. 하지만 결국 이 문제는 해결되거나 해소될 거야.' 예수님도 비슷한 말씀을 하셨습니다. "그러므로 내일 일을 위하여 염려하지 말라. 내일 일은 내일이 염려할 것이요 한 날의 괴로움은 그날로 족하니라"(마 6:34). 내일 염려는 내일로 미루라는 말이 아닙니다. 내일 염려할 일은 내일이 염려할 것이니 지레 앞당겨서 근심하고 걱정하지 말라는 것입니다. 이 말을 다른 말로 하면, 오늘을 충만하게 살라는 말이 됩니다. 충만함이란 다른 사람들과 연결되고자 하는 강력한 열망입니다. 충만한 삶은 곧 사랑의 삶이고, 자기의 삶을 선물로 받아들이는 삶입니다. 덧없는 인생살이에 크게 마음 쓸 일이 없다는 가르침이 우리의 긴장된 마음을 어루만져 줍니다.

3부

지혜의
미로를
헤매다

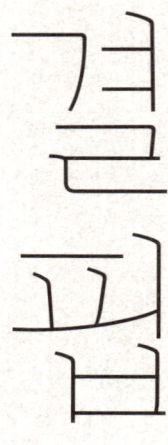

**열두 번째 강의**

누리지 못하는
삶의 비극
6:1-9

지난 강의의 핵심은 사용해야 할 것을 사랑하고 사랑해야 할 대상을 사용하는 뒤집힌 현실이 우리를 불행하게 만든다는 것이었습니다. 우리에게 편의를 제공해 주는 것들에 대한 과도한 집착으로 인해 자기 자신을 성찰할 시간을 마련하지 못한다면, 그처럼 불행한 일이 또 있을까요? 오늘 본문을 함께 읽어 보겠습니다.

> 내가 해 아래에서 한 가지 불행한 일이 있는 것을 보았나니 이는 사람의 마음을 무겁게 하는 것이라. 어떤 사람은 그의 영혼이 바라는 모든 소원에 부족함이 없어 재물과 부요와 존귀를 하나님께 받았으나 하나님께서 그가 그것을 누리도록 허락하지 아니하셨으므로 다른 사람이 누리나니 이것도 헛되어 악한 병이로다. 사람이 비록 백 명의 자녀를 낳고 또 장수하여 사는 날이 많을지라도 그의 영혼은 그러한 행복

으로 만족하지 못하고 또 그가 안장되지 못하면 나는 이르기를 낙태된 자가 그보다는 낫다 하나니 낙태된 자는 헛되이 왔다가 어두운 중에 가매 그의 이름이 어둠에 덮이니 햇빛도 보지 못하고 또 그것을 알지도 못하나 이가 그보다 더 평안함이라. 그가 비록 천 년의 갑절을 산다 할지라도 행복을 보지 못하면 마침내 다 한 곳으로 돌아가는 것뿐이 아니냐. 사람의 수고는 다 자기의 입을 위함이나 그 식욕은 채울 수 없느니라. 지혜자가 우매자보다 나은 것이 무엇이냐. 살아 있는 자들 앞에서 행할 줄을 아는 가난한 자에게는 무슨 유익이 있는가. 눈으로 보는 것이 마음으로 공상하는 것보다 나으나 이것도 헛되어 바람을 잡는 것이로다(전 6:1-9).

오늘 본문 역시 우리에게 주어진 것을 누리지 못하는 삶의 불행을 다루고 있습니다. 사람은 자기 손에 떡을 들고도 다른 사람의 손에 들린 떡을 부러워합니다. 일종의 '대안동경'對岸憧憬으로, 자신이 있는 곳보다 강 건너편 사람들의 상황이 더 좋을 것이라고 생각하고 막연히 동경하는 마음을 의미합니다. 그러나 실제로 건너가 보면 상황이 사뭇 다르다는 사실을 알 수 있습니다.

지금 우리에게 주어진 것을 누리는 연습을 하는 게 지혜입니다. 예를 들어, 지금 계절이 봄이라고 가정해 보십시오. 봄 하면 떠오르는 것들이 있습니다. 복수초, 바람꽃, 얼레지, 산수유, 봄까치꽃, 벚꽃이 떠오르나요? 새싹, 따스한 햇살, 아이들의 재잘거림이 가득찬 거리의 활기. 봄은 볼 것이 많아 봄이라지요. 누군가에게 이 봄은 인생의 마지막 봄일 수도 있습니다. 그렇기에 봄을 낭비하지 말아야 합니다.

지금 새싹이 대지를 뚫고 막 돋아나고 있는데, 새싹이 들어 올린 흙이 여전히 새싹 머리에 머물고 있는데, 그 신비하고 사랑스러운 광경 앞에 멈추어 설 마음이 없다면, 그는 이미 늙어 버린 것인지도 모르겠습니다. 어느 시인은 새싹을 가리켜 대지가 터뜨리는 너털웃음이라고 했습니다. 그 앞에 머물러 보라고 말하면, "그럴 시간이 어디 있어요?"라고 반응하는 이들도 있습니다. 더 이상 할 말이 없습니다. 여름은 여름의 아름다움이 있고, 가을은 가을의 아름다움이 있고, 겨울은 겨울의 아름다움이 있습니다. 그것을 누리지 못한다면 제대로 사는 것이라고 할 수 있을까요? 이런 것을 누리지 못하는 것은 눈앞의 것에만 몰두하고 살기 때문입니다.

## 소유와 누림 사이

"내가 해 아래에서 한 가지 불행한 일이 있는 것을 보았나니"(전 6:1). 해 아래 불행이 어찌 한 가지뿐이겠습니까? 수사법으로 하자면 일종의 제유법이라 할 수 있습니다. 한 가지 일을 통해 다른 것들까지 암시하는 것입니다. "불행"이라고 번역된 단어는 원문의 뉘앙스를 제대로 담아내지 못합니다. 히브리어 '라아'ר는 '큰 악'이라는 뜻입니다. 코헬렛은 해 아래에서 벌어지는 큰 악을 보았다고 말합니다. 전쟁이나 테러, 흉악범죄가 떠오를지 모르겠지만, 특정한 사건을 염두에 두고 말하는 것 같지는 않습니다. 삶을 대하는 태도가 그의 관심사입니다.

"어떤 사람은 그의 영혼이 바라는 모든 소원에 부족함이 없어 재물과 부요와 존귀를 하나님께 받았으나 하나님께서 그가 그것을 누리도록 허락하지 아니하셨으므로 다른 사람이 누리나니 이것도 헛되어 악한 병이로다"(전 6:2). 사람은 누구나 꿈을 꾸며 삽니다. 꿈은 아직 이루어지지 않은 미래입니다. 꿈은 현재에 큰 영향을 끼쳐서 우리 삶을 앞으로 잡아당깁니다. 돌아보면 우리는 참 많은 꿈을 품고 여기까지 달려왔습니다. 꿈을 이루고 사는 사람도 있지만 꿈에서 멀어진 사람도 있습니다.

프랑스의 철학자 앙리 레비의 『인간의 얼굴을 한 야만』이라는 책을 읽다가 그가 쓴 서문에 깊이 공감한 적이 있습니다.[1] "나는 이제 곧 서른 살이 된다." 이것을 보면 그가 이 책을 쓴 것이 서른 이전임을 알 수 있습니다. 이어서 그는 이렇게 말합니다. "그동안 나는 적어도 백 번 이상 내 젊은 날의 꿈을 배반했다." 이 구절은 제 삶을 비추어 주는 거울이 되었습니다. 나 또한 어린 시절 혹은 젊은 시절의 꿈을 수없이 포기하며 살아왔음이 문득 떠올랐습니다. 포기는 부끄러운 게 아니었습니다. 어린 시절에 세웠던 꿈을 평생 품고 사는 사람도 있고, 계속 바꾸며 사는 사람도 있습니다. 누가 더 나은지는 말할 수 없습니다. 저마다의 삶이 있을 뿐입니다.

우리가 바라는 것을 이루며 살 수 있다면 참 다행입니다. 세상에서 제일 행복한 사람은 자기가 정말 하고 싶은 일을 하며 사는 사람입니다. 돈이 많든 적든 하고 싶었던 일을 하며 사는 사람들은 행복합니다. 그런데 정말 자기가 하고 싶은 일을 하지 못하고, 사람들이 요구하는 일 혹은 자기가 제일 잘할 수 있는 일을 하며 사는 이들이 대부분입니다. 예를 들어 볼까요? 김연아 씨는 피겨 스케이팅으로 최고의 자리에 올랐습니다. 만일 그가 "어릴 때부터 피겨 스케이팅 선수가 되는 것이 꿈이었나요?"라는 질문에 "사실 저는 화가가 되고 싶었어요"라고 대답한다면, 꿈을 이루었다고 할 수 있을까요? 세계 최고의 자리에 이르렀기에 거기에 만족하고 살면 그만이지만, 화가가 되지 못한 게 그의 가슴에 그림자처럼 깃들어 있다면 그는 행복할까요? 모두가 다 자기가 하고 싶은 일을 하며 살지는 못합니다.

자기가 하고 싶은 일을 할 수 없다면, 지금 해야 하는 일을 좋아하려는 노력을 해야 합니다. 그래야 비애에 잠식당하지 않을 수 있습니다. 그 일을 좋아할 수도 없다면, 잠시 그 일에 복무한다고 생각하는 것도 나쁘지 않을 것 같습니다. 하지만 특정한 인생 과업에 몰두하여 일정한 성취를 이루었다 해도 내면의 공허가 그를 놓아주지 않는다면 새로운 삶을 시작해야 할 것입니다.

자기에게 부여된 일을 착실하게 수행하여 사람들에게 인정을 받는 사람이 있습니다. 그의 인생행로는 일직선처럼 보입니다. 그는 승승장구를 거듭합니다. '승승장구'乘勝長驅는 승리나 성공의 여세를 계속 몰아간다는 뜻입니다. 승승장구하는 이들은 활기차 보입니다. 탄탄대로가 그들 앞에 있습니다. 재물, 부요, 존귀가 그에게 주어집니다. 유대인들은 이것을 하나님의 선물로 이해했습니다. 그런데 문제가 있습니다. 하나님이 그가 그것을 누리도록 허락하지 않으셨습니다. 그리스 신화에 나오는 인물인 탄탈로스가 떠오릅니다. 그는 신들을 시험했다가 노여움을 사서 영원한 배고픔과 갈증에 시달리는 형벌을 받게 됩니다. 그는 목까지 물에 잠긴 채 고통의 시간을 견뎌야 합니다. 머리 위로는 손만 뻗으면 닿을 수 있는 곳에 과일이 주렁주렁 매달려 있습니다. 목이 말라 물을 마시려 하면 물이 아래로 내려가서 먹을 수 없습니다. 배가 고파서 과일을 따려고 손을 뻗으면 가지가 위로 올라가 딸 수 없습니다. 그림의 떡인 셈입니다. 많은 것을 소유하고 있지만 그것을 누리지 못한다면 비극이 아니고 무엇이겠습니까?

복 가운데 참 귀한 복이 누림의 복입니다. 가진 것은 없지만 누림의 복을 받은 이들은 행복합니다. 세상에는 그의 영혼을 기쁘게 하는 것들이 많기 때문입니다. 승승장구했으나 누릴 수 없는 사람은 불행합니다. 그는 목표를 향해 치달리는 일에 익숙할 뿐 삶을 축제로 즐기는 법을 배우지 못한 사람입니다. 남들과 경쟁하는 일에만 몰두하다 보니 정작 자기에게 주어진 것들의 소중함을 알지 못합니다. 무소유를 지향해야 인생이 가벼워진다는 말은 아닙니다. 고뇌가 없는 삶이 어디 있겠습니까? 지금 우리에게 주어진 것들을 하나님의 선물로 여겨 감사함으로 누릴 수 있어야 합니다. 거두는 사람과 누리는 사람이 다른 것이 인생의 부조리입니다. 내가 애써 이룬 것들을 한 번도 제대로 누려 본 적이 없는데 그것이 다른 이들에게 넘어가는 것을 보고 코헬렛은 큰 악이라 말합니다.

## 행복의 조건

"사람이 비록 백 명의 자녀를 낳고 또 장수하여 사는 날이 많을지라도 그의 영혼은 그러한 행복으로 만족하지 못하고 또 그가 안장되지 못하면 나는 이르기를 낙태된 자가 그보다는 낫다 하나니"(전 6:3). 백 명의 자녀를 낳으려면 어떻게 해야 됩니까? 백 년이 걸리겠다고 생각할 수 있지만 솔로몬처럼 아내가 많으면 불가능한 일도 아닙니다. 코헬렛이 지금 떠올리는 사람은 부귀영화를 누리는 고관대작들일 것입니다. 그들은 처첩을 많이 거느리고 삽니다. 게다가 몸도 건강하여 장수의 복까지 누립니다. 행복의 조건을 다 갖춘 셈입니다. 그런데 코헬렛은 그의 영혼은 그러한 행복으로 만족하지 못한다고 말합니다. 누릴 것을 다 누리고 사는 사람은 행복할까요? 그렇지 않은 것 같습니다. 채워지지 않는 헛헛함이 있기 때문일 것입니다. 코헬렛은 그 헛헛함을 채우지 못한 채 그가 죽음에 이른다면, 그리고 평안하게 죽음을 맞이하지 못한다면, 차라리 낙태된 자가 그보다 낫지 않겠냐고 묻고 있습니다.

고대 그리스 역사가 헤로도토스가 쓴 『역사』에는 리디아 왕 크로이소스가 등장합니다.[2] 그는 전쟁에서 큰 승리를 거두고 그 전리품으로 인해 상당한 부를 축적하게 됩니다. 그는 자부심을 느꼈습니다. 세상에서 자기가 제일 행복한 사람이라 여겼습니다. 돈이 있는 곳에 사람들이 모이는 법입니다. 세상에서 내로라하는 지식인들이 크로이소스 왕을 만나기 위해 찾아옵니다. 그 가운데 한 사람이 그리스의 현인 솔론입니다. 그는 그리스의 법 체제를 세우는 데 큰 기여를 했던 사람입니다. 그 유명한 인물이 자기를 찾아오자 크로이소스 왕은 솔론에게 이런 질문을 던집니다. "선생님, 많은 사람을 만나 보셨을 텐데 이제까지 본 사람 가운데 가장 행복한 사람은 누구입니까?" 그는 내심 자기가 그 사람이라고 인정받기를 바랐던 것입니다. 솔론이 "그야 물론 크로이소스 임금이십니다"라고 대답했더라면 이야기는 간단하게 끝났을 것입니다. 그런데 솔론의 대답은 그의 기대를 저버렸습니다. "아테네의 텔로스가 가장 행복한 사람 같습니다." 크로이소스 왕은 당황해서 묻습니다. "텔로스라는 사람이 왜 행복합니까?" 솔론이 대답합니다. "그는 번영하는 나라에서 태어나 많은 자녀를 두었습니다. 그리고 그 자녀들에게서 아이들이 태어나 훌륭하게 자랐습니다." 계속해서 그는 텔로스가 유복한 생활을 했고 그 임종이 아름다웠다고 말합니다. 잠에 빠져드는 것처럼 평안하게 죽었다는 말일까요? 텔로스는 전쟁터에서 죽었습니다. 솔론은 그의 죽음을 감동적으로 묘사합니다. "아테네가 이웃 나라와 엘레우시스에서 싸울 때, 텔로스는 아테네를 구하기 위해 달려가 적을 패주시킨 뒤 훌륭하게 전사했습니다. 아테네는 곡비를 들여 그가 전사한 곳에 그를 매장하고 그의 명예를 크게 기렸습니다." 무슨 말입니까? 평안하게 죽은 것이 아니라, 내 나라를 지키기 위해 나가서 싸우다가 명예롭게 세상을 떠났고, 그래서 나라가 애도하며 그를 안장했으니 누가 이 사람보다 더 행복하겠느냐는 것입니다. 이것이 바로 그리스적 자부심입니다.

크로이소스가 그 이야기를 다 듣고 나서 "그럼 두 번째로 행복한 사람은 누구입니까?"라고 묻습니다. 이번에는 자기 이름이 거명될 것이라 기대했을 것입니다. 솔론의 대답은 이번에도 그의 기대를 저버렸습니다. 솔론은 클레오비스가 행복한 사람이라고 말합니다. 풀이 죽은 크로이소스가 그렇다면 세 번째는 누구냐고 묻자, 솔론은 비턴 형제라고 대답합니다. 행복에 대한 이야기가 이어지다가 마침내 솔론은 이렇게 이야기를 마무리합니다. "한 사람이 죽기 전까지는 그를 행운이 있는 사람이라 부르더라도 행복한 사람으로 분류할 수는 없습니다." 그가 누리고 있는 모든 것이 행운처럼 그에게 다가왔을지는 몰라도, 정말로 행복한지는 알 수 없다는 것입니다. 솔론은 왕의 권력 앞에 흔들리지 않는 지식인의 참 표상을 보여주고 있습니다. 그는 크로이소스의 허위의식을 깨뜨렸습니다. 코헬렛 역시 마찬가지입니다. 세상에서 가장 큰 부와 권력을 누린다 해도 그것 자체가 행복일 수 없음을 그는 인상 깊게 설명합니다.

"낙태된 자는 헛되이 왔다가 어두운 중에 가매 그의 이름이 어둠에 덮이니 햇빛도 보지 못하고 또 그것을 알지도 못하나 이가 그보다 더 평안함이라. 그가 비록 천 년의 갑절을 산다 할지라도 행복을 보지 못하면 마침내 다 한 곳으로 돌아가는 것뿐이 아니냐"(전 6:4-6). 세상에서 누릴 것 다 누리는 듯싶었으나 결국 마무리가 엉망인 사람보다 차라리 낙태된 사람이 낫다는 것입니다. 유교가 가르치는 '오복'五福은 수壽, 부富, 강녕康寧, 유호덕攸好德, 고종명考終命입니다. '수'는 오래 사는 것, '부'는 부귀를 누리는 것, '강녕'은 몸과 마음이 평안한 것, '유호덕'은 덕 있는 사람이라는 말을 듣는 것, '고종명'은 천수를 누리고 평안하게 세상을 떠나는 것입니다. 마무리가 중요합니다. 노년의 때가 참 중요합니다. 맑고 깨끗하게 떠날 수 있어야 합니다. 낙엽이 지듯 홀가분하게 인생을 마무리할 수 있다면 얼마나 좋겠습니까? 놓아야 할 것을 놓아야 삶이 깨끗해집니다. 내려놓는 연습을 젊을 때부터 하지 않으면 안 됩니다. 힘이 없을 때 내려놓으려고 하면 비애가 느껴집니다. '내가 힘이 없어서 이것을 내려놔야 되나?' 하는 생각이 들기 때문입니다.

코헬렛은 아무리 장수한다 해도 행복을 보지 못하면 허무하다고 말합니다. 여기에 사용된 "행복"이라는 단어는 '토브'[31]라는 단어의 번역어입니다. 토브는 단순히 만족하여 불만이 없는 상태를 가리키는 단어가 아니라, '좋음', '탁월함', '유쾌함', '즐거움' 등의 뜻을 두루 내포하는 단어입니다. 토브를 누리는 사람들은 맑고 천진하고 유쾌합니다.

## 채울 수 없는 욕망의 본질

"사람의 수고는 다 자기의 입을 위함이나 그 식욕은 채울 수 없느니라"(전 6:7). 다 먹고살자고 하는 일이라는 말처럼 들립니다. 아무리 세상사에 초연한 척하는 사람이라도 먹지 않고는 살 수 없습니다. 코헬렛은 왜 이런 뻔한 이야기를 하는 것일까요? 이 말씀에서 "입"은 다음에 등장하는 "식욕"이라는 말과 연관된 단어입니다. 식욕은 히브리어 '네페쉬'[וֶפֶשׁ]를 옮긴 말인데 본래 의미는 '목구멍'입니다. 네페쉬는 성경에서 인간 존재에 대해 말할 때마다 자주 등장하는 단어입니다. '욕망', '열정', '자아', '감정' 등으로 번역될 때가 많습니다. 식욕은 음식을 먹고 싶어 하는 욕망을 넘어, 우리 속에 있는 무언가에 대한 갈망을 뜻한다고 보아도 무방할 것입니다. 칼 야스퍼스는 인간을 괴롭히는 세 가지 근원적인 문제가 있다고 말합니다. 첫째는 교만함입니다. 자기 한계를 지키려 하지 않는 것, 과도함에 대한 추구, 자기는 특별하다는 착각이 사람을 교만하게 합니다. 둘째는 죄책감입니다. 동양 사람들에게는 죄책감이 큰 문제가 되지 않지만 서양 사람들에게는 근원적 문제인가 봅니다. 칼 야스퍼스가 이 문제에 주목한 까닭은 나치의 폭압을 경험했기 때문입니다. 악행에 적극적으로 가담하지는 않았더라도 그 반인륜적 행태에 대해 자기는 아무 책임이 없다고 말할 수 있는 독일인은 없다는 것이 그의 생각입니다. 그는 법적인 죄, 정치적인 죄, 도덕적인 죄, 그리고 형이상학적인 죄까지도 심각하게 다루어져야 한다고 말합니다. 셋째는 끝없는 욕망입니다. 채워질 수 없는 욕망의 문제를 해결하지 않고는 삶이 자유로워질 수 없습니다.

코헬렛은 우리가 해 아래에서 하는 모든 수고는 욕망을 충족시키기 위함이지만 결국에 남는 것은 허망함밖에 없다고 말합니다. 채워지지 않는 것을 채우려 하는 것이 병입니다. 「섬집 아기」는 많은 이들이 좋아하는 동요입니다. 노랫말도 그렇지만 멜로디가 매우 서정적입니다. "엄마가 섬 그늘에 굴 따러 가면 아기는 혼자 남아 집을 보다가 바다가 불러 주는 자장노래에 팔 베고 스르르르 잠이 듭니다" 멜로디는 서정적이지만 이 노래가 그리고 있는 현실은 결코 가볍지 않습니다. 엄마가 아기를 혼자 두고 일하러 갈 수밖에 없으니 말입니다. 요즘 같으면 아동 학대라 비난을 받을 수 있는 상황입니다. 그런데 사람들에게 덜 알려진 2절 가사는 그런 엄마의 마음을 곡진하게 담아내고 있습니다. "아기는 잠을 곤히 자고 있지만 갈매기 울음소리 맘이 설레어 다 못 찬 굴 바구니 머리에 이고 엄마는 모랫

길을 달려옵니다" 굴을 따라 바다에 가서도 엄마의 마음은 홀로 두고 온 아이에게 가 있습니다. 갈매기의 끼룩거리는 소리가 아기의 울음소리인 것만 같습니다. 엄마는 아직 굴 바구니가 다 차지 않았지만 서둘러 아기 곁으로 달려갑니다. 만약 궁핍에 시달리던 엄마가 굴 바구니가 다 차기 전에는 절대 돌아갈 수 없다고 생각하고 그렇게 행동한다면 아기는 불행해질 가능성이 큽니다. 내면 깊은 곳에 외로움이 심겨질지도 모르겠습니다. 하지만 아기를 돌보아야 하기에 아무 일도 하지 않는다면 살아갈 수 없습니다. "다 못 찬 굴바구니"라는 표현 속에 삶의 지혜가 있습니다. 채움과 비움의 절묘한 균형입니다. 행복한 사람은 누구입니까? 완전히 채워져야 행복하다는 생각에서 벗어나 비어 있는 상태를 즐기는 사람입니다. 결핍을 자기 삶의 일부로 수용할 때, 비로소 지금 우리에게 주어진 것에 집중할 수 있습니다.

## 가진 것을 누리는 지혜

"지혜자가 우매자보다 나은 것이 무엇이냐. 살아 있는 자들 앞에서 행할 줄을 아는 가난한 자에게는 무슨 이익이 있는가"(전 6:8). 지혜로운 사람이 어리석은 사람에 비해 나은 것이 무엇일까요? 가난한 사람이 삶의 도리를 아는 것이 무슨 소용이 있을까요? 이러나저러나 아무 차이가 없다는 말처럼 들립니다. 살아 있는 자들 앞에서 행할 줄 안다는 말은 처신할 줄 안다는 말 같습니다. 제 앞가림을 잘하며 산다는 말로 받아들여도 될 것 같습니다. 이 각박한 세상에서 살아남기 위해서 꼭 필요한 태도일 수도 있는데, 코헬렛은 그것을 그렇게 긍정적으로 보지 않습니다.

"눈으로 보는 것이 마음으로 공상하는 것보다 나으나 이것도 헛되어 바람을 잡는 것이로다"(전 6:9). 이 구절을 새번역으로 다시 읽어 보겠습니다. "이것 또한 헛되고, 바람을 잡으려는 것과 같다. 가지고 있는 것으로 만족하는 것이, 욕심에 사로잡혀서 헤매는 것보다 낫다." 같은 이야기의 반복입니다. 누리며 살려고 하는 그 바람 자체가 어떻게 보면 허망한 일일 수도 있지만, 현실주의자답게 코헬렛은 지금 내게 결핍된 것을 채우려 애를 쓰면서 불행에 빠지지 말고, 있는 것을 누리며 살되 거기에도 너무 집착하지 말라고 권고합니다.

세상을 속속들이 다 이해한다는 것은 사실상 불가능합니다. 삶은 누구에게나 미지의 세계입니다. 불확실성과 불확정성 속에서 살아가야 하기에 인간은 늘 불안합니다. 절망이라 여기던 시간이 희망으로 통하는 문이 되기도 하고, 성공이라 여기던 삶의 경험이 오히려 우리 발목을 잡기도 합니다. 부재를 통해 오히려 더 뚜렷하게 드러나는 것들이 있는가 하면, 곱씹어 보아야 비로소 드러나는 맛도 있습니다. 정호승 시인의 「밥그릇」이라는 시를 보며 경탄한 적이 있습니다. 시인이 말하는 밥그릇은 개밥그릇입니다. 시인도 관찰하는 사람입니다. 그의 눈에 밥그릇을 핥고 있는 개가 눈에 띄었던 모양입니다. 주인이 준 밥을 다 먹고도 배가 차지 않았는지 개는 빈 밥그릇을 자꾸만 핥고 있습니다. 그 절박한 모양을 보면서 시인은 삶을 대하는 자신의 태도를 반성적으로 돌아봅니다. "나는 언제 저토록 열심히/내 밥그릇을 핥아 보았나" 개는 사람이 먹다 남긴 밥을 싫다는 기색조차 없이 맛있게 먹습니다. 시인은 문득 개가 먹다 남긴 밥을 먹어 본 적이 없다는 사실이 떠오르자 개가 핥던 밥그릇을 핥아 봅니다. 실제로 그러지 않았겠지만 시인의 시적 자아는 상상을 통해 그런 행위를 해봅니다. 그리고 "햇살과 바람이 깊게 스민/그릇의 밑바닥이 가장 맛있다"고 노래합니다.[3] 그릇의 맨 밑바닥 곧 희망과 절망, 기쁨과 슬픔, 옳고 그름에 대한 판단 등을 다 내려놓은 자리야말로 우리 삶이 신비요 선물임이 드러나는 자리인지도 모르겠습니다.

　물건이 넘치는 시대에 우리는 더 큰 결핍에 시달립니다. 세상의 모든 물건은 제 수명을 다하기도 전에 용도 폐기됩니다. 새로운 상품에 대한 욕망 때문입니다. 바야흐로 살물殺物의 시대입니다. 맨 밑바닥까지 훑고 또 훑는 일은 거의 없습니다. 인간관계 또한 그러합니다. 쉽게 만나고 쉽게 헤어집니다. 서로를 깊이 알아갈 생각이 사라진 것 같습니다. 피상적인 만남이 우리 삶을 더욱 부박하게 만듭니다. 네페쉬를 채우기 위해 분주하지만, 그것은 결국 채워질 수 없는 것입니다. 현재를 한껏 살아내는 지혜가 필요한 것은 그 때문입니다.

# 성찰

**열세 번째 강의**

더 나은 삶이란
무엇인가

6:10-7:10

어느덧 절반이 지나 열세 번째 강의입니다. 코헬렛은 우리가 중요하게 여기는 가치들을 하나하나 저울 위에 올려놓고 그것들이 바람처럼 가볍다고 말했습니다. 헛되다는 말을 달리 표현하면 가벼움이 아닐까요? 거기에 붙들릴 필요가 없다는 말로 이해하면 좋겠습니다. 지혜, 즐거움, 슬기, 수고, 승진, 돈, 명예, 권력은 물론 좋은 것이지만, 이 모든 것 또한 헛됨에 종속되어 있습니다. 그것을 깨달을 때 뜻밖의 자유가 우리 속에 유입됩니다. 지금 나를 괴롭히는 문제들을 다른 시각으로 바라볼 수 있게 됩니다. 잘 산다는 것이 무엇일까요? 코헬렛은 계속해서 그 질문 가운데로 우리를 인도합니다. 오늘 본문을 살펴보겠습니다.

이미 있는 것은 무엇이든지 오래전부터 그의 이름이 이미 불린 바 되었으며 사람이 무엇인지도 이미 안 바 되었나니 자기보다 강한 자와는 능히 다툴 수 없느니라. 헛된 것을 더하게 하는 많은 일들이 있나니 그것들이 사람에게 무슨 유익이 있으랴. 헛된 생명의 모든 날을 그림자같이 보내는 일평생에 사람에게 무엇이 낙인지를 누가 알며 그 후에 해 아래에서 무슨 일이 있을 것을 누가 능히 그에게 고하리오. 좋은 이름이 좋은 기름보다 낫고 죽는 날이 출생하는 날보다 나으며 초상집에 가는 것이 잔칫집에 가는 것보다 나으니 모든 사람의 끝이 이와 같이 됨이라. 산 자는 이것을 그의 마음에 둘지어다. 슬픔이 웃음보다 나음은 얼굴에 근심하는 것이 마음에 유익하기 때문이니라. 지혜자의 마음은 초상집에 있으되 우매한 자의 마음은 혼인집에 있느니라. 지혜로운 사람의 책망을 듣는 것이 우매한 자들의 노래를 듣는 것보다 나으니라. 우매한 자들의 웃음소리는 솥 밑에서 가시나무가 타는 소리 같으니 이것도 헛되니라. 탐욕이 지혜자를 우매하게 하고 뇌물이 사람의 명철을 망하게 하느니라. 일의 끝이 시작보다 낫고 참는 마음이 교만한 마음보다 나으니 급한 마음으로 노를 발하지 말라. 노는 우매한 자들의 품에 머무름이니라. 옛날이 오늘보다 나은 것이 어찜이냐 하지 말라. 이렇게 묻는 것은 지혜가 아니니라(전 6:10-7:10).

오늘 본문은 조금 낯설기도 하고, 공감이 되기도 하고, 고개를 갸웃하게 되는 지점도 있으리라 생각합니다. 전도서 6:10-12은 지금까지 다루어 왔던 이야기를 정리하는 내용입니다.

## 인간의 경험과 유한성

"이미 있는 것은 무엇이든지 오래전부터 그의 이름이 이미 불린 바 되었으며"(전 6:10). 그의 이름이 불린 바 되었다는 말은 사람들에 의해 파악되었다는 말일 것입니다. 우리가 외부와의 접촉을 통해 경험한 것은 아주 모호한 형태일 뿐입니다. 마치 안개에 덮인 풍경과 같습니다. 사람에게 그 경험이 명료해지는 것은 그 경험에 이름을 붙일 때입니다. 언어를 통해 범주화할 때 비로소 그 경험은 다른 경험과 구별됩니다.

창조 이야기의 한 대목을 떠올려 보십시오. 하나님이 흙으로 각종 들짐승과 공중의 새를 지으시고 그것들을 아담에게 이끌어 오십니다. 그런 다음 그가 어떻게 하는지 가만히 지켜보십니다. "아담이 각 생물을 부르는 것이 곧 그 이름이 되었더라"(창 2:19). 이름 짓기야말로 인간이 한 최초의 창의적인 일이었습니다. 이름을 짓는다는 것은 그가 외부 세계와 의미 있는 관계를 맺게 되었음을 뜻합니다. 이름을 부여함으로 인간은 그 동물들을 자기 기억의 창고에 잘 넣어둘 수 있게 되었습니다.

10절의 내용은 곧 세상에서 벌어지는 일들 가운데 과거에 일어나지 않은 일이 없다는 말입니다. 이 말을 곧바로 수긍하지 못하는 이들도 있을 것입니다. 우리가 지금 누리고 있는 온갖 새로운 문물이 떠오르기 때문입니다. 지금 우리는 해마다 정보의 분량이 곱절로 늘어나는 시대에 살고 있습니다. 인공지능과 메타버스 시대가 우리를 어디로 이끌어갈지 쉽게 가늠할 수 없습니다. 그래도 한 가지 변하지 않는 사실은 인간이 죽음이라는 유한성에 매인 존재라는 것이고, 우리에게 허락된 시간의 공포와 맞서 싸워야 한다는 것입니다. 우리가 경험하는 대부분의 정서를 고대인들도 경험했음이 분명합니다. 해 아래 새것이 없다는 코헬렛의 말은 바로 그 지점을 가리키고 있습니다.

"사람이 무엇인지도 이미 안 바 되었나니 자기보다 강한 자와는 능히 다툴 수 없느니라"(전 6:10). 코헬렛은 사람이 무엇인지도 이미 안 바 되었다고 말합니다. 정말 그런 것일까요? 사람은 그 자체로 신비이며 수수께끼입니다. 사람은 자기가 누구인지에 대해 죽을 때까지 묻는 존재입니다. 나이가 많다고 하여 자기가 누구인지 잘 아는 것은 아닙니다. 시편 기자는 가슴 벅찬 감동에 젖어 노래합니다. "사람이 무엇이기에 주께서 그를 생각하시며 인자가 무엇이기에 주께서 그를 돌보시나이까"(시 8:4). 그러나 고난의 어둠 속에서 길을 잃었던 욥은 하나님 앞에서 이렇게 탄식할 수밖에 없었습니다. "사람을 감찰하시는 이여, 내가 범죄하였던들 주께 무슨 해가 되오리이까. 어찌하여 나를 당신의 과녁으로 삼으셔서 내게 무거운 짐이 되게 하셨나이까"(욥 7:20). 철학자들이 '인간이란 무엇인가?'라는 질문을 계속하는 것은 이것이 여전히 답이 없는 질문이기 때문입니다. 나치 수용소에서 죽음보다 더 깊은 치욕과 고통을 겪었던 프리모 레비는 『이것이 인간인가』라는 제목의 책을 썼습니다.[1] 그는 '이것이 인간이다'라고 말할 수 없었기에 '이것이 인간인가'라고 묻고 있습니다.

그렇다면 사람이 무엇인지도 이미 안 바 되었다는 코헬렛의 말은 거짓인가요? 이야기의 맥락을 살펴보면 그렇지 않다는 사실을 알 수 있습니다. 그는 여기서 인간론을 다루려 하지 않습니다. 인간 현상을 살피는 것이 그의 일입니다. 인간 삶의 행태, 그들이 맺는 관계의 양태는 어느 시대나 별반 다를 바 없습니다.

자기보다 강한 자와는 능히 다툴 수 없다는 것도 그런 뜻에서 한 말입니다. 여기서 "강한 자"라고 번역된 히브리어 단어는 성경에서 단 한 번 나오는 단어입니다. 그 단어가 가리키는 존재는 세상의 유력자가 아니라 하나님입니다. 인간은 아무리 잘났어도 하나님과 다툴 수 없습니다. 우리의 인식과 시간과 힘 또한 유한합니다.

이 사실을 깊이 인식한 바울은 이렇게 말합니다. "하나님의 어리석음이 사람보다 지혜롭고 하나님의 약하심이 사람보다 강하니라"(고전 1:25). 얍복강 나루에서 하나님의 사자와 씨름하던 야곱은 이스라엘이라는 새로운 이름을 부여받습니다. 하나님과 겨루어 이긴 자라는 뜻입니다. 하나님보다 힘이 세다는 말이 아닙니다. 그는 다른 이들의 발목을 잡던 삶을 뒤로하고 하나님의 은혜 안에서 살아가는 새로운 사람이 되었습니다.

## 하나님의 세계에 산다는 것

우리가 하나님에 대해 아는 것은 기껏해야 하나님이 열어 보여 주시는 것뿐입니다. 우리는 그것을 '계시'라고 말합니다. 모세는 하나님의 뒷모습을 보았습니다. 뒷모습이란 어떤 형태를 말하는 게 아니라, 하나님의 존재에 대한 사후적 인식을 이르는 말입니다. 우리는 하나님에 대해 부분적으로만 알 뿐입니다.

어떤 과학자들은 인간이 우주 먼지로 만들어졌다고 말합니다. 매우 은유적인 표현 같지만 그것은 물리학적 사실입니다. 우리 몸은 별들이 탄생하면서 만들어낸 원소들로 구성되어 있습니다. 온 우주와 우리가 연결되어 있는 것입니다. 우주의 크기는 가늠할 수 없습니다. 우리 인식으로는 거의 무한에 가깝습니다. 우리 행성인 지구가 속해 있는 태양계는 우주 전체에서는 먼지 하나에 불과합니다. 연약하기 이를 데 없는 이 작은 행성에 지금 거의 80억 명에 이르는 사람들이 함께 모여 살고 있습니다. 이 작은 세계 하나도 우리가 제대로 이해하지 못하는데, 하물며 이 광대한 우주를 창조하시고 운행하시는 하나님을 어찌 안다 할 수 있겠습니까. 하나님에 대해 다 안다고 말하는 것 자체가 난센스입니다. 우리는 다만 경외심을 품고 하나님의 세계와 대면할 뿐입니다.

하나님의 세계에 초대받은 자로 산다는 것은 얼마나 놀라운 일인지요. 히브리의 시인들은 온 세상에 가득한 하나님의 숨결을 상징도 과장도 아닌 실재로 느꼈던 것 같습니다. "하늘이 하나님의 영광을 선포하고 궁창이 그의 손으로 하신 일을 나타내는도다. 날은 날에게 말하고 밤은 밤에게 지식을 전하니 언어도 없고 말씀도 없으며 들리는 소리도 없으나 그의 소리가 온 땅에 통하고 그의 말씀이 세상 끝까지 이르도다"(시 19:1-4). 눈에 보이지 않고 귀에 들리지 않아도 하나님은 여전히 일하고 계십니다. 그렇게 크신 하나님이 우리를 사랑하신다는 사실 자체가 기적입니다.

또 다른 시인의 고백입니다. "아버지가 자식을 긍휼히 여김 같이 여호와께서는 자기를 경외하는 자를 긍휼히 여기시나니 이는 그가 우리의 체질을 아시며 우리가 단지 먼지뿐임을 기억하심이로다"(시 103:13-14). 인간은 죄를 짓기도 하지만, 가끔은 하나님에 대한 깊은 경외심에 사로잡혀 살기도 합니다. 어떤 사람들은 하나님을 마치 비밀 첩보원처럼 우리의 일거수일투족을 매서운 눈으로 살피는 분처럼 인식합니다. 우리의 잘못에 못마땅한 표정을 지으며 벌을 주기 위해 기록해 두는 분 말입니다. 그러나 시인은 하나님이 우리를 긍휼히 여기신다고 말합니다. 우리는 이 땅에서 서로 네가 옳으니 내가 옳으니 하고 다투고 있지만, 하나님의 광대한 세상에서 보자면 정말 사소한 문제들인 경우가 대부분입니다.

욥은 의로운 사람이었습니다. 갑자기 닥쳐온 재앙으로 인해 그의 삶은 급격히 무너졌습니다. 자기에게 속한 모든 것이 순식간에 사라졌습니다. 든든하다고 여겼던 세상이 갑자기 지진을 만난 듯 다 무너지고 만 것입니다. 그는 삶의 무의미성과 부조리 때문에 괴로워했습니다. 반항하는 마음과 근심이 그를 괴롭힙니다. 그는 나무는 찍힐지라도 다시 움이 나서 연한 가지를 낼 희망이라도 있지만, 사람은 죽으면 소멸되고 만다고 탄식합니다(욥 14:7, 10). 하나님이 그의 죄를 낱낱이 밝히시면 오히려 그 고통을 견딜 수 있었을 것입니다. 그는 하나님과 대면할 시간을 기다립니다. 긴 침묵의 시간이 지난 뒤 마침내 하나님이 욥에게 모습을 드러내십니다. 자신이 무슨 죽을죄라도 저질렀냐고 묻는 욥에게 하나님은 오히려 질문을 던지십니다. "내가 땅의 기초를 놓을 때에 네가 어디 있었느냐. 네가 깨달아 알았거든 말할지니라"(욥 38:4). 유구무언입니다. 이 질문을 시작으로 하나님의 질문이 끝없이 이어집니다. 욥은 한 마디도 대답할 수 없었습니다. 그리고 비로소 하나님 앞에 자기를 온전히 내려놓습니다. "무지한 말로 이치를 가리는 자가 누구니이까. 나는 깨닫지도 못한 일을 말하였고 스스로 알 수도 없고 헤아리기도 어려운 일을 말하였나이다"(욥 42:3). 지음을 받은 존재인 인간이 우리 생명을 지으신 하나님께 나를 왜 이렇게 만드셨냐고 말할 수 없습니다(사 45:9). 인간이 피조물로서 하나님께 왜 이렇게 하시냐고 이야기할 수 있겠느냐는 말입니다. 숲속에서 자라는 나무는 자기에게 허락된 삶의 자리가 척박하다 하여 원망하지 않습니다. 자기 속에 깃든 생명의 잠재력을 실현하기 위해 자기를 조절할 뿐입니다. 투덜거리는 것은 오직 사람뿐인 것 같습니다.

## 불확실한 인생 속에서

"헛된 것을 더하게 하는 많은 일들이 있나니 그것들이 사람에게 무슨 유익이 있으랴. 헛된 생명의 모든 날을 그림자같이 보내는 일평생에 사람에게 무엇이 낙인지를 누가 알며 그 후에 해 아래에서 무슨 일이 있을 것을 누가 능히 그에게 고하리요"(전 6:11-12). 헛된 것을 더하게 하는 일들이 세상에 많이 있습니다. 애는 쓰지만 보람은 얻기 힘든 일들입니다. 코헬렛은 우리에게 주어진 삶의 시간을 헛된 생명의 모든 날이라 말합니다. 저는 이런 관점에 동의하지 않습니다. 생명의 시간은 하나님이 사랑을 배우라고 주신 기회라고 믿기 때문입니다. 하지만 코헬렛은 부정의 방식을 통해 우리 삶을 성찰하게 합니다.

어느 시인은 흙에다가 불안을 더하면 인간이고, 인간에서 불안을 빼면 흙이라고 말했습니다. 앞의 흙은 존재의 시작을 가리키고, 뒤의 흙은 존재의 소멸을 가리킵니다. 인간의 삶을 지배하는 기본적인 정서는 불안입니다. 가끔 영문 모를 불안감이 우리를 사로잡을 때가 있습니다. 동물은 주어진 본능대로 살아가면 그만이지만, 인간은 심사숙고하면서 자기 삶을 선택합니다. 선택은 다른 가능성들을 포기하는 것입니다. 선택에는 책임이 따릅니다. 그렇기에 우리 마음은 늘 흔들립니다. 그것이 불안입니다. 불안은 상수입니다. 불안에 잠식되는 사람이 있는가 하면, 불안을 회피하지 않고 적극적으로 그 속에 뛰어드는 사람도 있습니다. 하나님의 부르심을 받았을 때 아브라함이 갈 바를 알지 못한 채 길을 떠날 수 있었던 것은 하나님을 신뢰했기 때문입니다. 하나님을 신뢰하는 사람은 불확실함을 자기 삶의 일부로 받아들일 용기를 냅니다.

인간은 두 가지 점에서 무지합니다. 우선, 우리는 무엇이 인생의 낙인지 알지 못합니다. 기쁨이 슬픔으로 변하고, 슬픔의 문이 희망의 문으로 바뀔 수도 있습니다. 둘째는 그 후에 해 아래에서 무슨 일이 일어날지 알지 못합니다. "그 후"는 내가 이 세상에 더 이상 존재하지 않는 시간, 즉 죽음 이후를 가리키는 말로 보입니다.

하나님 나라에 대한 꿈을 품고 사는 이들은 죽음조차 복이라 말하지만, 대부분의 사람들에게 죽음 이후의 세계는 미지의 실체입니다. 우리는 다만 하나님의 신실하심에 우리를 맡길 뿐입니다. 삶의 불확실성을 이길 수 있는 것은 확실성이 아니라 하나님에 대한 신뢰입니다. 하나님이 우리를 어디로 이끄시든 받아들이겠다고 마음먹는 순간 평안함이 찾아옵니다.

## 나의 이름이 호명되는 순간

이제 7장으로 넘어가겠습니다. 이 단락의 서술 방식은 잠언과 유사합니다. 서로 관계없어 보이는 두 행위, 상황, 가치를 나란히 배치하여 그 차이에 주목하게 하는 동시에 기억에 새겨지도록 서술하고 있습니다.

"좋은 이름이 좋은 기름보다 낫고 죽는 날이 출생하는 날보다 나으며"(전 7:1). "좋은 이름"은 명예를 얻는 것이고, "좋은 기름"은 값비싼 향유입니다. 히브리어로 이름과 기름은 발음이 유사합니다. '쉠'과 '쉐멘'으로 라임이 맞습니다. 일종의 말놀이인 셈입니다. 사람들은 자기 이름이 사람들에게 영예롭게 호명되기를 원합니다. 이름은 일종의 징조입니다. 누군가의 이름이 호명되는 순간, 그 이름은 듣는 이들의 마음에 어떤 파문을 일으킵니다. 그 이름의 주인공과 맺었던 관계의 결과입니다. 불쾌감이나 모멸감을 불러일으키는 이름도 있고, 저절로 미소가 떠오르게 하는 이름도 있습니다. 좋은 이름을 갖는다는 것은 잘 살았다는 뜻이기도 합니다. 값비싼 기름 곧 향유는 우리가 삶의 과정을 통해 얻는 유형적인 것입니다. 코헬렛은 재산을 많이 모으는 것보다 사람들에게 기분 좋은 설렘을 일으키는 사람이 되는 게 더 낫다고 말하고 있습니다.

죽는 날이 출생하는 날보다 낫다는 말에 대해서는 앞에서 여러 차례 이야기 했습니다. 삶의 시간은 고역이고, 죽음은 그 모든 고통이 끝나는 시간입니다. 산다는 것은 누구에게나 힘겹습니다.

## 성찰이 머무는 자리

"초상집에 가는 것이 잔칫집에 가는 것보다 나으니 모든 사람의 끝이 이와 같이 됨이라. 산 자는 이것을 그의 마음에 둘지어다"(전 7:2). 초상집에 가는 것이 왜 잔칫집에 가는 것보다 나을까요? "초상집"이 애곡하고 눈물 흘리는 집이라면, "잔칫집"은 흥겹게 먹고 마시는 집입니다. 둘 중 하나를 택한다면 대개 잔칫집을 택할 것이라 생각하지만 꼭 그런 것은 아닙니다. 잔칫집에 가는 것을 좋아하지 않는 사람도 있습니다. 사람들과 친밀한 유대감을 드러내기 위해 공연히 웃어야 하는 상황이 싫고, 떠들썩한 분위기가 오히려 자기 일상의 외로움을 도드라지게 만든다고 생각하기 때문입니다.

애곡하는 집에 가면 사람들은 일상적인 감정의 흐름을 단절해야 합니다. 슬퍼하는 이의 마음과 조율해야 하기 때문입니다. 다른 이들의 슬픔에 공감할 때 자기 삶에 대한 성찰이 일어납니다. 삶이 있는 곳에 죽음이 있게 마련이지만 우리는 죽음을 의식하지 않고 삽니다. 그러다가 애곡하는 집에 가면 느닷없이 죽음이 우리 가까이 있음을 자각합니다. 애곡하는 집은 그래서 배움의 자리입니다. 죽음이라는 위대한 평형자 앞에서 내가 그동안 애착했던 모든 일이 무로 돌아갈 수 있다는 사실을 엄중한 진실로 받아들입니다.

애도는 치유의 한 과정입니다. 애도의 시간을 충분히 누리지 못하면 마음 깊은 곳에 짙은 어둠이 드리우게 마련입니다. 그리스 사람들은 장례식에서 죽은 사람에 대한 만가를 부르곤 했습니다. 사람들은 망자가 어떻게 살았는지, 마을 사람들을 어떻게 대했는지, 어떤 기쁨과 슬픔을 맛보았는지, 기억할 수 있는 모든 것을 노래 속에 담아냅니다. 애도를 통한 슬픔의 공유는 남겨진 사람이 혼자가 아니라는 사실을 느끼게 해줍니다.

애곡하는 집이 성찰하는 집이라면, 잔칫집은 도취하는 집입니다. 도취는 자기망각으로 이어집니다. 물론 고단한 인생을 이기기 위해서는 도취의 시간도 필요합니다. 코헬렛은 우리를 이것이냐 저것이냐 하는 선택지 앞에 세우지 않습니다. 이것도 중요하고 저것도 중요하지만 성찰하는 데 마음을 두는 게 더 낫다고 말할 뿐입니다.

## 슬픔이 빚는 마음

"슬픔이 웃음보다 나음은 얼굴에 근심하는 것이 마음에 유익하기 때문이니라"(전 7:3). 역설적인 표현이 이어지고 있습니다. 우리는 대체로 슬픔보다는 웃음을 좋아합니다. 코헬렛은 우리의 일반 상식을 거스르는 말을 합니다. 가만히 생각해 보면 그 의도를 헤아릴 수 있습니다. 웃음은 우리 의식의 깊은 층위를 건드리지 않습니다. 하지만 슬픔의 감정은 우리 내면에 숨겨진 삶의 속살들을 드러내게 합니다. 사람들은 일상적 의식을 넘어 슬픔의 지층에 이를 때 자기들이 깊이 연루되어 있음을 자각합니다. 슬픔은 사람들을 이어 주는 끈이 되기도 합니다. 코헬렛은 슬픔이 웃음보다 나음은 얼굴에 근심하는 것이 마음에 유익하기 때문이라고 밝힙니다. 슬픔은 구부러진 우리 마음을 바로잡아 주는 도지개인 셈입니다.

"지혜자의 마음은 초상집에 있으되 우매한 자의 마음은 혼인집에 있느니라"(전 7:4). 4절은 2절에서 살펴본 내용의 변주입니다.

## 책망이 약이 될 때

"지혜로운 사람의 책망을 듣는 것이 우매한 자들의 노래를 듣는 것보다 나으니라. 우매한 자들의 웃음소리는 솥 밑에서 가시나무가 타는 소리 같으니 이것도 헛되니라"(전 7:5-6). 지혜로운 사람의 책망을 듣는 것이 우매한 자들의 아첨하는 말을 듣는 것보다 낫습니다. 책망을 듣는 일을 좋아할 사람은 없을 것입니다. 하지만 지금까지 살아 보니 책망을 쓴 약처럼 여겨 고맙게 여기고, 그것을 자기 발전의 계기로 삼는 사람이 큰 정신이 되더군요. 옛날에는 책의 저자들이 저자 서문의 마지막 부분에 "독자 제현의 질정을 바란다"고 적곤 했습니다. 질정이란 꾸짖어 바로잡는다는 뜻입니다. 지혜로운 사람의 꾸짖음은 우리 영혼의 양약이 됩니다.

우매한 자들의 노래는 경계해야 합니다. 쓸데없이 아부하는 말은 듣기에는 좋지만 오히려 독이 될 수 있습니다. 그런 소리에 귀를 기울이다 보면 자아가 부풀어 오르기 시작합니다. 자기가 무엇이라도 된 것 같은 착각에 빠집니다. 코헬렛은 그런 말을 가리켜 솥 밑에서 가시나무가 타는 소리라고 말합니다. 나무가 자작자작 타는 소리는 참 즐겁게 들립니다. 하지만 실속은 없습니다. 누군가의 찬사를 들으면서 자아를 부풀리는 사람보다는 꾸지람을 감사하게 받아들여 자기를 성찰하는 사람이 더 복이 있습니다.

## 탐욕은 지혜를 잠식한다

"탐욕이 지혜자를 우매하게 하고 뇌물이 사람의 명철을 망하게 하느니라"(전 7:7). 모든 유혹은 우리 마음속에 있는 결핍을 자극함으로 시작됩니다. 스스로 충만한 이들은 유혹에 쉽게 넘어가지 않습니다. 유혹자들은 내게 결핍된 것이 무엇인지 너무나 잘 압니다. 사람들이 사기꾼에게 잘 넘어가는 까닭은 그의 말이 달콤하기 때문입니다. 그런 유혹에 넘어가지 않으려면 그렇게 좋은 정보가 내게까지 전해질 리가 없다고 생각해야 합니다. 탐욕은 지혜자의 마음을 어리석게 만듭니다. 이익에 담백해지지 않으면 악한 자들의 유혹에 넘어가기 쉽습니다. 뇌물이 나쁘다는 것은 누구나 다 압니다. 뇌물을 바치는 사람들은 의도가 있기 때문입니다. 뇌물을 받는 당사자가 자기에게 더 큰 보상을 해주리라는 기대가 없다면 뇌물을 바칠 리가 없습니다. 그것을 받는 순간 그 사람은 덫에 걸려들게 마련입니다. 뇌물이 사람의 명철을 망하게 합니다. 뇌물은 비유적 의미에서 흑암물질입니다. 이익에 대한 관심이 과할 때 삶이 누추해집니다. 이익에 담백하면 정신이 맑아집니다.

## 끝이 시작보다 중요하다

"일의 끝이 시작보다 낫고 참는 마음이 교만한 마음보다 나으니"(전 7:8). 시작은 장대하게 하지만 끝맺음을 제대로 하지 못하는 경우가 많습니다. 완성되지 못한 채 오랜 세월 방치된 건축물들은 을씨년스러운 느낌을 자아냅니다. 일은 시작도 중요하지만 마무리가 더 중요합니다. 예수님도 자신을 따르겠다고 서둘러 나서는 이들을 보며 이렇게 말씀하셨습니다. "너희 중의 누가 망대를 세우고자 할진대 자기의 가진 것이 준공하기까지에 족할는지 먼저 앉아 그 비용을 계산하지 아니하겠느냐. 그렇게 아니하여 그 기초만 쌓고 능히 이루지 못하면 보는 자가 다 비웃어 이르되 이 사람이 공사를 시작하고 능히 이루지 못하였다 하리라"(눅 14:28-30).

이어서 코헬렛은 참는 마음이 교만한 마음보다 낫다고 말합니다. "참는 마음"은 지향을 바꾸지 않는 마음입니다. 삶의 지향이 분명하면 누가 뭐라 하든 쉽게 자기 삶의 방향을 바꾸지 않습니다. "교만한 마음"은 자기를 과대평가하는 이들이 걸리는 병입니다. 자기를 크게 여기는 마음은 다른 이에 대한 비하로 이어지고, 자기보다 나은 사람에 대한 시기심과 연결됩니다.

## 지혜는 과거에 머물지 않는다

"급한 마음으로 노를 발하지 말라. 노는 우매한 자들의 품에 머무름이니라"(전 7:9). 종잡을 수 없이 급한 마음에서 분노가 터져 나오는 법입니다. 화를 다스리지 못하는 이들의 입에서 나오는 말은 흉기가 되어 다른 사람의 마음을 찌릅니다. 코헬렛은 분노는 어리석은 자들의 품에 머문다고 말합니다. 잠언도 분노에 대해 경계합니다. "미련한 자는 당장 분노를 나타내거니와 슬기로운 자는 수욕을 참느니라"(잠 12:16). 분노는 남도 해치지만 자기도 해치는 법입니다. 불을 가슴에 품은 사람이 멀쩡할 수 없으니 말입니다.

"옛날이 오늘보다 나은 것이 어찜이냐 하지 말라. 이렇게 묻는 것은 지혜가 아니니라"(전 7:10). 과거에 매여 사는 것은 지혜로운 삶이 아닙니다. 물론 우리는 과거를 잘 돌아봐야 합니다. 그리고 그 과거를 답습하지 않고 오늘의 상황에 맞게 바꿀 수 있어야 합니다. '온고이지신'溫故而知新의 지혜가 필요합니다. 옛것을 깊이 새겨서 새롭게 만드는 사람이 지혜로운 사람입니다. 옛것을 버리지 않으면서도 거기에 고착되지 않고 새로움을 지향해 나가야 합니다. 아름다운 삶의 길이 거기에 있습니다.

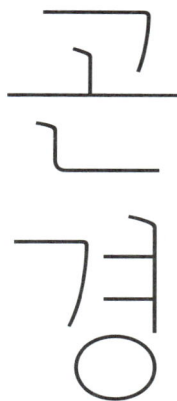

**열네 번째 강의**

곤고한 날에는
되돌아보라
7:11-18

지난 시간에는 잔칫집과 초상집 이야기를 하면서 도취와 성찰에 대해 말씀드렸습니다. 성찰은 자기 자신과 자기 속에 있는 또 다른 자신과의 대화입니다. 성찰이 일어나는 것은 타자와의 만남으로 인해 생긴 마음의 일렁임 때문입니다. 타자의 거울에 비친 자기 모습을 돌이켜 바라보는 것이 성찰이라는 말입니다. 죽음도 타자입니다. 그것도 절대적 타자입니다. 삶에 충실하지 못할 때 죽음은 공포로 다가옵니다. 죽음을 소멸로 생각하기 때문입니다. 순리를 따라 삶을 성실하게 살아온 사람이라면 죽음은 완성입니다. 본래의 자리로 돌아가는 것이기 때문입니다. 예수님은 요한복음에서 자신을 보내심을 받은 사람으로 소개합니다. 보내심 받은 이의 삶은 보내신 분의 뜻을 수행하는 것입니다. 그리고 그의 영광은 그 뜻을 온전히 수행한 뒤 보내신 분에게 돌아가는 것입니다. 죽음이 완성이라는 말은 바로 이것을 가리킵니다. 오늘 우리가 공부할 내용도 삶의 지혜를 가르칩니다.

지혜는 유산같이 아름답고 햇빛을 보는 자에게 유익이 되도다. 지혜의 그늘 아래에 있음은 돈의 그늘 아래에 있음과 같으나, 지혜에 관한 지식이 더 유익함은 지혜가 그 지혜 있는 자를 살리기 때문이니라. 하나님께서 행하시는 일을 보라. 하나님께서 굽게 하신 것을 누가 능히 곧게 하겠느냐. 형통한 날에는 기뻐하고 곤고한 날에는 되돌아보아라. 이 두 가지를 하나님이 병행하게 하사 사람이 그의 장래 일을 능히 헤아려 알지 못하게 하셨느니라. 내 허무한 날을 사는 동안 내가 그 모든 일을 살펴보았더니 자기의 의로움에도 불구하고 멸망하는 의인이 있고 자기의 악행에도 불구하고 장수하는 악인이 있으니 지나치게 의인이 되지도 말며 지나치게 지혜자도 되지 말라. 어찌하여 스스로 패망하게 하겠느냐. 지나치게 악인이 되지도 말며 지나치게 우매한 자도 되지 말라. 어찌하여 기한 전에 죽으려고 하느냐. 너는 이것도 잡으며 저것에서도 네 손을 놓지 아니하는 것이 좋으니 하나님을 경외하는 자는 이 모든 일에서 벗어날 것임이니라(전 7:11-18).

이 가운데 조금 익숙한 구절이 있지 않나요? "형통한 날에는 기뻐하고 곤고한 날에는 되돌아보아라"(전 7:14), "지나치게 의인이 되지도 말며 지나치게 지혜자도 되지 말라"(전 7:16). 한결같이 자주 인용되는 구절들입니다. 차분하게 말씀을 따라가며 각 구절에 담긴 의미를 새겨 보면 좋겠습니다.

### 지혜의 그늘 아래에서

"지혜는 유산같이 아름답고 햇빛을 보는 자에게 유익이 되도다"(전 7:11). 지혜는 지식과 다릅니다. 지식은 배워야 늘지만 지혜는 배우기 어렵습니다. 지혜는 깨달음이기 때문입니다. 온갖 정보를 다 꿰고 있지만 지혜롭지 못한 사람이 있는 반면, 배운 것이 없어 깨알 같은 지식은 없지만 지혜로운 사람이 있습니다. 농어촌 지역에 사는 노인들의 이야기를 듣노라면 이 시대의 지혜자가 따로 없다는 생각이 듭니다. 삶에 대한 통찰이 정말 깊기 때문입니다. 그분들이 사용하는 언어는 단순하고 소박하지만, 그 속에 담긴 뜻은 삶의 본질을 가리킬 때가 많습니다. 평생 흙과 더불어 살거나 손노동을 하며 살았기 때문에 지혜가 몸에 밴 것인지도 모르겠습니다. "아는 것이 힘이다"라는 격언처럼 지식은 권력과 연결됩니다. 하지만 삶을 통해 저절로 익힌 지혜는 권력과 무관하기에 따뜻합니다. 경쟁하지 않기에 품이 넓습니다.

몇 년 전 작고한 이어령 선생의 인터뷰 기사를 읽다가 크게 공감한 적이 있습니다. 그는 지성과 영성을 구분하여, 지성은 배워서 획득하는 것이지만 영성은 우리가 누리고 사는 모든 것이 주어진 것임을 깨닫는 것이라고 말합니다. 영성이 깊어지면 사람들은 더 이상 자기의 성취를 뽐내지 않습니다. 자기 이미지에 집착하지 않습니다. "내가 했어", "나는 이런 사람이야." 이것은 아직 영성의 문에 들어서지 못한 이들의 말입니다. "내게 주신 모든 은혜를 내가 여호와께 무엇으로 보답할까"(시 116:12). 이것이 영성이 깊어진 사람이 늘 던지는 질문입니다. 자기의 경건한 모습에 스스로 도취되어 그렇지 못한 이들을 무시하는 이들이 있습니다. 그가 들인 시간과 금욕의 실천이 영성으로 바뀌지 않을 때 그것은 독으로 변합니다. 그 독의 이름은 교만함입니다. 지혜와 영성이야말로 우리 삶이 어긋난 길로 가지 못하도록 해주는 나침반입니다.

"지혜의 그늘 아래에 있음은 돈의 그늘 아래에 있음과 같으나, 지혜에 관한 지식이 더 유익함은 지혜가 그 지혜 있는 자를 살리기 때문이니라"(전 7:12). "지혜의 그늘 아래"라는 표현이 참 재미있습니다. 코헬렛은 "지혜"와 "그늘"을 연결시켜 우리로 하여금 다양한 연상을 하도록 만듭니다. 소설가 황석영 선생의 저서 가운데 베트남전쟁에 참여했던 경험을 담아서 쓴 『무기의 그늘』이라는 책이 있습니다.[1] 전쟁터에서 벌어지는 폭력의 실상들, 네가 옳으니 내가 옳으니 싸우는 가운데 표출되는 비인간화의 실상들을 담고 있습니다. 무기의 그늘 아래에서는 평화를 누릴 수 없습니다. 박봉우 시인의 「휴전선」이라는 시는 분단된 우리가 항시적인 위험 속에 살고 있음을 처절하게 노래합니다. 마지막 연이 제게는 예언처럼 들려옵니다. "산과 산이 마주 향하고 믿음이 없는 얼굴과 얼굴이 마주 향한 항시 어두움 속에서 꼭 한 번은 천둥 같은 화산이 일어날 것을 알면서 요런 자세로 꽃이 되어야 쓰는가." 우리는 무기가 우리를 지켜 줄 것이라는 생각의 신화를 만들고 그 그늘 아래에서 살고 있습니다. 화산 위에 집을 짓고 사는 것과 다를 바 없습니다.

지혜의 그늘이라는 표현을 대할 때마다 동네 어귀에 있는 느티나무가 떠오릅니다. 느티나무는 늘 그 자리에서 다가오는 모든 이에게 시원한 그늘을 제공해 줍니다. 떠나는 이들을 붙잡지도 않습니다. 지혜는 따뜻한 품입니다. 코헬렛은 이런 지혜의 그늘을 돈의 그늘에 빗대어 말합니다. 이 부분이 낯설게 여겨지는 것은 돈에 대한 부정적 선입견이 우리 속에 있기 때문입니다. 돈을 싫어하는 사람은 없습니다. 그래도 너무 노골적으로 돈을 좋아하는 티를 내기 어렵습니다. 돈은 중립적입니다. 사용하는 사람이 누구냐에 따라 다른 효과를 낼 뿐입니다. 하지만 돈은 매우 위험한 것이기도 합니다. 돈은 사용해야 하는 것이지 섬겨야 하는 것이 아닙니다. 하지만 돈이 주는 편리함에 익숙해지면 돈은 슬그머니 우리 마음의 가장 깊은 곳을 차지하게 마련입니다. 돈이 우상이 되는 것입니다. 그런 현실을 모를 리 없는 코헬렛은 지혜의 그늘과 돈의 그늘을 병치하고 있습니다.

지혜의 그늘도 필요하고 돈의 그늘도 필요합니다. 굳이 경중을 가리자면, 돈의 그늘 아래에서 살기보다는 지혜의 그늘 아래에서 사는 게 좋습니다. 돈의 그늘에 익숙해질 때 우리는 자기도 모르는 사이에 맘몬 숭배자가 됩니다. 맘몬을 숭배하는 이들은 자기의 배를 하나님처럼 섬깁니다. 그들의 의식 속에는 타자의 자리가 없습니다. 하지만 지혜는 타자 없이는 나도 없다는 사실을 일깨워 줍니다. 타자를 복되게 하는 것이 진짜 복임을 알게 합니다. 지혜 아래 핀 꽃이 평화입니다. 평화는 아름다운 공존입니다.

반복해서 언급되는 말입니다만, 지혜의 반대말은 우매함 곧 어리석음입니다. '우'愚는 어리석다는 뜻이고 '매'昧는 어둡다는 뜻입니다. 어리석음은 어둠입니다. 무명 곧 빛이 없는 상태입니다. 왜 인간은 어둠 속에서 헤매는 것일까요? 과도한 욕망 때문입니다. 물론 욕망이 무조건 나쁜 것은 아닙니다. 욕망이야말로 우리 삶을 이끌어가는 강력한 동력입니다. 아무것도 욕망하지 않는 사람은 삶의 의욕을 잃은 사람뿐입니다. 문제는 과도함입니다. 욕망이 나를 이끌어갈 때 우리 속에 있는 영혼은 파리하게 변합니다. 우리 속에 깃들어 있던 빛이 스러지면서 어둠이 우리를 장악합니다. 바울은 우매함 속에 있는 이들에게 이제는 잠에서 깰 때라고 말합니다. "밤이 깊고 낮이 가까웠으니 그러므로 우리가 어둠의 일을 벗고 빛의 갑옷을 입자. 낮에와 같이 단정히 행하고 방탕하거나 술 취하지 말며 음란하거나 호색하지 말며 다투거나 시기하지 말고 오직 주 예수 그리스도로 옷 입고 정욕을 위하여 육신의 일을 도모하지 말라"(롬 13:12-14). 과도한 욕망이 곧 정욕입니다. 지혜의 그늘 아래 머물 때 욕망은 조금씩 정화됩니다.

"하나님께서 행하시는 일을 보라. 하나님께서 굽게 하신 것을 누가 능히 곧게 하겠느냐"(전 7:13). 지혜로운 사람은 늘 살피며 삽니다. 호기심으로 사방을 두리번거린다는 말이 아닙니다. 하나님께서 행하시는 일을 보라는 말 속에 지혜의 비결이 있습니다. 하나님께서 굽게 하신 것을 누가 능히 곧게 하겠느냐는 말은 수사적 질문입니다. 다시 말해, 하나님이 굽게 하신 것을 인간이 곧게 할 수 없다는 의미입니다. 질문을 통해 인간의 한계를 자각하게 하는 것입니다. 이와 유사한 구절을 앞에서 살핀 바 있습니다. "구부러진 것도 곧게 할 수 없고 모자란 것도 셀 수 없도다"(전 1:15), "하나님께서 행하시는 모든 것은 영원히 있을 것이라. 그 위에 더 할 수도 없고 그것에서 덜 할 수도 없나니"(전 3:14). 인간의 한계를 분명히 인식하고 사는 것이 지혜의 시작입니다.

마틴 루터 킹 주니어 목사는 "우주의 윤리적 포물선은 정의의 방향으로 구부러져 있다"고 말했습니다. 우리가 살고 있는 세상 현실은 늘 악인들이 잘되는 것처럼 보입니다. 안하무인의 태도로 거들먹거리며 사는 이들을 보면, 하나님의 정의가 어디에 있는가 하는 회의감이 들기도 합니다. 하지만 그것은 일시적인 착시일 뿐입니다. 거대한 빙하가 바람을 거슬러 움직이는 것은 바람보다 강력한 해류가 아래에서 작용하고 있기 때문입니다. 하나님의 시간을 신뢰하는 사람은 낙심하지 않습니다. 부활을 참으로 믿는 이들은 진리를 따라 살다가 어려움을 겪어도 흔들리지 않습니다. 비록 우리는 패배할지 몰라도 하나님은 패배하지 않으신다는 사실을 알기 때문입니다. 부활 신앙은 우리를 당당하게 해줍니다. 일시적으로 어둠이 승리하는 것처럼 보여도 조바심을 내지 않습니다.

노자의 『도덕경』에 나오는 말이 떠오릅니다. "큰 곧음은 굽은 듯하고, 큰 기교는 서툰 듯하고, 큰 언변은 어눌한 듯하다"大直若屈 大巧若拙 大辯若訥. 사람들은 이러한 가르침을 전고로 삼아 "큰 지혜로움은 어리석어 보인다"大智若愚고 말합니다. 십자가는 지혜롭다 자부하는 이들에게는 어리석은 것이지만, 구원을 얻는 이들에게는 하나님의 능력입니다. 하나님이 하시는 일을 인간이 막을 수는 없습니다.

## 형통할 때와 곤고할 때

"형통한 날에는 기뻐하고 곤고한 날에는 되돌아보아라. 이 두 가지를 하나님이 병행하게 하사 사람이 그의 장래 일을 능히 헤아려 알지 못하게 하셨느니라"(전 7:14). 코헬렛은 뜻한 바가 막힘없이 순조롭게 이루어지면 기뻐하라고 말합니다. 현대인들의 병 가운데 하나는 누리지 못하는 병입니다. 그 병의 증상 가운데 하나가 순수하게 기뻐할 능력이 없는 것입니다. 경탄의 능력을 잃어버리는 순간, 우리 삶은 무거워지게 마련입니다. 우리는 세상을 편의의 관점에서 만나곤 합니다. 쓸모가 모든 가치 판단의 기준이 되면, 세상은 신비의 아우라가 벗겨진 채 수단으로 전락하고 맙니다. 경탄과 관련하여 아브라함 헤셸은 이와 같이 말합니다.

"문명이 앞으로 나가면서, 놀라는 감각은 거의 어쩔 수 없이 퇴보한다. 이 퇴보 현상이야말로 현대인의 가공스런 정신 상태다. 인류가 멸망한다면, 그것은 정보 부족 때문이 아니라 정당한 인식의 부족 때문일 것이다. 놀람이 없는 인생이란 살 만한 가치가 없음을 아는 데서 우리의 행복은 비롯된다. 우리에게 부족한 것은 믿고자 하는 의지가 아니라 놀라고자 하는 의지다."[2]

놀람은 표면에 드러나지 않은 것이 문득 모습을 드러낼 때 찾아오는 감정입니다. 놀랄 줄 아는 사람, 경탄할 줄 아는 사람이라야 진심으로 기쁨을 누릴 수 있습니다. 헤셸의 말 가운데 "놀라고자 하는 의지"라는 말을 어떻게 받아들여야 할까요? 놀람과 경탄은 저절로 얻어지는 능력이 아니라 훈련이 필요하다는 말이 아닐까요? 기뻐하는 것 또한 마찬가지입니다. 기쁨은 홀로 누리기 어렵습니다. 함께 기뻐할 사람이 있어야 합니다. 생일, 결혼기념일, 입학 축하 모임 등 우리가 세속적으로 행하는 의례 가운데 많은 것이 기쁨을 함께 나누기 위한 장치입니다. 제가 후회하는 것 가운데 하나는 성탄 축하 모임, 교회 설립 기념일, 세례식과 같은 종교적 의례는 마땅히 해야 할 일이라 여겨 감당했지만, 세속적 의례는 번거롭게 여겨 회피했다는 사실입니다. 작은 일이라도 서로 축하하며 사는 게 잘 사는 것입니다. 그런 경험이 누적될 때, 고단한 시간이 다가와도 거기에 함몰되지 않을 수 있습니다.

우리가 시간 여행자로 살아가는 동안 순풍을 만날 때도 있지만 역풍을 만날 때도 있습니다. 곤고한 날, 아무리 애를 써 보아도 앞으로 나아갈 수 없을 때, 마치 흐르는 모래에 갇힌 것처럼 암담할 때, 할 수 있는 일이 아무것도 없는 것 같아 낙심될 때, 그때야말로 자기를 돌아보아야 할 때입니다.

일단 문제가 생기면 누구나 당황합니다. 암담해지기도 합니다. 자기를 괴롭히는 문제로부터 빨리 달아나고 싶습니다. 자기가 통제할 수 있는 문제면 다행이지만, 그럴 수 없을 때 사람들은 다양한 방법을 찾아 두리번거립니다. 연줄을 통해 해결해 보려 하기도 합니다. 그런 길조차 막히면 비로소 엎드려 하나님께 도와 달라고 청합니다. 일이 해결되면 안도의 한숨을 내쉬고는 마치 그 일이 없었던 것처럼 재빨리 예전의 삶으로 복귀합니다. 그런 이들은 인생에서 겪는 어려운 문제들을 재빨리 처리해야 할 귀찮은 일거리로 바라봅니다.

코헬렛은 곤경이 닥쳐왔을 때 깊이 생각하라고 말합니다. 곤경은 우리 삶에 균열을 일으키기에 힘든 현실임이 분명하지만, 그런 곤경을 마주하고 넘어서는 가운데 성숙해지기도 합니다. 한 번도 실패를 경험해 보지 못한 사람들은 지금 어려움을 겪고 있는 사람들을 이해할 수 없습니다. 스스로 상실의 고통을 겪어 보지 않은 사람은 지금 상실의 슬픔 속에 있는 사람을 이해하지 못합니다. 죽음과도 같은 외로움에 내몰려 본 적 없는 사람은 외로움에 몸부림치는 사람들을 뜨악한 시선으로 바라보기도 합니다. 고난과 시련을 미화할 생각은 없지만, 지혜로운 사람은 그 반갑지 않은 손님이 찾아왔을 때 그것을 성숙의 기회로 삼습니다.

히브리서는 예수님을 대제사장으로 소개합니다. "우리에게 있는 대제사장은 우리의 연약함을 동정하지 못하실 이가 아니요 모든 일에 우리와 똑같이 시험을 받으신 이로되 죄는 없으시니라"(히 4:15). 예수님도 지상의 삶을 사실 때 배고픔, 시기, 적대감, 배신, 영혼의 어둠, 모욕, 죽음 등 온갖 어려움을 겪으셨습니다. 그런 어두운 경험이 없었다면, 하나님께 통곡과 눈물로 간구하지 않았을지도 모릅니다. 예수님 스스로 고난을 겪으셨기에 지금 고난을 당하는 이들의 처지를 이해하십니다. 예수님이 지셨던 십자가는 세상의 모든 모순과 악마성이 집약된 것입니다. 그 위에서 주님은 그런 모순과 악마성에 굴복하지 않는 존재의 아름다움을 드러내셨습니다. 우리는 그 큰 세계에 동참하도록 부름받은 사람들입니다. 곤고한 날에는 깊이 생각해야 합니다. 그래야 불확실성이 주는 공포를 이길 수 있습니다. 러시아의 소설가이자 시인인 푸쉬킨의 시 「삶이 그대를 속일지라도」에 나오는 한 구절도 같은 진실을 보여줍니다. "삶이 그대를 속일지라도/슬퍼하거나 노하지 말라!/우울한 날들을 견디면/믿으라, 기쁨의 날이 오리니" 우리는 이런 믿음의 바탕이 누구인지를 잘 압니다. 신학자 폴 틸리히는 하나님을 '존재의 근거'라고 말했습니다. 우리가 겪는 모든 일이 그분 안에서 일어납니다. 그렇기에 희망이 있습니다.

## 모순과 극단의 세상 속에서

"내 허무한 날을 사는 동안 내가 그 모든 일을 살펴보았더니 자기의 의로움에도 불구하고 멸망하는 의인이 있고 자기의 악행에도 불구하고 장수하는 악인이 있으니"(전 7:15). 코헬렛은 세상에 가득 찬 모순을 숨기려 하지 않습니다. 악인은 득세하고 의인은 고통을 겪는 현실을 꿰뚫어 보고 있습니다. 그는 천박한 낙관론으로 사람들에게 값싼 위로를 전하려 하지 않습니다.

납득하기 어려운 일을 만날 때마다 우리는 끓어오르는 분노를 느낍니다. 의로운 이들이 겪는 고통을 보면 분노심이 일어납니다. 독립운동가의 후손들이 빈곤에 시달린다는 소식을 들을 때마다 속이 상합니다. 친일파로 호의호식하며 살았던 이들의 자녀들이 넉넉한 물질을 기반으로 더 큰 명예와 부를 누리는 것을 보면 치가 떨리기도 합니다. 역사가 그런 부조리를 바로잡지 못할 때 우리는 하나님을 원망하기도 합니다. "하나님은 대체 무얼 하고 계신 걸까?", "하나님이 계시다면 세상이 이러면 안 되는 것 아닌가?", "왜 착한 사람이 고통을 받을까?" 하나님의 정의로우심, 하나님의 선하심에 대한 질문이 끝없이 떠오르지만 속 시원한 답은 어디에도 없습니다. 사람들은 하나님의 심판이 있다고 말하면서 핵심을 피하려 합니다. 현실의 고통은 여전히 고통으로 남습니다. 삶의 엄중함은 답이 없는 삶이라 해도 살아야 한다는 데 있습니다.

그래서 코헬렛이 말합니다. "지나치게 의인이 되지도 말며 지나치게 지혜자도 되지 말라. 어찌하여 스스로 패망하게 하겠느냐"(전 7:16). 지나치게 의인이 되지도 말며 지나치게 지혜자도 되지 말라는 말 앞에서 잠시 멈칫하게 됩니다. 어중간하게 세상의 눈치나 보며 살라는 말처럼 들릴 수도 있기 때문입니다. 군대에 다녀온 이들이 후배들에게 하는 충고가 떠오릅니다. "중간만 해, 딱 중간만!" 너무 앞서가지도 말고 너무 뒤처지지도 말고 중간만 해야 신상이 편하다는 일종의 처세훈입니다. 코헬렛도 같은 이야기를 하는 것일까요? 그렇지 않습니다. '과유불급'過猶不及이라는 말이 있습니다. 정도를 지나침은 미치지 못함과 같다는 뜻입니다. 지나침이 언제나 문제를 일으킵니다.

아리스토텔레스는 『니코마코스 윤리학』이라는 도덕 철학서를 통해 인간이 어떻게 사는 것이 좋은지를 제시합니다.[3] 그 핵심은 중용으로, 어중간한 중간이나 과잉 혹은 결핍이 아닌 '균형과 조화'를 뜻하는 말입니다. 중용의 덕인 '용기'는 무모함과 비겁함 사이이며, '관대함'은 낭비와 인색함 사이입니다. 극단으로 치우칠 때 일어나는 문제가 제법 많습니다. 과식도 문제이고, 지나친 다이어트도 문제입니다. 옛 질서를 무너뜨리고 새로운 질서를 세우려 할 때 극단이 요청되기도 합니다. 혁명적 상황이 그러합니다. 하지만 극단은 일시적이어야 합니다. 극단의 지속은 파괴적이기 때문입니다.

저는 지나치게 의인이 되지도 말며 지나치게 지혜자도 되지 말라는 말을 고집불통이 되지 말라는 말로 받아들입니다. 자기옳음에 대한 지나친 확신이 타자들에 대한 무시로 나타나는 경우가 많습니다. 자기의에 사로잡힌 사람은 다른 이들과 대화할 줄 모릅니다. 대화에 나서는 이들은 상대방과의 만남을 통해 일어날지도 모를 변화를 수용할 수 있어야 합니다. 타자와의 만남을 통해 자기를 확장할 생각이 없는 사람일수록 자기확신이라는 고치를 짓고 그 속에 자기를 가둡니다. 그들은 자기와 다른 생각을 가진 사람을 미워합니다. 그들은 늘 남을 가르치려 하지만 다른 이들로부터 배우려 하지 않습니다. 그는 스스로 지혜롭다고 생각하지만 실은 어리석은 사람입니다. 사유의 폐쇄회로에 갇힌 이들일수록 폭력적입니다. 자기확신보다 더 중요한 것은 공감의 능력입니다.

### 치우치지 않고 산다는 것

"지나치게 악인이 되지도 말며 지나치게 우매한 자도 되지 말라. 어찌하여 기한 전에 죽으려고 하느냐"(전 7:17). 지나침은 악인이나 우매한 자 역시 빠지는 함정입니다. 지나치다는 말에는 말이나 행동이 거칠고 과격하다는 의미가 담겨 있습니다. 악인은 다른 이들에게 해를 안겨 주려는 마음에 사로잡힌 사람입니다. 우리 속에는 선인과 악인이 공존합니다. 선한 의지만 있고 악한 의지가 없는 사람은 없습니다. 씨앗의 형태로 우리 속에 숨어 있는 악한 의지가 때를 만나 꽃을 피울 때, 우리 주변은 불모의 공간으로 변합니다. 버섯이 자라기 시작한 나무가 생명을 지속하기 어려운 것처럼, 악인들이 득세하는 세상에서 선인들의 자리는 점점 좁아집니다. 내가 옳으니 네가 옳으니 서로 싸우는 동안 평화는 뒷걸음질쳐 사라지고, 불화가 점령군처럼 우리 삶을 장악합니다. 극단은 불안정한 자리입니다. 굳어진 것은 죽음에 가깝기 때문입니다. 유연함을 잃는 순간 사람도 조직도 사회도 쇠퇴하기 시작합니다. 기한 전에 죽는다는 말은 그런 뜻입니다.

"너는 이것도 잡으며 저것에서도 네 손을 놓지 아니하는 것이 좋으니 하나님을 경외하는 자는 이 모든 일에서 벗어날 것임이니라"(전 7:18). 새번역으로 이 구절을 다시 읽어 보겠습니다. "하나를 붙잡되, 다른 것도 놓치지 않는 것이 좋다. 하나님을 두려워하는 사람은 극단을 피한다." 하나님은 극단을 미워하십니다. 그 자리에는 여백이 없기 때문입니다. 타자를 위한 여백을 마련하지 못할 때 우리 영혼은 시들기 시작합니다. '사페레 아우데'Sapere aude라는 라틴어 격언이 있습니다. 계몽주의자들의 모토이기도 했던 이 말은 '과감하게 스스로 생각하라'는 뜻입니다. 다른 사람이 하는 말을 듣고 그것을 자기 견해인 양 말하거나 받아들이지 말고, 자기의 오성과 이성을 활용하여 판단해 보라는 말입니다. 이때 스스로 생각하는 이들이 늘 명심해야 할 것이 있습니다. 내 견해가 그릇된 것일 수도 있다는 개방성입니다. 그래야 발전할 수 있습니다.

치우치지 않고 사는 비결은 하나님을 경외하는 것입니다. 하나님을 경외하는 사람은 극단을 피합니다. 하나를 취하기 위해 다른 것을 버리지 않습니다. 시편 기자는 하나님의 뜻이 이루어진 세상의 아름다움을 이렇게 노래합니다. "인애와 진리가 같이 만나고 의와 화평이 서로 입 맞추었으며 진리는 땅에서 솟아나고 의는 하늘에서 굽어보도다"(시 85:10-11). 두 가지가 조화롭게 짝을 이루고 있습니다. 하나님에 대한 경외심을 품은 이들은 세상의 모든 것이 하나님께 값진 것임을 알아차립니다. 사물이나 사태의 현상을 넘어 계신 하나님을 알아차립니다. 이런 경외심을 품고 사는 사람은 그 누구도, 그 어떤 것도 함부로 대하지 않습니다. 이 마음을 잃어버렸기 때문에 세상에 평화가 없습니다.

**열다섯 번째 강의**

단순함을 잃다

7:19-29

지난 시간에는 지혜자와 우매자가 어떻게 구별되는지 살펴보았습니다. 러시아 사람들은 바보처럼 보이는데 천진무구한 성자들을 가리켜 '유로지비'라고 불렀습니다. 그들은 상식적인 도덕규범이나 관습에 매이지 않을 뿐 아니라, 보통 사람들이 세상을 보는 것과 다른 방식으로 세상을 봅니다. 그래서 바보처럼 보이지만 어느 순간 예지를 드러내곤 합니다. 도스토옙스키의 소설 『백치』에 나오는 뮈시킨 공작 같은 사람들을 예로 들 수 있습니다.[1] 제목 때문에 오해할 수도 있지만, 그는 보통 사람보다 오히려 많은 것을 알고 있습니다. 또한 늘 평화스런 분위기를 만들어냅니다. 지혜롭거나 의롭다고 자부하면서 다른 이들을 불쾌하게 하고 긴장하게 만드는 사람들과 대비되는 존재입니다. 진짜 지혜자는 어떤 사람일까요?

    노자는 『도덕경』에서 "아는 자는 말하지 않고, 말한 자는 알지 못한다"知者不言 言者不知고 말합니다. 진정으로 깊이 아는 사람은 굳이 자기를 드러내기 위해 애쓰지 않습니다. 노자는 그런 이들의 특색을 "그 날카로움을 꺾고, 얽힘을 풀고, 빛을 조화시키고, 먼지와 하나가 된다"挫其銳 解其紛 和其光 同其塵고 말합니다. 이 대목을 읽을 때마다 빌립보서 2장에 나오는 '케노시스 찬가'가 떠오릅니다. 자기를 비워 종의 몸을 입고 이 세상에 내려오신 그리스도야말로 그와 같은 분이 아니겠습니까. 비움 혹은 낮아짐이야말로 진정한 지혜의 모습입니다. 유럽에 있는 유서 깊은 예배당의 지하 공간은 죽은 자들을 위한 공간인 경우가 많습니다. 빛이 투과되는 돌인 알라바스터를 통해 희미한 빛이 스며드는 그 공간에 들어서면 저절로 마음이 고요해집니다. 알라바스터를 투과하는 동안, 빛은 눈부심을 버리고 부드러워집니다. "너희는 세상의 빛이라"(마 5:14) 하신 주님은 스스로 사람들을 눈부시게 하는 빛이 되려고 하신 적이 없습니다. 은은한 빛으로 사람들의 마음에 스며드셨을 뿐입니다. 의식하지 못하는 동안 사람들의 가슴에 은은하게 배어드는 빛이 아름답습니다. 오늘 본문을 살펴보겠습니다.

지혜가 지혜자를 성읍 가운데에 있는 열 명의 권력자들보다 더 능력이 있게 하느니라. 선을 행하고 전혀 죄를 범하지 아니하는 의인은 세상에 없기 때문이로다. 또한 사람들이 하는 모든 말에 네 마음을 두지 말라. 그리하면 네 종이 너를 저주하는 것을 듣지 아니하리라. 너도 가끔 사람을 저주하였다는 것을 네 마음도 알고 있느니라. 내가 이 모든 것을 지혜로 시험하며 스스로 이르기를 내가 지혜자가 되리라 하였으나 지혜가 나를 멀리하였도다. 이미 있는 것은 멀고 또 깊고 깊도다. 누가 능히 통달하랴. 내가 돌이켜 전심으로 지혜와 명철을 살피고 연구하여 악한 것이 얼마나 어리석은 것이요 어리석은 것이 얼마나 미친 것인 줄을 알고자 하였더니 마음은 올무와 그물 같고 손은 포승 같은 여인은 사망보다 더 쓰다는 사실을 내가 알아내었도다. 그러므로 하나님을 기쁘게 하는 자는 그 여인을 피하려니와 죄인은 그 여인에게 붙잡히리로다. 전도자가 이르되 보라, 내가 낱낱이 살펴 그 이치를 연구하여 이것을 깨달았노라. 내 마음이 계속 찾아보았으나 아직도 찾지 못한 것이 이것이라. 천 사람 가운데서 한 사람을 내가 찾았으나 이 모든 사람들 중에서 여자는 한 사람도 찾지 못하였느니라. 내가 깨달은 것은 오직 이것이라. 곧 하나님은 사람을 정직하게 지으셨으나 사람이 많은 꾀들을 낸 것이니라(전 7:19-29).

이 단락도 어떤 서사 구조나 뚜렷한 스토리가 없기 때문에 꼼꼼하게 곱씹지 않으면 그냥 지나치기 쉽습니다. 조금씩 음미하듯 읽어나가겠습니다.

## 우리에게는 지혜자가 필요하다

"지혜가 지혜자를 성읍 가운데에 있는 열 명의 권력자들보다 더 능력이 있게 하느니라"(전 7:19). 지혜자와 권력자가 대비되고 있습니다. 지혜자는 평소에 사람들의 눈에 띄지 않는 반면, 권력자들은 눈에 띕니다. 그들의 영향력은 막강합니다. 일반인들의 삶을 쥐락펴락할 수 있습니다. 권력을 손에 쥔 사람들은 자기에게 힘이 있다는 사실을 스스로 알 뿐 아니라, 사람들에게 그것을 입증해 보이고 싶어 합니다. 권력자들은 주변에 자기를 칭송하는 사람들 두는 것을 좋아합니다. 모든 권력자가 다 그렇다는 말이 아니라, 권력의 속성이 그렇다는 말입니다. 권력자들은 자기 능력을 과신하기도 합니다. 하지만 위기 상황이 닥쳐오면 사뭇 사정이 달라집니다. 권력자들 가운데는 위기를 위기로 인식하지 못하는 이들이 많습니다. 더구나 위기를 헤쳐나가기 위해서는 역사가 어디로 흘러가고 있는지 분별할 수 있어야 하는데, 권력을 누리는 데만 집중한 채 그런 감각을 갖추는 데 게을리했다면 결국 혼란만 야기하게 될 것입니다.

그때 지혜자가 필요합니다. 성읍 가운데에 있는 열 명의 권력자들보다 그 한 사람이 더 소중합니다. 앞에서도 이야기한 것처럼, 사람들은 평소에 그가 있다는 사실조차 인식하지 못합니다. 하지만 위기의 순간이 되면 상황이 달라집니다. 바울 사도의 일화가 떠오릅니다. 사도행전 27장은 죄수의 몸이 되어 로마로 압송되던 바울이 겪은 일을 다루고 있습니다. 그가 탄 배가 유라굴로라는 광풍에 휩쓸려 파선의 위험에 직면했을 때, 뱃사람들은 도저히 어떻게 해볼 수 없는 상황에서 배를 버리고 달아나려 했습니다. 그때 바울이 사람들 앞에 모습을 드러냅니다. 그는 두려움에 사로잡힌 이들에게 하나님의 메시지를 전하고 격려하는 한편, 음식을 먹고 기력을 찾게 합니다. 뱃사람들도 배에 남아 있게 합니다. 결국, 바울 덕분에 배에 탄 모든 사람이 목숨을 건집니다.

"잘 보려면 마음으로 보아야 한다. 가장 중요한 것은 눈에는 보이지 않는다." 생텍쥐페리의 『어린 왕자』에서 여우가 어린 왕자와 헤어질 때 들려주는 이야기입니다.[2] 마음으로 보는 법을 잊어버리면 온통 가시적인 것에만 마음을 빼앗긴 채 살게 됩니다. "사막이 아름다운 건 어디엔가 우물이 숨어 있어서 그래." 사막에 불시착한 비행사에게 어린 왕자가 건네는 말입니다. 베두인들이 척박하고 황량한 사막에 기대어 살 수 있는 것은 우물을 찾을 수 있는 능력이 있기 때문입니다. 세상에는 사막의 우물처럼 목마른 이들에게 지혜를 나누어 주는 이들이 있습니다. 소동파의 시에 "인간도처유청산"人間到處有 靑山이라는 구절이 나옵니다. "사람의 발길이 닿는 어디에서나 살 만한 청산이 있다"는 뜻입니다. 설 땅이 없거나 살 자리가 없다고 낙심하지 말자는 뜻을 이렇게 전한 것이 아닐까 싶습니다. 사람들이 사는 곳 어디에나 선한 사람이 살고 있고, 지혜자들이 살고 있습니다. 그들이 바로 세상의 희망입니다.

## 어떤 사람도 완벽하지 않다

"선을 행하고 전혀 죄를 범하지 아니하는 의인은 세상에 없기 때문이로다"(전 7:20). 이 구절은 이해하기가 쉽지 않습니다. 이럴 때는 다양한 번역본을 참고해야 합니다. "좋은 일만 하고 잘못을 전혀 저지르지 않는 의인은 이 세상에 하나도 없다"(새번역). 뜻이 조금 선명해졌지요? 히브리어 '키'כִּי는 '때문에'because라고 번역할 수도 있고 '참으로'indeed라고 번역할 수도 있습니다.

누가 이 말씀을 부정할 수 있겠습니까. 원죄를 들먹이지 않더라도 사람은 언제든 악에 빠질 가능성이 있는 존재입니다. 어떤 사람이 전적으로 선한 것처럼 보이는 것은 그의 마음 깊은 곳에 도사린 악의 가능성이 발아될 조건을 만나지 않았기 때문입니다. 주변에 있는 선한 이들을 떠올려 보십시오. 세상에는 정말 천사와 같이 이웃을 섬기며 사는 사람이 많습니다. 인내와 사랑의 화신처럼 보입니다. 그런데 어느 순간, 그가 별것도 아닌 일에 불같이 화를 내는 모습을 볼 때가 있습니다. 당황스럽기 이를 데 없습니다. 아무리 선한 사람이라 해도 감정조차 없을 수는 없습니다. 타인에 대한 부정적인 생각이 들 때도 있을 것이고 속상한 마음이 들 때도 있겠지만, 그는 대체로 그런 감정에 휘둘리지 않는 평정심을 유지한 채 삽니다. 그러나 인내의 임계점에 가까워지면 상황이 달라집니다. 어떤 사람의 말이나 행동이 불씨가 되어 그의 마음에 옮아 붙을 때 그는 폭발합니다. 낯선 모습이지만 사람이기에 그럴 수 있습니다. 의인도 죄를 범할 수 있습니다. 오늘의 나는 흠이 없는 것처럼 보여도 내일의 나는 잘못을 저지를 수 있습니다. 이것을 인정해야 합니다. 인간은 모두 오류 가능성 속에 있습니다. 어떤 사람도 완전하지 않습니다. 서로의 불완전함을 사랑으로 받아들이는 여유가 필요합니다.

자기의 옳음을 과신한 나머지 자기 기준에 미치지 못하는 사람들을 함부로 정죄하는 이들이 있습니다. 그들은 남의 눈에서 티끌을 빼겠다고 나서지만 자기 눈의 들보는 보지 못합니다. 평화로운 인간관계를 맺기 위해 우리가 갖추어야 할 덕목이 많습니다. 배려, 인정, 존중, 친절, 역지사지, 관용. 이 모든 것이 다 중요하지만 여기에 한 가지 더 필요한 게 있습니다. '고쳐 주려는 마음'을 내려놓는 것입니다. 신뢰 관계를 형성할 때 맨 처음 명심해야 할 것이 바로 이것입니다. 고쳐 주려는 마음의 바탕에는 자기가 상대보다 낫다는 무의식적 판단이 깔려 있습니다. 사람들은 그 마음을 본능적으로 알아차립니다. 그래서 불쾌하게 여깁니다. 그의 말이 옳다 해도 마찬가지입니다. 애정과 존중과 신뢰가 형성된다면 상황은 달라질 수 있습니다.

## 타인의 시선이 나를 타락시킨다

"또한 사람들이 하는 모든 말에 네 마음을 두지 말라. 그리하면 네 종이 너를 저주하는 것을 듣지 아니하리라. 너도 가끔 사람을 저주하였다는 것을 네 마음도 알고 있느니라"(전 7:21-22). 말 또는 언어에는 힘이 있습니다. 발화되는 순간 어떤 사건을 일으킵니다. '말 한 마디로 천 냥 빚을 갚는다'는 말도 있지만, 말은 긍정적 영향을 끼치기도 하고 부정적 영향을 끼치기도 합니다. 일으켜 세우는 말이 있는가 하면 무너뜨리는 말이 있으며, 연결하는 말이 있는가 하면 단절하는 말이 있습니다. 언어를 다루는 이들이 늘 자기를 잘 살펴야 하는 것은 언어가 가진 그런 효능 때문입니다.

언어는 정보를 전달하는 기능만 하지 않습니다. 결혼식의 예를 들어 볼까요? 결혼식에서 가장 중요한 순서는 서약입니다. "나는 당신을 아내로 맞아들입니다" 혹은 "나는 당신을 남편으로 맞아들입니다"라고 서약하는 순간, 혼인한 부부라는 사회적 관계가 성립됩니다. 이런 것을 가리켜 '수행적 발화'performative utterance 라고 합니다.

현대인들은 다른 이들의 평가에 민감합니다. 소셜 미디어 접속을 유지한 채 살아가는 이들은 더욱 그렇습니다. 자기 페이스북이나 인스타그램에 사진과 글을 올린 이들은 그때부터 자기 게시물에 반응해 주는 이들을 기다립니다. '좋아요'가 늘어나면 행복감을 느끼고, 별 반응이 없으면 자존감이 떨어집니다. 상실감을 느끼기도 합니다. 한마디로 타자의 눈앞에서 살아가는 것입니다. 공교롭게도 소셜 미디어를 뜻하는 SNS를 한글 자판으로 치면 '눈'이 됩니다. 그 눈은 따뜻할 수도 있고 싸늘할 수도 있습니다. 그 눈들이 우리 삶을 규정할 때, 내적 자유는 가뭇없이 사라집니다. 연예인들 가운데는 악성 댓글을 견디다 못해 우울증에 빠지거나 공황장애를 겪는 이들도 있다고 합니다. 악플을 다는 이들은 별생각 없이 욕을 하고 비난을 쏟아내지만, 그 말들이 당사자에게 입히는 내상이 얼마나 깊은지 알아야 합니다. 무심코 던진 돌에 개구리가 맞아 죽을 수 있습니다.

사르트르는 "타인의 시선이 나를 타락시킨다"고 말했습니다. 다른 사람들의 시선을 의식하며 살다 보면 자기답게 살 수 없습니다. 다른 이들이 설정한 기준에 따라 연기하며 살게 됩니다. 코헬렛은 다른 사람들이 하는 말에 너무 집착하지 말라고 권합니다. 늘 귀를 쫑긋하고 살면 듣지 않는 게 좋은 법한 말들이 들려올 것이고, 그러면 그 말이 거미줄처럼 우리를 동여매 움짝달싹 못 하게 만들기 때문입니다. 자기에게 부정적인 말을 했다 하여 그 사람을 자기 삶에서 완전히 밀어내는 것 또한 바보짓입니다. 우리 또한 가끔 다른 사람에 대해 좋지 않은 말을 하고 산다는 사실을 인정해야 합니다.

## 멀어지는 지혜, 비껴가는 마음

"내가 이 모든 것을 지혜로 시험하며 스스로 이르기를 내가 지혜자가 되리라 하였으나 지혜가 나를 멀리하였도다"(전 7:23). 아주 흥미로운 구절입니다. 우리의 실상을 아주 평이한 언어로 보여줍니다. 우리는 지혜로운 사람이 되어야겠다고 다짐하며 삽니다. 다른 이들이 우리에게서 어떤 허물도 찾을 수 없을 만큼 깨끗하게 살고 싶어 합니다. 그러나 현실은 우리의 바람과 다릅니다. 우리 삶은 실수투성이입니다. 실수가 잦으면 자괴감에 사로잡히게 마련입니다. '내가 이것밖에 안 됐나' 싶어 쓸쓸해집니다.

겉으로 보기에 실수를 하지 않는 사람은 완벽한 사람이 아니라 실수할까 봐 두려워서 늘 전전긍긍하는 사람일 수도 있습니다. 가끔 실수를 저지르는 사람을 보면, 주위 사람들은 인간적이라면서 그의 실수를 용납해 줍니다. 자기 또한 다르지 않음을 알기 때문입니다. 어떤 사람들은 저를 보고 다가가기가 어렵다고 말하기도 합니다. 조금 억울합니다. 늘 사람들을 다정하게 대하려고 애를 쓰기 때문입니다. 왜 그렇게 보이냐고 물어보면 지나칠 정도로 성실해 보인다는 대답이 돌아올 때가 많습니다. 자기가 하는 일에 빈틈도 좀 있고 가끔은 허튼소리도 해야 다가서기 쉬운데 그렇지 않다는 것입니다.

지혜자가 되려 했지만 지혜가 나를 멀리하였다는 말이 재미있습니다. 어거스틴은 하나님의 은혜와 깊이 만나기 전의 자기 삶을 돌아보며 "진리를 피하면서 찾았다"고 고백했습니다. 진리를 찾는다면서도 정작 진리에서 멀어지는 일이 자주 벌어집니다. 빌라도는 진리이신 주님을 보고 "진리가 무엇이냐"(요 18:38)고 물었습니다. 눈이 있어도 보지 못한다는 말은 이런 경우를 두고 하는 말입니다. 지혜는 왜 나를 멀리하는 것일까요? 사실 지혜가 나를 멀리한다는 말은 어폐가 있습니다. 진리 혹은 지혜는 오고 가지 않고 그저 그 자리에 있습니다. 다시 말해, 지혜가 나를 멀리한다는 말은 내가 지혜를 밀어낸다는 것을 의미합니다. 다메섹으로 가던 사울이 주님의 빛을 만나고 나서 얼마의 시간이 지났을 때, 그의 눈에서 비늘 같은 것이 벗겨졌습니다(행 9:18). 그 비늘이야말로 우리로 하여금 지혜를 분별하지 못하도록 하는 무명 곧 어둠이었습니다.

우리는 보고 싶은 것만 봅니다. 많은 물이 흘러 골이 생기면 다음에 내리는 빗물이 그 골을 타고 흐르는 것처럼, 한번 우리 속에 생긴 생각의 골은 쉽게 바뀌지 않습니다. 선입견 혹은 선이해가 우리 의식 혹은 무의식을 지배합니다. 그런 선입견이 고착될 때 편견이 됩니다. 보고 싶은 것만 보고 믿고 싶은 것만 믿는 것을 가리켜 '확증편향'이라 합니다. 치우침은 어쩔 수 없는 인간의 버릇입니다. 다만 그것을 스스로 인식하고 있느냐, 그렇지 않느냐의 차이가 있을 뿐입니다.

## 깊이를 알 수 없는 세계 앞에서

"이미 있는 것도 멀고 또 깊고 깊도다. 누가 능히 통달하랴"(전 7:24). 세상에 있는 모든 것은 정말 깊고 넓습니다. 아무리 애써 보아도 사람이 이 세상을 다 알 수 없습니다. 우리는 신비한 세상에 초대받은 존재들입니다. 코스모스 한 송이가 실은 많은 꽃들이 모여 만든 우주라지요? 자세히 보면 알 수 있습니다. 산딸나무는 원래 초록색 꽃을 피우는데, 자기를 찾아올 곤충들을 배려하여 잎의 일부를 흰색으로 바꾸었다고 합니다. 생태계에 속한 모든 것은 저마다의 이야기를 가지고 있습니다. 신비하고 놀라운 우주입니다.

존재하는 모든 것, 일어나는 모든 사태를 보며 멀고 또 깊고 깊다고 경탄하는 코헬렛의 마음이 참 아름답습니다. 이 놀람이 인간의 인간됨을 지켜 줍니다. 세상에 있는 것들을 삶을 위한 방편이나 수단으로만 대할 때는 볼 수 없는 세계가 경탄을 통해 열립니다. 자기 분야의 일을 아주 능숙하게 해내는 달인들을 보면 그들이 감내해 온 인고의 세월이 떠올라 숙연해집니다. 그러나 삶의 달인은 없습니다. 저마다 암중모색하며 더듬더듬 길을 걸어갈 뿐입니다. 그 멀고 깊은 세계를 거슬러 오르다 보면 영원한 중심이신 하나님께 당도할 수 있을까요?

### 악이 부르는 광기

"내가 돌이켜 전심으로 지혜와 명철을 살피고 연구하여 악한 것이 얼마나 어리석은 것이요 어리석은 것이 얼마나 미친 것인 줄을 알고자 하였더니"(전 7:25). 코헬렛은 관찰하는 사람인 동시에 탐구하는 사람입니다. 그는 과거부터 축적되어 온 인간의 모든 경험과 지식을 살피고 연구했습니다. 그런 치열한 탐색이 목표로 한 것은 악한 것이 어리석다는 것과 어리석은 것이 미친 것임을 확인하는 것이었습니다. 어리석음과 광기는 전도서에서 늘 짝을 이루어 등장합니다(전 1:17, 2:12). 이 둘은 이란성 쌍둥이와 같습니다.

열심히 공부하지 않고도 세상사를 훤히 꿰뚫고 있는 이들이 있습니다. 그러나 대부분은 열심히 노력해야 비로소 세상의 실체를 조금씩 깨닫게 됩니다. 악한 것과 어리석음이 이어져 있고, 어리석음과 광기가 연결되어 있습니다. 악한 이들의 어리석은 열정은 폭력을 낳는 법입니다. 잠언에 나오는 구절들도 참고하면 좋을 것 같습니다. "미련한 자는 자기 행위를 바른 줄로 여기나 지혜로운 자는 권고를 듣느니라"(잠 12:15), "슬기로운 자는 지식을 감추어도 미련한 자의 마음은 미련한 것을 전파하느니라"(잠 12:23), "미련한 자를 곡물과 함께 절구에 넣고 공이로 찧을지라도 그의 미련은 벗겨지지 아니하느니라"(잠 27:22). 참 절묘한 비유입니다.

## 사망보다 쓴 덫

"마음은 올무와 그물 같고 손은 포승 같은 여인은 사망보다 더 쓰다는 사실을 내가 알아내었도다. 그러므로 하나님을 기쁘게 하는 자는 그 여인을 피하려니와 죄인은 그 여인에게 붙잡히리로다"(전 7:26). 이 구절은 조금 조심스럽게 접근해야 합니다. 어리석은 마음이 마치 유혹하는 여인과 같다는 말은 성차별적인 언어이기 때문입니다. 잠언에도 '음녀'를 조심하라고 하는 말이 자주 등장합니다. 성경이 기록될 당시는 주로 남성 중심적인 세계관이 사람들의 의식을 지배하고 있었습니다. 그것은 문화적, 인류학적, 종교적 편견으로 이어졌습니다. 이런 구절을 보며 "결국 세상 모든 일의 뿌리에는 여자가 있어"라고 말하는 사람은 자기의 오만한 무지와 편견을 세상 앞에 드러내는 것이나 마찬가지입니다.

유혹자는 남자일 때도 있고 여자일 때도 있습니다. 인간은 이러나저러나 유혹의 올무에 걸리기도 쉽고, 욕망의 그물에서 벗어나지 못하며, 쾌락의 포승에 붙들려 부자유하게 될 수 있는 존재입니다. 인간이 그런 유혹에 넘어가는 까닭은 어리석기 때문입니다. 어리석음은 어둠이라 했습니다. 어둠 가운데 거니는 이들은 무언가에 걸려 넘어지기 쉽습니다. 마음에 빛이 없는 사람일수록 유혹에 취약합니다. 예수님은 그래서 이렇게 말씀하십니다. "그러므로 네 속에 있는 빛이 어둡지 아니한가 보라. 네 온몸이 밝아 조금도 어두운 데가 없으면 등불의 빛이 너를 비출 때와 같이 온전히 밝으리라 하시니라"(눅 11:35-36). 사도 바울은 성도들에게 열매 없는 어둠의 일에 참여하지 말고 도리어 책망하라고 말합니다. "그러나 책망을 받는 모든 것은 빛으로 말미암아 드러나나니 드러나는 것마다 빛이니라"(엡 5:13).

"전도자가 이르되 보라, 내가 낱낱이 살펴 그 이치를 연구하여 이것을 깨달았노라. 내 마음이 계속 찾아보았으나 아직도 찾지 못한 것이 이것이라. 천 사람 가운데서 한 사람을 내가 찾았으나 이 모든 사람들 중에서 여자는 한 사람도 찾지 못하였느니라"(전 7:27-28). 코헬렛은 사물의 이치를 깨닫기 위해 노력했으나 아직 온전한 진리에 이르지 못했다면서 그 과정 중에 한 가지 깨달은 것이 있다고 말합니다. 그것은 천 명 가운데서 남자 한 사람은 찾을 수 있어도 여자 한 사람은 찾지 못한다는 것입니다. 저는 이런 견해에 동의할 수 없습니다. 괴테의 『파우스트』는 천상으로 들려 올라가는 파우스트를 보며 울려 퍼지는 신비한 합창으로 끝이 납니다. "영원히 여성적인 것이 우리를 이끌어가는도다."[3] 물론 실제 여성과 상징으로서의 여성적인 것은 구별되어야 하지만, 괴테의 노래는 아름답습니다.

## 단순함을 회복하는 길

"내가 깨달은 것은 오직 이것이라. 곧 하나님은 사람을 정직하게 지으셨으나 사람이 많은 꾀들을 낸 것이니라"(전 7:29). 코헬렛은 자기의 관찰과 탐구를 통해 얻은 것을 한마디로 요약하고 있습니다. "정직하게"라는 말은 올곧고 어그러짐이 없음을 뜻합니다. 하나님의 형상대로 지음받은 인간이 순리대로 살면 영원한 기쁨을 누릴 수 있었을 것입니다. 그러나 죄가 들어오면서 모든 것이 변했습니다. 너희가 하나님과 같이 될 것이라는 뱀의 유혹에 넘어간 순간, 순진무구한 삶이 끝났습니다. 온갖 재주를 부려 보지만, 삶은 엉킨 실타래처럼 복잡하기만 합니다. 낭패입니다. 우리는 늘 유혹에 넘어갑니다. 하나님의 마음에서 분리되었기 때문입니다. 그때부터 삶이 복잡해졌습니다. 평범하고 단순한 삶을 회복해야 합니다. 하나님에 대한 경외심이야말로 얽힌 실타래 같은 우리 삶의 문제들을 풀어가는 실마리입니다.

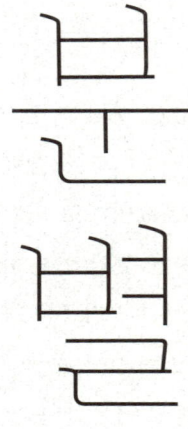

**열여섯 번째 강의**

누가
지혜로운 사람인가
8:1-8

지난 시간에는 아름다운 관계를 맺기 위해 고쳐 주려는 마음을 버려야 한다고 말씀드렸습니다. 자기 기준에 따라 상대방을 바꿔 놓으려는 태도는 그 동기가 사랑과 관심이든, 우월감이나 적대감이든 불쾌감을 자아냅니다. 헨리 나우웬은 늘 많은 이들에게 영감을 주는 뛰어난 작가였습니다. 그는 사람들과 만나 우정을 나누는 일에 소홀함이 없었습니다. 그런데 정작 가장 친밀해야 할 아버지를 만나면 마음의 평정을 잃기 일쑤였습니다. 어느 날 그의 아버지가 그에게 이렇게 말했습니다. "너는 심리학자니까 권위적인 아버지에 대해 훤히 알겠지. 그런 아버지를 둔 것을 행복하게 알아라. 하지만 날 바꾸려 들진 마라!" 아버지는 어질고 의로운 분이었고 그 사실을 나우웬은 늘 감사함으로 기억했습니다. 하지만 왠지 모르게 불편했습니다. 나우웬은 나이가 들면서 자신의 참을성 없는 모습, 통제 성향, 말투 등이 아버지와 비슷하다는 사실을 깨닫게 되었습니다. 아버지의 93세 생신을 축하하는 날, 그는 아버지와 오랜 시간을 함께 보냅니다. 그리고 처음으로 아버지와 함께 있는 것이 좋다고 느낍니다. 이 낯선 감정의 이유를 그는 이렇게 통찰합니다. "내가 아버지를 바꾸려는 마음을 버릴수록 아버지도 나와 함께 있는 것을 좋아하며 자신의 약한 부분을 내보이신다. 이제 둘 다 '노인'이 되다 보니 우리의 필요는 거의 비슷해졌다."[1] 나이 듦의 아름다움 가운데 하나는 타자를 바꾸려는 마음을 내려놓게 된다는 것입니다. 코헬렛의 지혜가 우리 삶에도 적용되면 좋겠습니다. 오늘 본문으로 들어가겠습니다.

> 누가 지혜자와 같으며 누가 사물의 이치를 아는 자이냐. 사람의 지혜는 그의 얼굴에 광채가 나게 하나니 그의 얼굴의 사나운 것이 변하느니라. 내가 권하노라. 왕의 명령을 지키라. 이미 하나님을 가리켜 맹세하였음이니라. 왕 앞에서 물러가기를 급하게 하지 말며 악한 것을 일삼지 말라. 왕은 자기가 하고자 하는 것을 다 행함이니라. 왕의 말은 권능이 있나니 누가 그에게 이르기를 왕께서 무엇을 하시나이까 할 수 있으랴. 명령을 지키는 자는 불행을 알지 못하리라. 지혜자의 마음은 때와 판단을 분변하나니 무슨 일에든지 때와 판단이 있으므로 사람에게 임하는 화가 심함이니라. 사람이 장래의 일을 알지 못하나니 장래 일을 가르칠 자가 누구랴. 바람을 주장하여 바람을 움직이게 할 사람도 없고 죽는 날을 주장할 사람도 없으며 전쟁할 때를 모면할 사람도 없으니 악이 그의 주민들을 건져낼 수는 없느니라(전 8:1-8).

## 누가 지혜자인가

"누가 지혜자와 같으며 누가 사물의 이치를 아는 자이냐"(전

8:1). 코헬렛은 지혜자에 대한 질문을 계속합니다. '누가 지혜자와 같은가'라는 질문은 '누가 지혜자인가'라는 질문의 변용입니다. 그는 자문자답을 하면서 깊은 통찰에 이르고 싶어 합니다. 코헬렛은 생각의 여지를 주기 위해 의문형을 사용하고 있습니다. 여기서 한 가지 주목할 것이 있습니다. "사물"이라고 번역된 히브리어 단어는 '다바르'דבר입니다. 이 단어는 '말씀'이라는 뜻으로 더 자주 사용되는 단어입니다. 하나님이 말씀으로 세상을 창조하셨다고 할 때 사용되는 단어입니다. 다바르는 일상적인 말이 아니라 에너지로 가득한 말씀 곧 사건을 일으키는 말씀입니다. 에너지는 물체가 가지고 있는 일을 할 수 있는 능력의 양을 가리키는 말입니다. 창조 신학은 이 말씀으로부터 세상이 창조되었다고 말합니다. 말씀과 사물이 연결됩니다. 말씀(다바르)으로부터 사물(다바르)이 나옵니다. 코헬렛은 이러한 말의 이치를 아는 자가 지혜로운지 묻고 있는 것입니다.

그런데 여기서 "이치"라고 번역된 히브리어 단어는 '페쉐르'פשר 입니다. 페쉐르는 '해석' 혹은 '해법'이라고 새겨도 됩니다. 다시 말해, 이치를 아는 자는 제대로 해석할 줄 아는 사람입니다. 코헬렛이 말하는 지혜로운 사람은 표층적으로는 세상에 있는 것들을 살펴 사물의 이치를 알아차리는 사람이지만, 심층적으로는 말씀을 해석할 줄 아는 사람입니다. 해석학이라는 학문이 있습니다. 영어로는 'hermeneutics'인데, 이 단어는 그리스 신화에서 신들의 사자 노릇을 하는 '헤르메스'Hermes에서 유래된 것입니다. 헤르메스는 신의 비밀스런 메시지를 사람들이 알아들을 수 있도록 해석하고 설명해 줍니다. 따지고 보면 인간의 이해는 해석과 밀접한 관계를 가지고 있음을 알 수 있습니다.

요셉은 꿈을 꾸는 사람인 동시에 해석할 줄 아는 사람이었습니다. 꿈 때문에 형들의 미움을 받았고 애굽에서 요직에 오를 수 있었습니다. 다니엘도 마찬가지입니다. 그는 바벨론의 모든 지식인이 풀지 못한 왕의 꿈을 해석했습니다. 심지어 왕이 기억할 수 없어 전전긍긍하던 꿈까지 알아내 해석해 주었습니다. 꿈을 해석할 수 있는 그들의 능력은 개인의 재능이 아니라 하나님이 주신 지혜였습니다. 성경은 그것을 가리켜 하나님이 그들에게 해석을 주셨다고 말합니다. 사물의 이치를 아는 것, 즉 은폐된 메시지를 풀어낼 줄 아는 사람이 지혜자입니다.

구상 시인은 한 평생 마음의 눈을 뜨게 해달라고 기도했습니다. 두 이레 강아지 눈만큼이라도 은총에 눈을 뜨면 세상이 달라질 것이라는 생각이 그를 떠나지 않았던 것입니다. 인생의 말년에 시인은 비로소 마음의 눈을 뜬 사람의 기쁨을 「마음의 눈을 뜨니」라는 시에서 이렇게 노래합니다.

이제까지 그 모습, 그대로의 만물이
그 실용적 이름에서 벗어나
저마다 총총한 별처럼 빛나서
새롭고 신기하고 오묘하기 그지없다.

마당의 나무, 잔디의 풀, 발길에 차이는 조약돌까지도 감동을 자아내고, 한길을 오가는 사람들도 소중하게 느껴집니다. "만물의 그 시원始原의 빛에 눈을 뜬 나,/이제 세상 모든 것이 기적이요,/신비 아닌 것이 하나도 없으며"[2] 시원의 빛의 조명을 받는 순간, 세상은 말씀으로 가득 찬 곳으로 바뀝니다. 어쩌면 코헬렛이 말하는 사물의 이치를 아는 자는 이런 깨달음을 얻은 사람을 가리키는 것인지도 모르겠습니다.

'누가 지혜자인가'라는 질문을 던진 코헬렛은 '사물의 이치를 아는 자인가'라고 묻습니다. 지혜자는 어쩌면 시인인지도 모르겠습니다. 시인은 산문적 일상 속에 숨겨진 영원의 광휘를 알아차려 언어를 통해 그 빛나는 순간을 기록합니다. 예수님도 시인이셨습니다. 칼릴 지브란은 『사람의 아들 예수』라는 책에서 그리스 시인 루마누스의 입을 통해 이렇게 말합니다.[3]

그는 시인이었습니다. 그는 우리 눈을 대신해 보았고, 우리 귀를 대신해 들었으며, 우리가 말로 못 하는 말을 입술로 했습니다. 우리가 느끼지 못하는 것을 그는 손가락으로 만졌습니다. 그의 심장 속에서는 이루 셀 수 없는 노래하는 새가 날아 북으로도 남으로도 갔고, 언덕의 조그마한 꽃들은 하늘을 향해 가는 그의 발걸음을 멈추었습니다.

제가 말하는 시인은 이런 존재입니다.

## 지혜는 얼굴을 밝힌다

"사람의 지혜는 그의 얼굴에 광채가 나게 하나니 그의 얼굴의 사나운 것이 변하느니라"(전 8:1). 지혜는 저절로 드러납니다. 숨길 수 없습니다. 지혜는 사람의 얼굴에 광채가 나게 합니다. 그 빛은 따뜻하고 부드럽고 깨끗합니다. 함석헌 선생은 우리가 이 세상에 온 것은 얼굴 하나 만나기 위함이라고 말합니다. 주변을 둘러보면 예쁜 얼굴은 많은데 속으로부터 빛이 번져 나오는 얼굴은 보기 어렵습니다.

참 고운 얼굴이 없어?

하나도 없단 말이냐?

그 얼굴만 보면 세상을 잊고,

그 얼굴만 보면 나를 잊고,

시간이 오는지 가는지 모르고,

밥을 먹었는지 아니 먹었는지 모르는 얼굴,

그 얼굴만 대하면 키가 하늘에 닿는 듯하고,

그 얼굴만 대하면 가슴이 큰 바다 같애,

남을 위해 주고 싶은 맘 파도처럼 일어나고,

가슴이 그저 시원한,

그저 마주앉아 바라만 보고 싶은 얼굴,

참 아름다운 얼굴은 없단 말이냐?[4]

로마에는 산 피에트로 인 빈콜리 성당이 있습니다. 사람들은 이 예배당을 '쇠사슬교회'라는 별칭으로 부르는데, 베드로를 묶었던 쇠사슬을 보관하고 있기 때문입니다. 그런데 그 쇠사슬보다 그 교회를 더 유명하게 한 것은 미켈란젤로의 조각 작품 「모세」입니다. 모세는 옆구리에 하나님께로부터 받은 십계명 돌판을 낀 채 자리에 앉아 있습니다. 뒤쪽으로 당겨진 그의 왼발은 그가 막 일어나려 하고 있음을 암시합니다. 백성들이 아론을 부추겨 금송아지를 만든 사건에 대한 전모를 하나님께로부터 전해들은 직후의 상황인 것 같습니다. 모세의 표정은 사뭇 진지하고 근엄합니다. 사람들은 이 작품을 보다가 모세의 머리 위에 있는 뿔을 보고 놀랍니다. 뿔난 모세상이라니, 낯설기 이를 데 없습니다. 사실 이것은 일종의 오해에서 빚어진 일입니다. 성경은 하나님을 만나고 온 모세의 얼굴에서 광채가 났다고 말합니다. 그런데 히브리어 성경을 라틴어로 번역한 히에로니무스가 '광채'(카란)를 그와 발음이 유사한 '뿔'(케렌)로 읽으면서 '모세의 머리에 뿔이 났다'는 번역이 탄생합니다. 미켈란젤로는 그 라틴어 성경을 참조했던 것입니다.

우리말로 뿔이 났다고 하면 화가 난 것을 뜻하지만, 성경에서 '뿔'은 긍정적인 의미와 부정적인 의미로 두루 쓰입니다. "내가 거기서 다윗에게 뿔이 나게 할 것이라"(시 132:17)는 구절에서는 강한 힘을 나타냅니다. 시인들은 '구원의 뿔'이라는 은유를 통해 하나님의 권능을 나타내기도 합니다. 오만한 자에게 "뿔을 들지 말라"(시 75:4) 할 때의 뿔은 교만함을 나타냅니다. 모세의 머리에 있는 뿔은 오해에 따른 것이기는 하지만, 그에게 부여된 권능과 하나님을 대면한 자의 영광을 나타내는 것이라 이해할 수 있습니다. 얼굴에 광채가 나는 사람은 존재 자체로 하나님을 드러내는 사람입니다. 지혜의 빛이 떠오르는 순간, 우리 얼굴에서 사나운 것이 사라집니다. 다른 이들을 잡아먹을 것 같은 표정을 짓고 사는 사람, 언제나 폭발할 것 같은 화산을 얼굴에 달고 다니는 사람은 실은 자기의 내적 허약함과 어리석음을 전시하고 있는 것이 아닐까요?

### 진리를 권위로 삼는 사람

"내가 권하노라. 왕의 명령을 지키라. 이미 하나님을 가리켜 맹세하였음이니라"(전 8:2). 이 말씀은 우리에게 처세술을 가르치는 것처럼 보입니다. 왕의 명령을 지키라는 말이 현세적으로 들립니다. 안일한 행복을 추구하는 이들은 왕의 명령을 지키는 게 좋습니다. 옛 선비들은 왕의 잘못을 보면 직언을 삼가지 않았습니다. 그것이 선비 정신이라 여겼기 때문입니다.

에드워드 사이드가 『지식인의 표상』에서 한 말이 있습니다.[5]

"당신이 당신의 후원자를 계속 의식한다면 지식인으로서 사고할 수 없으며, 그저 신봉자나 시종으로서 사고할 수밖에 없습니다." 저는 이 말을 설교자의 말이 어떠해야 할지를 생각할 때마다 떠올립니다. 조르주 베르나노스의 『어느 시골 신부의 일기』를 읽다가 하나님의 말씀은 벌겋게 단 쇠와 같다는 구절과 만났을 때 큰 충격을 받았습니다.[6] 스승인 본당신부는 위험 앞에서 어쩔 줄 몰라 하는 제자들에게, 손을 델까 무서워 부젓가락으로 말씀을 집으려 한다고 꾸짖습니다.

코헬렛이 왕의 명령을 지키라고 하는 까닭은 그것이 신상에 이로울 것이기 때문이 아니라, 이미 하나님을 가리켜 맹세했기 때문입니다. 새번역은 맹세를 한 주체가 누구인지 분명히 밝힙니다. "왕의 명령에 복종하여라. 그것은 네가 하나님 앞에서 맹세한 것이기 때문이다."

국가와 교회의 관계를 이야기할 때마다 등장하는 것이 권력에 대해 어떤 입장을 취할 것인지의 문제입니다. 다소 보수적인 입장을 견지하는 이들이 언제나 전거로 삼는 것은 로마서에 나오는 구절입니다. "각 사람은 위에 있는 권세들에게 복종하라. 권세는 하나님으로부터 나지 않음이 없나니 모든 권세는 다 하나님께서 정하신 바라"(롬 13:1). 권세들에게 복종해야 하는 근거를 바울은 모든 권세가 하나님으로부터 나왔다는 사실에서 찾습니다. 대한민국 헌법 제1조는 "대한민국의 주권은 국민에게 있고 모든 권력은 국민으로부터 나온다"고 규정합니다. 이것은 민주주의의 기본입니다. 성경은 더 근원적으로 권력이 하나님으로부터 온다고 말합니다. 그와 같은 말씀을 대할 때마다 당혹스러울 때가 많습니다. 세상에는 국민들을 억압하고 착취하는 독재자들이 많습니다. 그런 이들의 권세가 하나님으로부터 온다면, 우리는 또다시 하나님의 정의의 문제를 제기하지 않을 수 없습니다.

　　권세는 하나님으로부터 나지 않음이 없다는 말씀(롬 13:1)을 자기의 권력 행위를 정당화하기 위해 인용하는 이들이 있습니다. 질서에 복종하는 것이 하나님의 뜻이라고 말하는 이들도 있습니다. 하지만 그들이 잊고 있는 것이 있습니다. 모든 권력 혹은 권위의 근원이 하나님의 뜻이라면, 권력은 마땅히 하나님의 뜻을 따라 행사되어야 합니다. 위임된 권력을 가지고 자기 멋대로 처신한다면 그것은 위임자에 대한 거역입니다.

　　'권위'를 뜻하는 헬라어는 '엑수시아'ἐξουσία입니다. '엑스'는 '밖으로'를 의미하고, '우시아'는 '본질'을 의미합니다. 다시 말해, 엑수시아는 '본질로부터 나오는 것'입니다. '엑스'와 '우시아' 사이에 하이픈을 넣으면 '엑스-우시아'가 됩니다. 말놀이라 할 수 있지만, 그것은 '본질로부터 벗어난'이라는 뜻으로도 해석될 수 있지 않을까요?

　　신학자인 앨버트 놀런은 『그리스도교 이전의 예수』라는 책에서 바리새인들과 예수님의 차이를 "예수님은 진리를 권위로 삼았지만 바리새파 사람들은 권위를 진리로 삼았다"는 말로 설명합니다.[7] 권위를 진리로 삼는 사람과 진리를 권위로 삼는 사람의 차이는 무척 큽니다. 놀런에 따르면, 바리새파 사람들은 엑수시아 곧 본질로부터 벗어난 채 스스로 권위자임을 자처합니다. 자기를 모든 경건 행위의 척도로 내세웁니다. 예수님에게 중요한 것은 그런 외적 권위가 아닙니다. 본질 곧 하나님의 마음과 연결된 상태가 중요합니다. 권력이 탐욕이나 오만함으로 인해 변질될 때 하나님은 그 권력을 거두십니다.

　　맹자는 왕도王道와 패도覇道를 구분합니다. 패도는 힘으로 인仁을 가장하는 것, 즉 힘으로 자기의 뜻을 관철시키려 하는 것입니다. 왕도는 덕으로 인을 행하는 것입니다. 힘으로 하는 일과 덕으로 하는 일의 차이는 무척 큽니다. 힘은 강제하고 덕은 감화시킵니다. 좋은 정치는 패도가 아니라 왕도입니다. 예수님은 힘으로 누르려 하신 적이 없습니다. 사랑과 긍휼히 여기는 마음으로 사람들의 마음에 변화를 일으키셨습니다. 바로 그것이 진정한 파워입니다.

## 지혜는 때를 헤아린다

"왕 앞에서 물러가기를 급하게 하지 말며 악한 것을 일삼지 말라. 왕은 자기가 하고자 하는 것을 다 행함이니라. 왕의 말은 권능이 있나니 누가 그에게 이르기를 왕께서 무엇을 하시나이까 할 수 있으랴"(전 8:3-4). 이 대목 역시 처세술을 가르치는 것처럼 보입니다. 새번역으로 다시 읽어 볼까요? "왕이 싫어하는 일은 고집하지 말고, 왕 앞에서는 물러나거라. 왕은 자기 마음대로 할 수 있는 사람이다." 처세술이 다 나쁜 것은 아닙니다. 가끔은 단도직입적으로 권력자들을 비판해야 할 때도 있지만, 날카로움을 숨겨야 할 때도 있습니다. "나는 목에 칼이 들어와도 이것을 양보할 수 없습니다"라고 말하는 사람은 그 기개는 장하지만 결국 아무것도 얻어내지 못할 가능성이 큽니다. '너무 성급하게 행동하지 마라', '고집부리지 마라', '때가 무르익을 때를 기다려라.' 속도를 조절할 줄 아는 것도 일종의 지혜입니다.

"명령을 지키는 자는 불행을 알지 못하리라. 지혜자의 마음은 때와 판단을 분변하나니 무슨 일에든지 때와 판단이 있으므로 사람에게 임하는 화가 심함이니라"(전 8:5-6). 명령을 지키는 자는 불행을 알지 못한다는 말은 불행을 당하지 않는다는 뜻입니다. 지혜자는 때와 판단을 분변합니다.

예레미야는 바룩을 시켜 하나님의 말씀을 기록하게 합니다.

그 내용이 역사의 더딘 변화에 조급증을 내는 우리 마음을 다독여 줍니다. "네가 일찍이 말하기를 화로다. 여호와께서 나의 고통에 슬픔을 더하셨으니 나는 나의 탄식으로 피곤하여 평안을 찾지 못하도다. 너는 그에게 이르라. 여호와께서 이와 같이 말씀하시기를 보라, 나는 내가 세운 것을 헐기도 하며 내가 심은 것을 뽑기도 하나니 온 땅에 그리하겠거늘 네가 너를 위하여 큰일을 찾느냐. 그것을 찾지 말라"(렘 45:3-5). 디트리히 본회퍼 목사도 나치 치하에서 이 말씀을 붙들고 고심했다고 합니다.

『삼국지』에 나오는 한 일화가 떠오릅니다. 천하를 떠돌던 유비가 조조에게 잠시 몸을 기탁했던 때의 일입니다. 조조는 연회를 베풀어 유비를 따뜻하게 맞아 주었습니다. 술이 한 순배 돌고 취흥이 오르자 조조가 묻습니다. "천하의 영웅이 누구라고 생각합니까?" 슬쩍 떠보는 것입니다. 조조는 유비가 자기 이름을 거론할 것을 기대했을 것입니다. 유비는 그 마음을 모르지 않지만 다른 사람들의 이름만 거명합니다. 그러자 조조는 자기 속내를 조금 더 직접적으로 드러냅니다. "천하의 영웅이 있다면 당신과 내가 아니겠소?" 조조의 질문에 유비는 깜짝 놀라 젓가락을 떨어뜨립니다. 번개와 천둥소리에 놀라 벌벌 떠는 사람 행세를 했던 것입니다. 그 모습을 물끄러미 바라보며 조조는 '아, 유비라는 이 사람 별것 아니구나' 하고 판단해 버립니다. 의심의 벽을 허물었다는 말입니다. 유비는 자기 속마음을 기가 막히게 숨겼습니다. 후일을 도모하기 위해 굴욕을 감수했던 것입니다. 이것을 가리켜 '도광양회'韜光養晦라고 합니다. 빛을 감추어 밖으로 드러나지 않게 한다는 뜻입니다. 지혜자는 앞뒤 분별함 없이 자기 생각을 함부로 드러내지 않습니다. 때가 무르익기를 기다립니다.

## 알 수 없는 현실 속에서

"사람이 장래 일을 알지 못하나니 장래 일을 가르칠 자가 누구이랴. 바람을 주장하여 바람을 움직이게 할 사람도 없고 죽는 날을 주장할 사람도 없으며 전쟁할 때를 모면할 사람도 없으니 악이 그의 주민들을 건져낼 수는 없느니라"(전 8:7-8). 인간은 유한합니다. 미래의 일을 기약할 수 없습니다. 어떤 일이라도 벌어질 수 있습니다. 세상에 만연한 불행이 나와 무관하다고 말할 수 있는 사람은 없습니다. 지금 사는 모습을 보면 5년, 10년 후의 모습이 어떠할지 짐작할 수 있지만, 그것은 그저 예측일 뿐입니다. 예상하지 못한 일들이 끼어들어 우리 인생의 방향을 바꿔 놓는 일이 많습니다. 인간은 알 수 없는 미래를 향해 몸을 앞으로 내밀며 조금씩 나아갈 뿐입니다. 그 길의 끝이 무엇인지는 알 수 없습니다.

인생이 그러하다면, 우리가 통제할 수 있는 일은 아무것도 없는 것일까요? 그렇지 않습니다. 알 수 없다고 하여 오늘을 대충 살면 안 됩니다. 영원에 잇댄 하루를 충실히 살아야 합니다. 이정하 시인은 「바람 속을 걷는 법」이라는 시에서, 바람 불지 않으면 세상살이가 아니라고 말합니다. 그러면서 산다는 것은 바람이 잠자기를 기다리는 것이 아니라, 그 바람을 헤치고 앞으로 나가는 것이라 말합니다.[8] 그것이 바로 존재의 용기입니다.

믿음으로 사는 이들은 알 수 없는 세계를 두려워하지 않습니다. "믿음은 바라는 것들의 실상이요 보이지 않는 것들의 증거니 선진들이 이로써 증거를 얻었느니라"(히 11:1-2). 히브리서 기자가 말하는 믿음의 삶입니다. "실상"이라는 단어는 헬라어로 '본질', '확고함', '용기'라는 뜻을 담고 있습니다. 믿음은 우리가 바라는 세상을 꼭 붙드는 용기입니다. 또한 보이지 않는 세상을 꿰뚫어 보는 것입니다. 하나님 나라는 눈에 보이지 않지만, 하나님 나라에 대한 신앙이 우리 삶을 든든하게 붙들어 줍니다. 다가오고 있는 하나님 나라를 꿰뚫어 보고 그 질서 속에 기꺼이 들어가는 것이 믿음입니다. 중도에 방해물을 만날 수도 있지만, 지향을 잃어버리지 말아야 합니다.

인간은 죽는 날을 주장할 수도 없고, 전쟁할 때를 모면할 수도 없습니다. 세상 도처에서 벌어지고 있는 전쟁은 수많은 사람들의 삶을 파괴합니다. 전쟁도 닥쳐오는 것입니다. 물론 전쟁을 기획하고 수행하는 이들이 있지만, 평범한 사람들에게 전쟁은 거대한 불의로 다가올 뿐입니다. 나중까지 남는 것은 편 가르기밖에 없습니다.

호메로스의 『일리아스』는 트로이 전쟁을 다루고 있습니다.[9] 헬레나라는 여인 때문에 벌어진 그 전쟁은 그리스와 트로이의 수많은 영웅들을 죽음으로 몰아갑니다. 전쟁이 지속되면서 그들은 전쟁의 이유조차 망각한 채 맹목적인 적의에 이끌려 싸우게 됩니다. 전쟁이라는 허리케인이 닥쳐오면 사람들은 속수무책으로 거기 휩쓸릴 수밖에 없습니다. 코헬렛은 그런 역사의 부조리를 냉철한 시선으로 바라보고 있습니다. 그렇다고 악이 궁극적 승리를 거두는 것도 아닙니다. 악이 그의 주민들을 건져낼 수 없다는 말은 악행을 저지른 사람이 숨을 곳은 없다는 것을 의미합니다.

어느 시대에나 전쟁이 종식된 평화로운 세상의 꿈을 꾸는 이들이 있었습니다. 나라와 나라 사이에 전쟁 연습을 하지 않는 세상의 꿈, 사자와 어린 양이 함께 뛰노는 세상의 꿈은 얼마나 영롱합니까. 『삼국유사』에 나오는 이야기도 그러한 역사의 꿈을 절묘하게 보여줍니다. 어느 날 신라 신문왕이 동해 앞바다에 작은 산 하나가 물에 떠서 왔다 갔다 한다는 소식을 듣습니다. 왕은 사람을 보내어 거기에 무엇이 있는지 알아보라고 합니다. 신하들이 살펴보니 그 한복판에 신비한 대나무 한 그루가 자라고 있었습니다. 낮에는 둘로 갈라졌다가 밤에는 하나로 합쳐지는 희한한 대나무였습니다. 왕은 그 대나무로 피리를 만들었는데, 그 피리를 불면 흉흉하던 물결이 잠잠해지고, 거칠었던 사람들의 마음이 부드러워지며, 나중에는 전쟁까지도 끝이 났다고 합니다. 그 피리의 이름은 만 가지의 파도를 잠잠하게 하는 피리라는 뜻을 가진 만파식적萬波息笛입니다.

 이런 피리가 하나 있다면 얼마나 좋을까요? 그러나 현실 속에서 그런 피리는 존재할 수 없습니다. 하지만 꿈을 꾸는 이들이 많아진다면, 평화의 세상은 조금씩 확장되지 않을까요? 바람도, 죽음도, 전쟁도 우리가 통제할 수 없지만, 그런 한계 속에서 우리가 어떤 태도를 취할 것인지는 우리에게 달린 문제입니다. "사로잡힐 자는 사로잡혀 갈 것이요 칼에 죽을 자는 마땅히 칼에 죽을 것이니 성도들의 인내와 믿음이 여기 있느니라"(계 13:10). 인내와 믿음으로 가야 하는 길이 우리 앞에 있습니다.

4부

부조리의
바다에서
섭리를
찾다

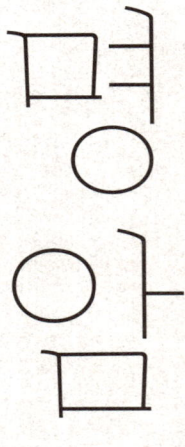

**열일곱 번째 강의**

악인과 의인

8:9-17

사람들에게 "전도서 하면 떠오르는 게 있나요?" 하고 물으면 성경을 많이 읽지 않은 사람조차 "허무주의요"라고 대답할 때가 많습니다. 그만큼 '허무' 혹은 '헛됨'이라는 단어가 압도적인 인상을 주기 때문입니다. 고린도전서 하면 자동적으로 '사랑장'이라 일컫는 13장을 떠올리는 것과 유사합니다. 빛이 강력하면 오히려 시야가 차단되는 것처럼, 이러한 나름의 편견은 우리로 하여금 그 너머를 보지 못하게 할 때가 많습니다. '케 세라 세라'Que sera sera라는 말을 들어 보셨을 것입니다. 사람들은 이 말을 '될 대로 되라. 나는 적당히 즐기며 살겠다'는 의미로 받아들이는 경우가 많습니다. 사실 이 스페인 어구는 '무슨 일이든 일어날 일은 일어난다'는 뜻이라고 합니다. 미래에 대해 걱정만 하지 말고, 눈앞에 닥쳐온 일들을 자기 인생으로 담담하게 받아들이자는 일종의 권고입니다. 코헬렛이 전하는 메시지와 유사합니다. 무언가에 대한 집착이 우리 삶을 힘겹게 만듭니다. 세상이 이러저러해야 한다는 생각에 골똘한 사람일수록 그렇지 않은 현실 때문에 낙심합니다. 우리가 내면화한 가치들이 속절없이 부정당하는 현실을 보면 누구라도 정서적 타격을 입게 마련입니다. 코헬렛은 현실이 그러함을 부정하지 말고 그 현실을 냉정하게 꿰뚫어 보면서 오늘에 충실하자고 말합니다. 오늘 본문을 함께 읽어 보겠습니다.

> 내가 이 모든 것들을 보고 해 아래에서 행하는 모든 일을 마음에 두고 살핀즉 사람이 사람을 주장하여 해롭게 하는 때가 있도다. 그런 후에 내가 본즉 악인들은 장사지낸 바 되어 거룩한 곳을 떠나 그들이 그렇게 행한 성읍 안에서 잊어버린 바 되었으니 이것도 헛되도다. 악한 일에 관한 징벌이 속히 실행되지 아니하므로 인생들이 악을 행하는 데에 마음이 담대하도다. 죄인은 백 번이나 악을 행하고도 장수하거니와 또한 내가 아노니 하나님을 경외하여 그를 경외하는 자들은 잘될 것이요 악인은 잘되지 못하며 장수하지 못하고 그날이 그림자와 같으리니 이는 하나님을 경외하지 아니함이니라. 세상에서 행해지는 헛된 일이 있나니 곧 악인들의 행위에 따라 벌을 받는 의인들도 있고 의인들의 행위에 따라 상을 받는 악인들도 있다는 것이라. 내가 이르노니 이것도 헛되도다. 이에 내가 희락을 찬양하노니 이는 사람이 먹고 마시고 즐거워하는 것보다 더 나은 것이 해 아래에는 없음이라. 하나님이 사람을 해 아래에서 살게 하신 날 동안 수고하는 일 중에 그러한 일이 그와 함께 있을 것이니라. 내가 마음을 다하여 지혜를 알고자 하며 세상에서 행해지는 일을 보았는데 밤낮으로 자지 못하는 자도 있도다. 또 내가 하나님의 모든 행사를 살펴보니 해 아래에서 행해지는 일을 사람이 능히 알아낼 수 없도다. 사람이 아무리 애써 알아보려고 할지라

도 능히 알지 못하나니 비록 지혜자가 아노라 할지라도 능히 알아내지 못하리로다(전 8:9-17).

성경이 들려주는 이야기는 확연하게 머리에 그림이 그려지는 경우도 있지만 이해하기 어려울 때가 참 많습니다. 성경의 삶의 자리가 우리와는 다르기 때문입니다. 역사적, 문화적 맥락이 다르고, 언어의 활용 또한 다르기 때문입니다. 성경을 무턱대고 많이 읽는다고 해서 뜻이 확연하게 풀어지는 것은 아닙니다. 옛말에 '독서백편의자현'讀書百遍 義自見이라는 말이 있습니다. '책이든 문헌이든 백 번을 읽으면 저절로 그 속뜻이 드러난다'는 뜻입니다. 그래서 옛 선비들은 텍스트를 읽고 또 읽었습니다. 이런 공부법도 필요하지만, 성경을 제대로 읽기 위해서는 좋은 안내자가 필요합니다. 자칫 잘못하면 엉뚱한 해석에 빠져들 수도 있으니 말입니다. 숲을 배경으로 사는 이들이 정글칼로 잡목이나 덩굴을 툭툭 쳐내면서 길을 열어 주듯, 성경 공부를 할 때도 사유의 길을 열어 주는 이들의 안내를 받는 것이 중요합니다.

## 권력이 작동하는 세상에서

"내가 이 모든 것들을 보고 해 아래에서 행하는 모든 일을 마음에 두고 살핀즉 사람이 사람을 주장하여 해롭게 하는 때가 있도다"(전 8:9). 계속 나오는 이야기입니다만, 코헬렛은 살피는 사람입니다. 살핌이야말로 공부의 시작입니다. 그는 특정한 현상이나 사태에만 관심을 갖지 않습니다. 해 아래에서 행하는 혹은 일어나는 모든 일을 그는 마음에 두고 살핍니다. 모든 것이 헛되다고 말하는 이의 태도라고는 믿어지지 않을 정도의 집중입니다.

그와 같이 모든 일을 살펴보다가 그는 사람이 사람을 주장하여 해롭게 하는 때가 있음을 깨닫습니다. '주장하다'라는 단어는 '지배하다', '위세를 부리다'라는 뜻입니다. 사람살이의 마당은 어떠한 형태든 권력이 작동하게 마련입니다. 사람들이 맺는 관계도 완전히 평등하지는 않습니다. 주도권을 쥐는 사람이 꼭 있습니다. 아무리 친밀한 관계여도 한 사람이 일방적으로 지배권을 행사하려 하면 관계가 틀어지기 쉽습니다. 세심한 주의가 필요합니다.

애초에 하나님은 사람을 지배자와 피지배자로 나누어 창조하지 않으셨습니다. 모든 사람이 저마다의 존엄을 누리며 살도록 지으셨습니다. '하나님의 형상'이라는 말 속에 그러한 뜻이 담겨 있습니다. 무한한 자기확장 욕망에 기초해 세워진 제국들은 그러한 평등의 이상을 비웃었습니다. 모든 인간을 무한히 소중한 존재로 인식하는 제국은 없다고 말해도 무방할 것입니다. 제국의 신화는 지배계급과 피지배계급의 구별이 신의 뜻에 의한 것이라고 말합니다. 신의 뜻은 바꿀 수 없습니다. 아주 강력한 숙명론입니다. 숙명론을 받아들이는 순간 저항은 불가능해집니다.

성경이 혁명적인 것은 그 숙명론의 너울을 벗겨냈기 때문입니다. 모든 사람이 하나님의 형상입니다. 그러므로 함부로 대하면 안 됩니다. 그들은 대체 불가능한 존재이며, 하나님이 그 생명의 뿌리가 되십니다. 남자와 여자의 창조 이야기도 바로 그러한 사실을 보여줍니다. 하나님은 아담을 깊이 잠들게 하신 뒤 그의 갈비뼈 하나를 뽑아서 여자를 만드셨습니다. 남자의 질료는 흙입니다. 하나님은 흙을 빚어 여자를 만드실 수 있었음에도 왜 굳이 남자의 갈비뼈를 뽑아 만드신 것일까요? 그 해답은 잠에서 깨어난 아담이 부른 기쁨의 노래 속에 암시되어 있습니다. "아담이 이르되 이는 내 뼈 중의 뼈요 살 중의 살이라. 이것을 남자에게서 취하였은즉 여자라 부르리라 하니라"(창 2:23). 인간은 서로에게 종속된 존재입니다. 너 없이는 나도 없다는 뜻입니다.

타락 이전의 모습은 서로 다른 존재의 평화로운 공존과 조화입니다. 지배가 들어설 자리가 없습니다. 하나님의 질서 속에는 강제가 없습니다. 사람은 개별적 존재이지만 타자들과의 창조적인 관계를 통해 삶을 이어갑니다. 상호 존중과 사랑과 이해가 그 관계의 기본입니다. 아낌과 귀히 여김이야말로 인간 본연의 모습이라는 말입니다. 하지만 죄가 들어오면서 모든 것이 변하고 말았습니다. 아담은 내 뼈 중의 뼈요 살 중의 살이라고 찬탄하던 자기 파트너를 "하나님이 주셔서 나와 함께 있게 하신 여자"(창 3:12)라 칭합니다. 일종의 거리 두기입니다. 사랑은 잡아당기고 미움은 밀어낸다는 말이 있습니다. 이런 서먹함을 통해 멀어진 그 자리에 지배의 욕망이 들어섭니다. 물론 하나님은 사람에게 땅을 정복하고 모든 생명을 다스리라고 명령하셨습니다(창 1:28). 그 명령은 거칠고 황량한 자연과 맞서 싸워야 했던 인간의 경험을 반영하고 있습니다. 사람은 그 명령을 따라 땅을 개간하여 농사를 짓거나 야생 동물들을 길들여 가축화했습니다.

그러나 인간을 힘으로 지배하는 것은 하나님의 뜻이 아닙니다. 지배하는 이들은 지배당하는 이들의 아픔과 눈물을 헤아리지 않습니다. 국민으로부터 위임된 권력을 사유화하는 일들이 도처에서 벌어집니다. 선한 일을 하라고 위임된 권력을 자기와 자기 패거리의 이익을 위해 사용하는 일이 많아질 때 세상은 혼란에 빠집니다. 타락한 권력은 재앙입니다. 권력은 공평함이 없는 세상에서 사람들이 안심하며 살 수 있는 세상을 만들라고 주어진 것입니다. 예수님은 서로 누가 큰지 다투는 제자들을 보며 마치 유언하듯 말씀하셨습니다.

"이방인의 임금들은 그들을 주관하며 그 집권자들은 은인이라 칭함을 받으나 너희는 그렇지 않을지니 너희 중에 큰 자는 젊은 자와 같고 다스리는 자는 섬기는 자와 같을지니라"(눅 22:25-26). 이 마음을 잃어 세상이 어지럽습니다.

몸의 중심은 고통받는 지체입니다. 병이 들어 괴로울 때 몸은 그 약해진 지체를 회복시키기 위해 자기 에너지를 양보합니다. 그 지체의 회복이 유기체 전체를 위해 유익하다는 사실을 몸이 이해하고 있기 때문입니다. 이것을 확장하면, 사회의 중심이 약자가 되어야 함을 알 수 있습니다. 고통받는 사람이 중심이 될 때 세상은 따뜻해집니다.

많은 것을 누리며 살면서도 그것이 다른 이들에게는 허락되지 않는다는 사실을 모르는 이들이 많습니다. 예를 들면, 남성들이 그러합니다. 남성들을 싸잡아서 비난하려는 것이 아닙니다. 지금은 다소 해소되는 추세이긴 합니다만, 우리 사회는 남성 중심적이었습니다. 취업이나 승진에서 여성들은 많은 불이익을 감수할 수밖에 없었습니다. 횡단보도를 건너는 상황을 떠올려 보십시오. 보행에 지장이 없는 사람들은 신호가 바뀐 다음 길을 건너는 것이 그렇게 어려운 일이 아닙니다. 하지만 노인이나 환자, 장애인들에게 횡단보도를 건너는 것은 거의 모험이나 마찬가지입니다. 다 건너기도 전에 신호가 바뀌고 성급한 운전자들이 기다리지 못하고 차를 움직이기 시작하면 상황은 더욱 어려워집니다. 건강한 사람의 속도에 맞추는 사회는 그렇지 못한 사람들에게 매우 폭력적입니다.

한 가지만 더 예를 들어 보겠습니다. 감리교회 운동을 시작한 존 웨슬리는 기독교인이 일상의 자리에서 늘 명심해야 할 삶의 원리를 세 가지로 요약했습니다.

첫째, "해를 끼치지 마라"Do no harm. 너무 소극적인 윤리 같지만 이것이 선한 삶의 기초입니다.

둘째, "선한 일을 행하라"Do good. 그는 할 수 있는 모든 때에, 모든 곳에서, 할 수 있는 모든 수단으로, 할 수 있는 한 오래도록 선을 행하라고 말합니다.

셋째, "하나님의 사랑 안에 머물라"Stay in love of God. 선한 일을 할 수 있는 힘은 하나님의 사랑 안에 머물 때 얻을 수 있습니다.

해를 끼치지 말라는 말은 구체적으로 누군가에게 나쁜 행동을 하지 말라는 것을 가리키지만, 그 의미를 조금 더 깊이 살펴볼 필요가 있습니다. 예를 들어 보겠습니다. 한 성도가 교회에 가면서 굉장히 비싼 옷을 입었습니다. 그런데 그 교회에 정말 가난해서 남루한 옷을 입고 지내는 사람이 있다고 생각해 보십시오. 그가 값비싼 옷을 입은 성도를 보는 순간, 자기 처지가 떠올라 비애감에 사로잡힐 수도 있습니다. 부자가 딱히 나쁜 행동을 한 것은 아니지만, 힘겨운 처지에 있는 사람의 마음을 헤아리지 못해 결국 해를 끼친 셈입니다. '그렇게 하나씩 따지면 힘들어서 어찌 살겠는가' 하고 생각할 수도 있지만, 믿음의 사람들은 그런 배려도 할 줄 알아야 합니다.

### 느린 정의, 더딘 심판

"그런 후에 내가 본즉 악인들은 장사지낸 바 되어 거룩한 곳을 떠나 그들이 그렇게 행한 성읍 안에서 잊어버린 바 되었으니 이것도 헛되도다"(전 8:10). 이 구절 역시 모호해서 알아듣기 어렵습니다. "거룩한 곳"은 성전이 있던 예루살렘을 지칭합니다. 악인이지만 그도 성전을 드나들었다는 말일까요? 물론 성전은 거룩한 곳이고 경건한 마음으로 들어가야 하는 곳이지만 온갖 사람들이 드나드는 곳입니다. 천사가 불칼을 들고 지키고 있는 것이 아니기에 누구나 그곳에 들어갈 수 있었습니다. 물론 이방인과 여자들은 정해진 구역을 벗어날 수 없었습니다. 코헬렛은 악인이 잊혀지는 현실을 못마땅하게 바라봅니다.

새번역은 이 구절을 조금 다르게 번역하는데 뜻이 명료합니다. "나는, 악한 사람들이 죽어서 무덤에 묻히는 것을 보았다. 그런데 사람들은 장지에서 돌아오는 길에 그 악한 사람들을 칭찬한다. 그것도 다른 곳이 아닌, 바로 그 악한 사람들이 평소에 악한 일을 하던 바로 그 성읍에서, 사람들은 그를 칭찬한다. 이런 것을 보고 듣노라면 허탈한 마음 가눌 수 없다." 장례식장에 모인 사람들은 고인의 허물과 죄를 드러내기보다 그의 덕성을 찾으려 애씁니다. 그러다 보면 그들의 부정적인 모습은 감추어집니다. 장례식장에서 저는 이런 말을 들어 본 적이 없습니다. "그는 악인이었습니다. 그가 행한 악행이 얼마나 우리에게 고통을 주었는지 모릅니다. 그의 폭력적인 성향 때문에 가족들은 날마다 지옥을 경험했습니다. 이 사람은 다시는 태어나서는 안 될 사람입니다. 그가 세상을 떠났다는 사실이 이렇게 고마울 수가 없습니다. 이제는 해방입니다."

철학자 자끄 데리다는 죽음이 다가왔을 때, 자신의 장례식 조사를 써서 아들 피에르에게 자신이 죽은 뒤 그것을 대신 읽어 달라고 부탁했습니다. 피에르는 장례식에서 아버지가 남긴 조사를 낭독했습니다. 데리다는 조사에서 조문객들에게 감사와 축복의 말을 건넨 뒤, 제발 슬퍼하지 말고 함께 나누었던 행복한 순간들을 기억해 달라고 청합니다. 그가 쓴 마지막 문장이 아름답습니다.

나는 마지막 순간까지 여러분을 향해 미소 지을 것입니다. 그렇게 여러분도 나를 향해 미소 지어 주십시오. 언제나 삶을 사랑하고 생존하여 살아냄을 긍정하는 것을 멈추지 마십시오. 나는 여러분을 사랑합니다. 그리고 내가 어디에 있든지 여러분을 향해 언제나 미소 짓고 있을 것입니다.¹

아름다운 마무리입니다. 코헬렛은 이와는 정반대의 현실을 보며 탄식하는 것입니다. 그가 저지른 온갖 악행의 흔적이 남아 있는 곳에서조차 그를 칭찬하는 사람들이 있는 현실을 바라보니 허탈한 마음을 가눌 수 없습니다. 악을 악으로 드러내지 않고 미화하는 것이 인간의 아름다움일까요? "죄는 미워하되 사람은 미워하지 말라"는 말이 있지만, 그럴듯한 수사일 뿐 그 둘을 구별하기란 여간 어려운 일이 아닙니다.

"악한 일에 관한 징벌이 속히 실행되지 아니하므로 인생들이 악을 행하는 데에 마음이 담대하도다"(전 8:11). 그런 현실을 보며 코헬렛은 약간 분노한 것 같습니다. 누군가가 잘못을 저질렀을 때 즉각 징벌이 가해진다면 누가 감히 잘못을 행할 엄두를 내겠습니까? 징계를 미룸으로 악에게 기회를 줄 때가 많습니다.

더 심각한 문제는 사회와 공동체에 해를 끼치는 사람들이 법의 제재를 받는가 하면, 그렇지 않다는 데 있습니다. 높은 지위에 있는 사람의 경우에는 더욱 그러합니다. 어쩌다 그들의 악행이 드러나고 법의 제재가 가해져도 그들은 금방 풀려나곤 합니다. 사람들이 검사와 조폭을 등장시키는 영화를 즐겨 보는 것은 법망을 교묘하게 빠져나가는 사람들을 의기 충만한 검사나 형사가 직접 응징하는 장면이 주는 카타르시스 효과 때문이 아닐까요? 대리만족하는 것입니다. "법은 멀고 주먹은 가깝다"는 말도 그런 현실에 대한 풍자입니다.

## 부조리한 현실을 살아간다는 것

"죄인은 백 번이나 악을 행하고도 장수하거니와 또한 내가 아노니 하나님을 경외하여 그를 경외하는 자들은 잘될 것이요 악인은 잘되지 못하며 장수하지 못하고 그날이 그림자와 같으리니 이는 하나님을 경외하지 아니함이니라"(전 8:12-13). 이 구절은 왠지 부조화스럽게 느껴집니다. "죄인은 백 번이나 악을 행하고도 장수하거니와"라는 구절과 "악인은 잘되지 못하며 장수하지 못하고"라는 구절이 충돌하기 때문입니다.

새번역은 다음과 같이 번역합니다. "악한 사람이 백 번 죄를 지어도 그는 여전히 살아 있다. 사람들은 말한다. '하나님 앞에 경건하게 살면서 하나님을 두려워하는 사람은 모든 일이 다 잘되지만 악한 자는 하나님을 두려워하지 않으니, 그가 하는 일이 잘될 리 없으며, 사는 날이 그림자 같고 한창 나이에 죽고 말 것이다.'" 이렇게 보니 뜻이 분명해집니다. 관습적인 지혜 혹은 사회적 통념은 악한 자가 망할 것이라고 가르치지만 현실은 그렇지 않다는 말입니다.

악인들은 번성하고 하나님을 경외하는 사람들은 어려움을 겪는 현실의 부조리가 우리 마음을 흔듭니다. 그렇다고 해도 악인들이 늘 승리하고 하나님을 경외하는 사람들이 늘 어려움을 겪는 것도 아닙니다. 사람들에게 흰 백지 위에 점 하나를 찍어 놓고 무엇이 보이냐고 물어보면, 대부분의 사람들은 점이 보인다고 말합니다. 그것도 딱히 틀린 말은 아니지만, 사람들은 점에 시선을 빼앗겨 비어 있는 공간은 보지 못합니다. 그 빈 공간이 훨씬 큰데도 말입니다.

한국 교회에 대해 절망하는 분들이 많습니다. 하지만 저는 교회에 대한 부정적 인식을 만들어내는 사람들보다 선한 뜻을 품고 사는 사람이 훨씬 많다고 생각합니다. 그들의 존재가 눈에 띄지 않을 뿐입니다.

"세상에서 행해지는 헛된 일이 있나니 곧 악인들의 행위에 따라 벌을 받는 의인들도 있고 의인들의 행위에 따라 상을 받는 악인들도 있다는 것이라. 내가 이르노니 이것도 헛되도다"(전 8:14). 코헬렛은 삶의 부조리에 분노합니다. 악인이 받아야 할 벌을 의인이 받는가 하면, 의인에게 주어져야 할 상이 악인에게 주어지기도 합니다.

칸트는 자기 마음을 감탄과 경외로 가득 채우는 것이 두 가지 있다고 말합니다. 별이 총총히 빛나는 하늘과 자기 마음속에 있는 도덕 법칙이 그것입니다. 어두운 현실에 자꾸 눈길을 줄 때, 하늘의 별빛은 흐려지고 우리 안의 도덕 법칙도 작동 불능 상태에 빠지게 됩니다. 악한 세상과 타협하거나 적응하는 이들이 많습니다. 정신적 예민함이 사라질 때 우리 영혼은 남루하게 변하기 시작합니다. 사람다운 삶이란 내게 비록 보상이 주어지지 않더라도 선을 실천하는 것이고, 심은 것을 거두리라는 전망이 보이지 않아도 씨를 뿌리는 것이 아닐까요? 마땅히 해야 할 일이기에 하는 것이 믿음입니다. 믿음을 갖고 산다는 것은 그런 것입니다.

### 새로운 질서를 만드는 길

"이에 내가 희락을 찬양하노니 이는 사람이 먹고 마시고 즐거워하는 것보다 더 나은 것이 해 아래에는 없음이라. 하나님이 사람을 해 아래에서 살게 하신 날 동안 수고하는 일 중에 그러한 일이 그와 함께 있을 것이니라"(전 8:15). 코헬렛은 여기서 우리 마음의 패턴을 바꾸자고 말합니다. 심연을 바라보는 사람의 눈은 심연을 닮게 마련입니다. 부정적인 현실 때문에 스스로 개미지옥 속에 빠져들지 말고, 우리에게 주어진 현실이 얼마나 소중한지를 알아차려야 한다는 것입니다.

그는 희락을 찬양합니다. 희락은 기쁨과 즐거움입니다. 희락은 우리 마음속에 있는 유쾌함, 명랑함, 가벼움이라고 해도 무방합니다. 누가 기뻐하는 사람일까요? 기뻐해야 할 조건이 많은 사람일까요? 가만히 살펴보면 행복의 조건을 다 갖추고도 불만족 속에 살면서 주변 사람을 고문하는 이들이 많습니다. 기뻐하는 사람은 욕망의 무한 회로에서 벗어나 주어진 것을 누릴 줄 아는 사람입니다.

악과 싸워 이기는 사람은 힘이 있는 사람이 아니라 명랑함을 잃지 않는 사람입니다. 마음의 무거움을 자꾸 덜어낼 줄 알아야 어둠에 짓눌리지 않을 수 있습니다. 악한 세상을 바라보며 우울함에 빠져서 젖은 솜처럼 살면 안 됩니다. '세상은 늘 그래 왔지만 나는 거기에 굴복하지 않겠다'는 유쾌한 다짐이 필요합니다. 그런 이들은 지금 이 순간을 은총으로 경험합니다. 먹고 마시고 즐거워합니다. 홀로 자족하는 데 그쳐도 안 됩니다. 그런 뜻을 품은 이들의 연대가 절실합니다. 내가 혼자가 아니라는 사실을 알 때 우리는 우울의 포로가 되지 않을 수 있습니다.

신자유주의 경제 질서는 우리를 끊임없이 고립시킵니다. 믿을 것은 자기밖에 없다는 생각을 계속 주입합니다. 한정된 재화를 차지하기 위해 사람들은 각박한 투쟁을 벌입니다. 이런 세상을 완전히 벗어나서 살 수는 없더라도 그런 질서와는 전혀 다른 질서를 만들어야 합니다. 자본주의 사회는 우리가 하는 모든 일을 돈으로 환산하여 셈합니다. 서비스를 제공하면 돈을 받고, 서비스를 제공받으면 돈을 내야 합니다. 우리는 이런 일들에 익숙합니다.

그러나 다른 세상도 있습니다. 다른 이들을 돕기 위해 자기 시간과 재능을 아낌없이 내놓는 이들도 많습니다. 오지에 가서 봉사활동을 하는 분들을 보면 감동하지 않을 수 없습니다. 그들은 사서 고생하는 사람들입니다. 그들은 어쩌면 이 타락한 세상을 보고 진노하신 하나님의 팔을 붙들고 있는 사람들인지도 모르겠습니다. 꼭 오지에 가지 않더라도 기꺼운 마음으로 자기를 선물로 내주는 사람들이 있습니다. 새로운 세상은 그런 이들을 통해 열립니다.

고대 그리스 철학자 에피쿠로스는 이런 말을 했습니다. "먼 데 있는 것에 대한 욕심 때문에 가까이 있는 것을 무시하지 마라. 그리고 지금 가까이 있는 것도 한때 당신이 갈망하며 소망했던 것임을 생각하라." 사람은 먼 데 있는 것에 대한 욕심 때문에 가까이 있는 것들을 소홀히 합니다. 이것이 인간의 병통입니다. 지금 우리가 누리고 있는 것들이 한때는 우리가 갈망하던 것임을 잊지 말아야 합니다.

## '알 수 없음'을 받아들이는 지혜

"내가 마음을 다하여 지혜를 알고자 하며 세상에서 행해지는 일을 보았는데 밤낮으로 자지 못하는 자도 있도다. 또 내가 하나님의 모든 행사를 살펴보니 해 아래에서 행해지는 일을 사람이 능히 알아낼 수 없도다. 사람이 아무리 애써 알아보려고 할지라도 능히 알지 못하나니 비록 지혜자가 아노라 할지라도 능히 알아내지 못하리로다"(전 8:16-17). 밤낮으로 자지 못하는 사람은 일 중독자입니다. 해야 할 일에 온통 마음을 빼앗겨 잠까지 못 이루는 삶은 얼마나 고단합니까? 수많은 연구자들이 잠을 지새우며 연구에 몰두합니다. 그들의 노력 덕분에 많은 이들이 혜택을 누리는 것이 사실입니다. 하지만 하나님이 밤을 만드신 것은 쉬면서 자기 삶을 돌아보라는 데 있지 않을까요?

사람은 세상에서 벌어지는 모든 일을 이해하고자 하지만, 하나님이 하시는 일을 모두 알아낼 수 없습니다. 반복해서 드리는 말씀입니다만, '알 수 없음'을 받아들이는 것이 지혜입니다. 인간의 일도 다 알 수 없는데, 하나님에 대해서라면 더 말해 무엇하겠습니까? 저는 늘 하나님에 대해 다 아는 것처럼 말하는 종교인들을 경계하라고 말합니다. 하나님의 음성을 들었다거나 어떤 비전을 보았다면서 다른 이들의 마음을 사로잡으려는 이들이 있습니다. 나쁜 종교인들입니다. 미혹하는 영들이 많습니다.

노자는 『도덕경』에서 "믿음직한 말은 번지르르하지 않고, 번지르르한 말은 미덥지 않다"信言不美 美言不信 했습니다. 새겨들어야 할 말입니다. 사도 바울도 이와 비슷한 말을 했습니다. "깊도다. 하나님의 지혜와 지식의 풍성함이여, 그의 판단은 헤아리지 못할 것이며 그의 길은 찾지 못할 것이로다. 누가 주의 마음을 알았느냐. 누가 그의 모사가 되었느냐"(롬 11:33-34). 하나님의 지혜와 지식을 인간은 다 알 수 없습니다. 그분을 경외하는 삶 가운데 지금 우리에게 주어진 것들을 감사함으로 누려야 합니다.

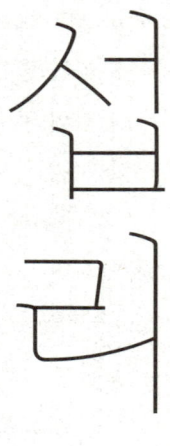

**열여덟 번째 강의**

모두 다
하나님의 손안에 있다
9:1-10

몇 년 전, 우리 교인 가운데 연세 많으신 한 분이 지하철 계단을 내려가고 있었습니다. 그때 한 젊은이가 지하철이 들어오는 소리를 듣고 서두르다가 그 어르신을 툭 치고 지나갔습니다. 그분은 이내 중심을 잃고 넘어지더니 결국 다리가 부러지고 말았습니다. 젊은이는 그 사실을 아는지 모르는지 황급히 사라졌습니다. 그 일을 접하고 '몸이 연약하신 분들은 계단을 내려갈 때 뒤에서 급한 소리가 들려오면 참 두렵겠다'는 생각이 들었습니다. 그 사건 이후로 저는 연세 많으신 분이 앞에 계시면 일부러 그 뒤를 천천히 따라갑니다. 어느 정도 보호한다는 마음으로 그렇게 합니다. 사람들은 저마다 자신에게 맞는 삶의 속도에 따라 살아가지만, 가끔은 다른 사람의 속도에 보조를 맞추는 사람이 보기에 좋습니다. 어르신들과 이야기를 나누며 천천히 걷노라면, 마음이 답답할 때도 있지만 고요해지기도 합니다. 오늘 본문을 살펴 보겠습니다.

이 모든 것을 내가 마음에 두고 이 모든 것을 살펴본즉 의인들이나 지혜자들이나 그들의 행위나 모두 다 하나님의 손안에 있으니 사랑을 받을는지 미움을 받을는지 사람이 알지 못하는 것은 모두 그들의 미래의 일들임이니라. 모든 사람에게 임하는 그 모든 것이 일반이라. 의인과 악인, 선한 자와 깨끗한 자와 깨끗하지 아니한 자, 제사를 드리는 자와 제사를 드리지 아니하는 자에게 일어나는 일들이 모두 일반이니 선인과 죄인, 맹세하는 자와 맹세하기를 무서워하는 자가 일반이로다. 모든 사람의 결국은 일반이라. 이것은 해 아래에서 행해지는 모든 일 중의 악한 것이니 곧 인생의 마음에는 악이 가득하여 그들의 평생에 미친 마음을 품고 있다가 후에는 죽은 자들에게로 돌아가는 것이라. 모든 산자들 중에 들어 있는 자에게는 누구나 소망이 있음은 산 개가 죽은 사자보다 낫기 때문이니라. 산 자들은 죽을 줄을 알되 죽은 자들은 아무것도 모르며 그들이 다시는 상을 받지 못하는 것은 그들의 이름이 잊어버린 바 됨이니라. 그들의 사랑과 미움과 시기도 없어진 지 오래이니 해 아래에서 행하는 모든 일 중에서 그들에게 돌아갈 몫은 영원히 없느니라. 너는 가서 기쁨으로 네 음식물을 먹고 즐거운 마음으로 네 포도주를 마실지어다. 이는 하나님이 네가 하는 일들을 벌써 기쁘게 받으셨음이니라. 네 의복을 항상 희게 하며 네 머리에 향 기름을 그치지 아니하도록 할지니라. 네 헛된 평생의 모든 날 곧 하나님이 해 아래에서 네게 주신 모든 헛된 날에 네가 사랑하는 아내와 함께 즐겁게 살지어다. 그것이 네가 평생에 해 아래에서 수고하고 얻은 네 몫이니라. 네 손이 일을 얻는 대로 힘을 다하여야 할지어다. 네가 장차 들어갈 스올에는 일도 없고 계획도 없고 지식도 없고 지혜도 없음이니라 (전 9:1-10).

### 한껏, 현재를 산다는 것

"이 모든 것을 내가 마음에 두고 이 모든 것을 살펴본즉"(전 9:1). 거듭 말씀드립니다만, 코헬렛은 무심하게 사는 사람이 아닙니다. 늘 주변을 살피고 성찰합니다. 참 중요한 태도입니다. 영국의 시인이자 화가였던 윌리엄 블레이크의 「순수의 전조」라는 시에 자주 등장하는 구절이 있습니다. "한 알의 모래에서 우주를 보고/들판에 핀 한 송이 꽃에서 천국을 본다." 이것은 시인의 과장일까요? 시인은 보통 사람들이 무심히 지나치는 세상 현실을 꿰뚫어 보는 사람입니다. 자기가 직관한 비상한 세계를 우리가 사용하는 일상의 용어로 재배치하여 보여줍니다. '시'詩는 '말씀 언'言과 '절 사'寺가 결합된 단어입니다. 다시 말해 시는 말씀의 사원이며, 사원은 거룩한 곳입니다. 시인은 우리에게 친숙한 세계에서 만나는 낯선 것, 위로부터 내려오는 낯선 것을 포착하여 전하는 사람입니다. 그러므로 한 알의 모래에서 우주를 본다는 말이나, 한 송이 꽃에서 천국을 본다는 말이 성립하는 것입니다. 그런 의미에서 코헬렛은 시인입니다.

코헬렛은 그와 같은 통찰을 통해 얻게 된 깨달음을 우리에게 전해 줍니다. 그런데 삶의 실상에 대한 깨달음은 인간의 보편적 윤리 감정을 거스를 때가 많습니다. "의인들이나 지혜자들이나 그들의 행위나 모두 다 하나님의 손안에 있으니 사랑을 받을는지 미움을 받을는지 사람이 알지 못하는 것은 모두 그들의 미래의 일들임이니라"(전 9:1). 지혜롭고 바르게 살면서 사람들에게 사랑과 존경을 받으면 다행이지만 현실은 그렇지 못할 때가 많습니다. 때로는 미움을 받기도 합니다. 예언자들의 운명을 생각해 보십시오. 그들이 안일한 삶에서 벗어나 위험을 무릅쓰고 하나님의 말씀을 전했지만, 결국 그들에게 돌아온 것은 외면과 박해와 죽음이었습니다.

미래는 누구에게나 불확실합니다. 불확실함을 공포로 느끼는 이들은 무언가 확실한 것을 붙잡으려 합니다. 미래에 내 삶을 든든하게 보장해 줄 것을 추구하느라 지금이라는 시간을 충실히 살아내지 못합니다. 그러나 확실한 것이라 여겼던 그것도 실은 안개와 같아서 한순간 스러져 버리곤 합니다. 돈도 명예도 권세도 우리의 미래를 보장해 주지 못합니다.

우리가 시간의 경과를 말할 때 대개 과거, 현재, 미래의 순서로 말합니다. 엄밀하게 말하자면, 시간의 흐름은 정반대입니다. 미래로부터 현재로 흘러와 과거로 밀려갑니다. 과거는 지나가 버렸기 때문에 이미 우리에게 없습니다. 미래 역시 아직 오지 않았기 때문에 지금 우리에게 없습니다. 우리는 오직 현재를 살 뿐입니다. 그런데 현재는 미래나 과거와 무관하지 않습니다. 현재는 내가 살아온 과거의 결과입니다. 과거는 기억을 통해서 현재에 영향을 끼칩니다. 부정적인 기억은 우리 삶을 구속하여 창조적 삶을 살지 못하도록 합니다. 긍정적인 기억은 오늘의 곤고함을 견딜 수 있는 힘이 되기도 합니다. 미래 또한 기대 혹은 꿈이라는 형태로 현재에 강력한 영향력을 행사합니다. 아름다운 미래에 대한 꿈이 현실의 고단함이라는 수렁에 빠져드는 우리를 끌어올려 주기도 합니다. 과거는 믿음을 통해 정화되어야 하고, 미래는 소망을 통해 받아들여져야 하며, 현재는 사랑을 통해 영원과 잇대어져야 합니다. 그런 의미에서 믿음, 소망, 사랑은 우리 삶의 기본 조건입니다.

앞에서 라인홀드 니부어의 「평정을 구하는 기도」에 관해 잠시 언급했습니다만, 가장 잘 알려진 평정과 용기와 지혜를 구하는 기도 다음에 이어지는 내용 또한 제게 참 소중하게 다가옵니다.

하루를 살아도 한껏 살게 하여 주십시오.

한순간을 즐겨도 한껏 즐기게 하여 주십시오.

고난은 평화에 이르는 길임을 받아들이게 하여 주십시오.

죄로 가득 찬 이 세상, 주님께서 그대로 끌어안으셨듯이

저도 이 세상을 제 뜻대로 변화시키려 하지 않고

있는 그대로 끌어안게 하여 주십시오.

제가 하나님의 뜻에 항복하기만 한다면

하나님께서는 만사를 다 올바로 이룩하실 것을 믿게 하여 주십시오.

그리하여, 제가 이 세상에 사는 동안에는

소박素朴한 행복幸福을 누리고,

지극至極한 행복은

영원한 나라에서 주님과 함께 누리게 하여 주십시오.[1]

이 기도에 거듭 등장하는 "한껏"이라는 부사가 우리 가슴을 뒤흔듭니다. 우리는 현재를 한껏 살아내지 못합니다. 과거에 대한 기억에 사로잡히기도 하고 미래에 대한 불안 때문에 현재에 머물지 못합니다. '한껏 산다', '한껏 즐긴다'는 말은 방종한 삶을 살겠다는 의지가 아닙니다. 오롯이 그 순간에 주어지는 것에 집중하고 싶다는 말입니다. 고난에 관해서는 모든 고난이 평화에 이르는 길이라고 섣부르게 말할 수 없지만, 고난을 평화로운 세상을 열기 위한 계기로 삼을 수 있다면 그 또한 귀한 일이 아닐 수 없습니다. 죄로 가득 찬 세상을 있는 그대로 끌어안게 해달라는 기원은 자칫 오해를 불러일으킬 수 있습니다. 일종의 숙명론처럼 보이기 때문입니다. 하지만 이 대목은 현실이 부조리하다고 해서 낙심하지 말고, 그것이 우리 삶의 기본 조건임을 받아들이고 통찰하는 동시에 새로운 삶을 시작하자

는 다짐입니다. 새로운 삶을 시작할 용기는 모든 것을 올바로 이룩하실 하나님에 대한 신뢰로부터 주어집니다.

## 삶의 부조리와 죽음

"모든 사람에게 임하는 그 모든 것이 일반이라. 의인과 악인, 선한 자와 깨끗한 자와 깨끗하지 아니한 자, 제사를 드리는 자와 제사를 드리지 아니하는 자에게 일어나는 일들이 모두 일반이니 선인과 죄인, 맹세하는 자와 맹세하기를 무서워하는 자가 일반이로다"(전 9:2). 이 대목에서는 "일반"이라는 단어가 반복해서 등장합니다. 의인과 악인, 깨끗한 자와 깨끗하지 아니한 자, 제사를 드리는 자와 제사를 드리지 아니하는 자의 운명이 다를 바 없다는 것입니다. 당혹스러운 대목입니다. 코헬렛은 이런 부조리한 현실을 숨기려 하지 않습니다. 그를 사로잡고 있는 것은 누구도 피할 수 없는 죽음입니다. 우리는 시간 속에서 벌어지는 일들을 다 이해할 수 없고 받아들일 수도 없습니다. 선한 이들이 겪는 어려움을 볼 때마다 불공평한 세상 현실이 원망스러워집니다. 그런데 코헬렛은 모든 사람의 보편적 운명인 죽음을 떠올리고 있습니다. 죽음은 모든 차이를 없애 버립니다.

성경은 그 부조리를 해결하기 위해 하나님의 심판을 가르칩니다. 우리는 모두 하나님 앞에 서야 할 존재라는 것입니다. 기독교 전통은 죽음과 부활 사이에 연옥이라는 정화의 장소를 상정하기도 했습니다. 인간은 원죄로 인해 죄성을 타고나지만, 그렇더라도 자기가 지은 죄에 대해 책임을 져야 합니다. 연옥은 지옥으로 가기에는 조금 아깝고 천국에 가기는 부족한 이들의 정화 장소입니다. 물론 개신교 신학은 연옥의 존재를 상정하지 않습니다. 코헬렛은 이러한 개념을 끌고 오지 않습니다. 그에게 죽음은 미지의 세계입니다. 그에게 중요한 것은 지금 여기서의 삶입니다. 평화롭게 죽음을 맞이하고, 사랑의 분위기 속에서 생을 마감할 수 있는 사람은 진정 행복한 사람입니다. 세상에는 이런 죽음을 맞이하지 못하는 이들이 많습니다. 전쟁과 테러, 불시에 닥쳐오는 사고, 불가항력적인 질병은 폭력적 방식으로 사람들을 죽음의 세계로 끌어갑니다.

리 호이나키라는 작가는 화폐를 중심으로 작동되는 현실로부터 벗어나 자립적인 삶을 살아 보기 위해 정년이 보장된 대학 교수직을 버리고 농부가 되었습니다. 나중에는 주변부의 삶을 능동적으로 선택하기 위해 대학의 청소부로 일하기도 했습니다. 그가 쓴 책 가운데 하나가 『아미쿠스 모르티스』입니다.[2] 라틴어로 '아미쿠스'는 '친구'를 뜻하고, '모르티스'는 '죽음'을 뜻합니다. 그 책에서 호이나키는 독자들에게 죽음의 자리에 이르렀을 때 평안한 사랑의 분위기 속에서 생을 마감할 수 있도록 돕는 사람이 주위에 있는지 묻습니다. 여러분에게 그런 사람이 있나요? 그렇다면 행복한 사람입니다. 우리는 또 누군가에게 그런 사람인가요?

'죽음이 모든 차이를 무화시킨다면 굳이 선하게 살아야 할 필요가 있을까?'라는 질문을 안고 다음 대목을 보겠습니다. "모든 사람의 결국은 일반이라. 이것은 해 아래에서 행해지는 모든 일 중에 악한 것이니 곧 인생의 마음에는 악이 가득하여 그들의 평생에 미친 마음을 품고 있다가 후에는 죽은 자들에게로 돌아가는 것이라"(전 9:3). 차별 없는 죽음은 부조리해 보입니다. 선한 사람들은 아름다운 마무리를 하고 악한 사람들은 고생을 하다 가면 좋겠는데 그와 정반대로 흘러가는 경우를 보곤 합니다.

목회자로 사는 동안 꽤 많은 분들과 작별했습니다. 작별의 시간은 늘 고통스럽습니다. 천수를 누리고 떠나는 분들도 있지만 그렇지 못한 분들도 있습니다. 아무 말도 할 수 없을 때 차라리 침묵할 수 있으면 좋겠는데, 맡은바 장례식을 집례해야 할 때 말의 무력감을 절감하곤 합니다. 무고한 이들이 속절없이 죽어가는 현실을 볼 때 더욱 그러합니다. 어떤 말로도 남은 자들을 위로할 수 없습니다. 섣부른 말이 남은 이들에게 오히려 상처가 될 수도 있습니다. 나치의 수용소에서 가까스로 살아난 이들은 일평생 상처를 안고 살아야 했습니다. '왜 다른 이들이 죽임을 당할 때 나는 살아남은 것일까?' 그저 운이 좋았던 것이라 생각할 수도 있겠지만, 그들은 그런 쉬운 대답으로 스스로를 설득할 수 없었습니다.

그렇다면, 마음에 악이 가득하여 평생 미친 짓만 하다가 죽는 이들은 애도받을 자격이 없는 것일까요? 악한 사람의 죽음이라 하여 마냥 환호성을 지를 수 없습니다. 그 순간 우리의 인간성도 파괴되기 때문입니다. 모욕당하고 비인간 취급을 받았던 기억이 날이 갈수록 또렷해져서 견딜 수 없어 하는 이들에게 그들의 편안한 죽음은 고통입니다. 하지만 그 또한 부정할 수 없는 우리 현실의 일부입니다.

### 살아 있음의 희망

"모든 산 자들 중에 들어 있는 자에게는 누구나 소망이 있음은 산 개가 죽은 사자보다 낫기 때문이니라"(전 9:4). 코헬렛은 '지금 여기'에 집중합니다. 그는 죽은 자보다는 산 자가 낫다고 말합니다. 살아 있음이 곧 희망입니다. '살아 있다'는 말이 참 재미있습니다. '살다'와 '있다'가 연결되어 있습니다. 영어로 'I am'이라고 하면 '나는 있다'라는 뜻입니다. 그런데 'I am a boy'라고 하면 '나는 소년이다'가 됩니다. 똑같은 동사가 '있다'로 번역될 때도 있고, 종결형 서술격 조사인 '이다'로 번역될 때도 있습니다. 주어로서의 '나'는 항상 서술어를 통해 자신을 드러냅니다. 나는 홀로 독립적으로 존재하지만, 다른 이들과의 관계 속에서 자기를 형성해 가는 존재입니다. 타자야말로 나의 존립 근거가 된다는 말입니다. 인간의 인간됨은 누군가의 요구에 응답할 때 구현됩니다. 칼 야스퍼스는 "인간으로서 존재한다는 것은 인간으로 되어가는 것이다"라고 말했습니다. 인간은 고정된 실체가 아니라 변화에 개방되어 있는 존재입니다. 흔들림과 모호성은 모든 인간의 운명인지도 모르겠습니다. 죽음은 더 이상 변화가 불가능한 현실로의 돌입입니다. 살아 있음은 다른 존재로 변화될 수 있는 기회입니다. 산 자가 죽은 자보다 낫다고 말하는 것은 그 때문입니다. 코헬렛은 그것을 아주 흥미로운 비유를 통해 드러냅니다. "산 개가 죽은 사자보다 낫다." 성경에서 개는 대개 부정적 의미로 사용되는 반면, 사자는 하나님의 능력을 드러내거나 왕의 권세를 나타낼 때 사용됩니다. 코헬렛은 이 둘을 역전시키고 있습니다. 역전을 가능하게 한 것은 살아 있음입니다. 죽음은 정지이지만, 삶은 변화 가능성입니다. 변화할 수 있음이 곧 살아 있음의 징표입니다.

## 살아 있음의 무게와 아름다움

"산 자들은 죽을 줄을 알되 죽은 자들은 아무것도 모르며 그들이 다시는 상을 받지 못하는 것은 그들의 이름이 잊어버린 바 됨이니라. 그들의 사랑과 미움과 시기도 없어진 지 오래이니 해 아래에서 행하는 모든 일 중에서 그들에게 돌아갈 몫은 영원히 없느니라"(전 9:5-6). 살아 있음이 소중하지만 산다는 것은 역시 힘든 일입니다. 사랑에 빠져 가슴 벅찬 감동을 맛볼 때도 있지만, 누군가에 대한 미움 때문에 가슴을 후벼 팔 때도 있습니다. 원망과 시기심이 우리 삶을 무겁게 만들기도 합니다. 몸이 너무 아파서 차라리 죽기를 바랄 때도 있습니다. 삶이 권태로워서 어쩔 줄 몰라 방황할 때도 있습니다. 실패의 쓰라림 때문에 세상을 등지고 싶을 때도 있습니다. 지금 이야기한 것은 우리가 살면서 겪는 일들의 극히 일부분일 뿐입니다. 우리 감정을 동요시키는 일이 없는 평온한 삶이 때로는 그립습니다.

독일의 빔 벤더스 감독이 만든 영화 중에 「베를린 천사의 시」라는 작품이 있습니다. 이 영화에는 천사 다니엘이 등장합니다. 그가 하는 일은 어려움에 처한 사람들을 돕고 슬픔에 빠진 이들을 위로하는 것입니다. 어느 날 다니엘은 공중 곡예를 하는 어여쁜 마리온을 보고서 마음이 흔들립니다. 천사에게도 감정이 있나 봅니다. 다니엘은 마리온을 바라볼 수 있지만 그녀의 몸에 손을 대거나 온기를 느낄 수는 없었습니다. 마리온에 대한 마음이 깊어지면서 그는 깊이 절망합니다. 그때 그의 모습을 지켜보던 선배 천사가 다니엘에게 인간이 되는 방법이 있다고 말해 줍니다. 다니엘은 마리온 곁에 있고 싶은 마음에 결국 영원성을 버리고 시간 속에서 살아가야 하는 유한한 존재가 됩니다. 다니엘이 인간이 되는 순간부터 영화의 배경은 흑백에서 컬러로 바뀝니다. 이것은 사랑하고 미워하고 질투하는 인간의 감정이야말로 천사들이 가장 부러워하는 마음이라는 사실을 암시합니다. 다니엘에게는 불변하는 세계에서 누리는 천사의 지위보다 누군가와 접촉하고, 누군가의 슬픔을 느끼고, 누군가를 위해 울어 줄 수 있는 마음이 더 소중하게 느껴졌던 것입니다. 오늘 내 옆에 있는 가슴 시린 한 사람의 마음을 다독거려 줄 수 있다는 사실이야말로 우리가 진정 인간으로서 누릴 수 있는 아름다운 일이 아닐까요?

마종기 시인의 「겨울 기도」라는 시가 종종 떠오릅니다. 시인은 하나님께 "추워하며 살게" 해달라고 기도합니다. 겨울이 되어 찬바람이 불면 사람은 누구나 따뜻한 공간을 그리워합니다. 본능을 거스르는 이런 기도를 드리는 까닭은 세상에 그런 따뜻함을 누리지 못하는 이들이 있음을 알기 때문입니다. 그들의 서러운 처지를 차마 외면할 수 없기에 시인은 안락함으로 기울어지는 마음을 곧추세우기 위해 그와 같이 기도하는 것입니다. 그는 이어서 이불이 얇은 자의 시린 마음을 잊지 않게 해달라고 기도합니다. 이불이 얇은 자는 세상에서 살갗이 벗겨진 것 같은 아픔을 겪는 이들입니다. 마주 잡을 손 하나 없어 외로워진 사람이며, 세상과의 연결이 다 끊어져 외톨이가 된 사람입니다. 시인은 그런 이들의 마음을 알아차릴 수 있는 예민함을 달라고 하나님께 빌고 있습니다. 사랑과 미움과 시기심이 우리를 괴롭히지만, 그것이야말로 살아 있음의 징표입니다. 살아 있음은 변화의 기회입니다. 모든 인간은 새로운 시작입니다. 코헬렛이 '지금'을 중히 여기는 것은 그 때문입니다.

## 기쁨으로 먹고, 즐거운 마음으로 마시라

"너는 가서 기쁨으로 네 음식물을 먹고 즐거운 마음으로 네 포도주를 마실지어다. 이는 하나님이 네가 하는 일들을 벌써 기쁘게 받으셨음이니라"(전 9:7). 모든 것을 상대화하여 바라보는 코헬렛의 어조가 바뀌었습니다. 이 대목은 '그렇게 하는 게 좋다'는 권고가 아니라 직접 명령입니다. 음식을 먹고 즐거운 마음으로 포도주를 마시는 것은 해도 그만이고 안 해도 그만인 일이 아닙니다. 반드시 그렇게 해야 할 일입니다.

이때 "즐거운 마음"이 중요합니다. 코헬렛은 오늘 우리에게 주어진 삶의 시간을 우울함 속에서 낭비하지 말라고 합니다. 값지게 주어진 현재를 충실하게 누리는 것, 매일의 삶을 하나님의 잔치로 이해하고 사는 것이야말로 참 지혜입니다. 즐겁게 살아야 하는 이유는 하나님이 우리가 하는 일들을 이미 기쁘게 받으셨기 때문입니다. 남을 해치는 일이 아니라면, 우리에게 요구되는 일들을 기꺼운 마음으로 수행해야 합니다.

기독교 개혁가들은 노동을 소명으로 이해했습니다. 자기 일을 소명으로 여기는 사람과 이익을 얻기 위한 수단으로 여기는 사람이 노동을 대하는 태도는 판이할 수밖에 없습니다. 목회자들 가운데는 어려운 교회 형편 때문에 부득이 일을 해야 하는 이들이 있습니다. 목회에 전념할 수 없다는 사실이 소명에 대한 배신이 아닌가 하는 생각에 난감해하는 분들도 있지만, 자기가 하는 일을 성심껏 감당하는 이들도 많습니다. 저는 그런 사람들을 만날 때마다 일을 대하는 그들의 태도에 깊은 감명을 받습니다. 그들은 목회자의 마음으로 일을 합니다. 그들에게 일은 돈벌이의 수단이 아니라 아름다움을 창조하는 일이고, 모르던 이들과 아름다운 관계를 맺는 일이며, 자기를 정화하는 일입니다. 일하는 시간이야말로 깊은 기도의 시간이라고 말하는 이들도 더러 만났습니다. 이런 마음을 품고 사는 사람들은 우울한 표정으로 다른 이들을 고문하지 않습니다.

"네 의복을 항상 희게 하며 네 머리에 향 기름을 그치지 아니하도록 할지니라"(전 9:8) 이것은 삶을 선물로 인식하는 이들의 태도입니다. 미국의 노동운동가인 도로시 데이는 자서전에서 고난의 시기를 살던 자기 어머니 이야기를 들려줍니다. 그녀의 어머니는 홀로 밥을 먹어야 할 때에도 신문지를 대충 깔고 적당히 음식을 때우지 않았습니다. 정식으로 상을 차리고 옷을 단정하게 입고 음식을 먹었습니다. 비록 가난했지만 스스로를 존중하는 태도였습니다. 나치의 수용소에 갇혔다가 살아났던 이들도 비슷한 고백을 합니다. 수용소에서 끝까지 살아남은 사람들은 편리하다고 해서 신발을 꺾어 신지 않았고, 수염을 깎기 귀찮다고 해서 덥수룩한 모습으로 다니지 않았습니다. 그들은 자기가 인간이라는 사실을 잊지 않기 위해 노력했습니다. 이탈리아의 화학자이면서 작가인 프리모 레비는 그 지옥 같은 고통 속에서 견딜 수 있었던 것은 단테의 『신곡』에 나오는 어떤 대목을 암송하려고 노력했기 때문이라고 고백한 바 있습니다. 의복을 희게 하며 머리에 향 기름을 그치지 않게 하라는 말이 가리키는 바도 이런 것이 아닐까요?

"네 헛된 평생의 모든 날 곧 하나님이 해 아래에서 네게 주신 모든 헛된 날에 네가 사랑하는 아내와 함께 즐겁게 살지어다. 그것이 네가 평생에 해 아래에서 수고하고 얻은 네 몫이니라"(전 9:9). 코헬렛은 삶이 허망해 보여도 지금 주어진 삶을 기쁘게 살아내야 한다고 말합니다. 본문에서 언급된 "아내"의 자리에 남편, 자녀, 친구, 교우, 동료를 대입해 보십시오. 지금 생명의 그물망 위에서 나와 인연을 맺고 있는 모든 사람을 귀하게 여기며 사는 것이야말로 허무의 수렁에 빠져들지 않는 길입니다. 해답이 없는 삶이라 하여 우울해하지 말고, 오늘 온기와 기쁨을 나눌 수 있는 사람이 내 옆에 있다는 사실을 기꺼워하며 살아야 합니다.

## 지금 이 순간을 누리는 삶

"네 손이 일을 얻는 대로 힘을 다하여야 할지어다. 네가 장차 들어갈 스올에는 일도 없고 계획도 없고 지식도 없고 지혜도 없음이니라"(전 9:10). 지금 우리에게 주어진 일상의 모든 순간은 하나님의 은총이 유입되는 통로입니다. 죽은 자들의 세계에는 일도, 계획도, 지식도, 지혜도 없습니다. 지금 여기에서의 삶을 누리지 못하는 것처럼 큰 인생의 낭비가 없습니다. 따스한 햇볕, 시원하게 흐르는 강물,

뺨을 스치는 바람, 돋아나는 새싹, 활짝 피어나는 꽃, 명랑하게 울리는 새소리, 사랑하는 사람의 존재, 사랑해야 할 사람의 존재, 해야 할 일, 하고 싶은 일. 이 모든 것이 살아 있기에 누릴 수 있는 일들입니다. 참 고마운 인생입니다.

**열아홉 번째 강의**

삶의 부조리
앞에서
9:11-18

    그동안 꽤 많은 사람을 만났습니다. 재치 있고 재능이 반짝반짝 빛나는 사람도 있었고, 그렇지 못한 사람도 있었습니다. 재능은 뛰어난데 기대만큼 성장하지 못하는 사람이 있는가 하면, 부족한 재능을 열정과 노력으로 채워 일정한 성취를 이루는 사람도 있습니다. 여러분이 알고 있는 운동선수, 음악인, 연구자, 장인들을 떠올려 보십시오. 재능보다 더 중요한 것은 지속의 열정인지도 모르겠습니다. 무언가를 꾸준히 지속적으로 하는 사람들이 자기 재능만 믿고 게으름을 피우는 사람들보다 낫습니다. 자기 삶의 루틴을 세워야 삶이 단단해집니다. 하루도 빠짐없이 어떤 일을 지속할 때, 마치 근육이 생기는 것처럼 우리 속에 어떤 힘이 축적됩니다.

    글을 쓰는 이들 가운데는 하루에 써야 할 분량과 집필 시간을 정해 놓고 쓰는 이들이 있습니다. 그들은 글이 잘 안 써진다고 자기를 떠나지 않고, 잘 써진다고 정해진 시간을 넘어서까지 앉아 있지 않습니다. 경험해 본 분들은 아시겠지만, 글이 줄지어 떠오를 때 중단하는 것은 여간 어려운 일이 아닙니다. 하지만 그들이 그렇게 하는 것은 자신과의 약속을 지키기 위함입니다. 인간의 재능은 선인장과 같아서 아무리 애를 써도 꽃이 필 것 같지 않지만 어느 순간 꽃을 피우는 법입니다. 수도원적 삶에 매력을 느끼는 이들이 있습니다. 정해진 시간에 기도하고, 노동하고, 공부하고, 휴식을 취할 때, 그러한 리듬이 삶에 배어들 때 정신은 고요해집니다. 자칫하면 그런 반복이 지루해져 나태에 빠질 수도 있다는 사실도 잊지 말아야 합니다. 오늘 본문으로 들어가 보겠습니다.

내가 다시 해 아래에서 보니 빠른 경주자들이라고 선착하는 것이 아니며 용사들이라고 전쟁에 승리하는 것이 아니며 지혜자들이라고 음식물을 얻는 것도 아니며 명철자들이라고 재물을 얻는 것도 아니며 지식인들이라고 은총을 입는 것이 아니니 이는 시기와 기회는 그들 모두에게 임함이니라. 분명히 사람은 자기의 시기도 알지 못하나니 물고기들이 재난의 그물에 걸리고 새들이 올무에 걸림 같이 인생들도 재앙의 날이 그들에게 홀연히 임하면 거기에 걸리느니라. 내가 또 해 아래에서 지혜를 보고 내가 크게 여긴 것이 이러하니 곧 작고 인구가 많지 아니한 어떤 성읍에 큰 왕이 와서 그것을 에워싸고 큰 흉벽을 쌓고 치고자 할 때에 그 성읍 가운데에 가난한 지혜자가 있어서 그의 지혜로 그 성읍을 건진 그것이라. 그러나 그 가난한 자를 기억하는 사람이 없도다. 그러므로 내가 이르기를 지혜가 힘보다 나으나 가난한 자의 지혜가 멸시를 받고 그의 말들을 사람들이 듣지 아니한다 하였노라. 조용히 들리는 지혜자들의 말들이 우매한 자들을 다스리는 자의 호령보다 나으니라. 지혜가 무기보다 나으니라. 그러나 죄인 한 사람이 많은 선을 무너지게 하느니라"(전 9:11-18).

## 세상일의 아이러니

"내가 다시 해 아래에서 보니 빠른 경주자들이라고 해서 선착하는 것이 아니며 용사들이라고 전쟁에 승리하는 것이 아니며 지혜자들이라고 음식물을 얻는 것도 아니며 명철자들이라고 재물을 얻는 것도 아니며 지식인들이라고 은총을 입는 것이 아니니 이는 시기와 기회는 그들 모두에게 임함이니라"(전 9:11). 코헬렛은 세상일의 아이러니를 간파하는 능력이 뛰어납니다. "빠른 경주자들이라고 해서 선착하는 것이 아니며"로 시작되는 단락은 일반 상식을 뒤집습니다. 그리고 비슷한 맥락의 이야기가 이어집니다. 빠른 경주자들과 선착, 용사들과 승리, 지혜자들과 음식물, 명철자들과 재물, 지식인들과 은총의 인과관계가 부정되고 있습니다. 불행한 때와 재난은 누구에게나 닥치기 때문입니다.

생각해 보면 그러한 우연은 언제라도 일어날 수 있습니다. 달리기를 하다가 넘어지기도 하고, 근육통 때문에 경기를 포기하는 경우도 있습니다. 빼어나게 싸움을 잘하는 사람이라고 하여 백전백승하는 것은 아닙니다. 궁지에 몰린 선수가 본능적으로 뻗은 주먹에 맞아 쓰러질 수도 있고, 겁쟁이가 무작정 날린 화살에 맞을 수도 있습니다. 세상 이치를 통달한 것처럼 보이는 사람도 제 꾀에 넘어지는 경우가 많습니다. 아는 것이 많다 하여 늘 성공의 길로만 걸을 수는 없습니다. 세상 이치는 복잡하기 이를 데 없습니다.

『서경』書經에 "사람의 마음은 늘 위태롭고, 도의 마음은 잘 드러나지 않는다. 오직 정밀하게 살피고 한결같이 지켜 그 중심을 붙잡아야 한다"人心惟危 道心惟微 惟精惟一 允執厥中는 말이 있습니다. 사람의 마음은 늘 흔들립니다. 좋을 때도 있고 싫을 때도 있습니다. 살아 있다는 것이 기쁘고 행복할 때도 있지만, 산다는 것이 무겁게만 느껴질 때도 있습니다. 감사의 마음이 솟구칠 때도 있지만, 원망과 불평이 터져 나오기도 합니다. 사람의 마음이 위태롭다는 말은 그런 뜻입니다. 그에 비해 도의 마음은 잘 드러나지 않습니다. 의로움, 인자함 등 우리가 미덕으로 생각하는 마음은 우리 속 깊은 곳에 감추어져 있어서 잘 드러나지 않습니다. 그 소중한 가치들을 잘 살피고 그것이 사라지지 않도록 잘 보존해야 합니다. 그 방법은 늘 치우치지 않는 마음을 유지하는 것입니다.

치우침이야말로 인간의 병통이며 한계입니다. 자신이 공정하다고 자부하는 사람조차 어느 순간 편견을 드러내 보일 때가 많습니다. 서 있는 자리가 다르면 보이는 풍경 또한 다른 법입니다. 공정을 지향하되 자신의 입장 혹은 견해가 치우친 것일 수도 있음을 인정하는 것이 성숙한 태도입니다. 누구에게나 마음의 렌즈가 있습니다. 감사의 렌즈를 끼고 세상을 바라보는 사람은 자기 삶이 사랑의 빛이라는 사실을 늘 자각하고 삽니다. 그의 주변에는 늘 평화의 분위기가 감돕니다.

불평의 렌즈를 끼고 세상을 바라보는 사람은 어떤 사태나 사람을 대할 때 늘 부정적인 요소를 먼저 찾아냅니다. 더 나은 대안을 찾아내기 위한 건전한 비판은 좋지만, 비판을 위한 비판은 관계를 파괴합니다. 먹을 가까이 하는 사람의 손은 검고, 붉은색을 가까이 하는 사람의 손은 붉습니다 近墨者黑 近朱者赤. 내 손에 먹이 묻어 있으면 접촉하는 모든 것에 검은 얼룩을 남기게 마련입니다. 불평이 습관이 된 사람들은 늘 사람들 사이에 불화를 만들어냅니다. 불화는 지배하려는 마음에서 비롯될 때가 많습니다. 불화는 평화가 깨진 상태입니다.
 '평화'라는 단어는 '평평하다', '화평하다', '고르다'라는 뜻의 '평'平 자와 '화목하다', '순하다', '화해하다'라는 뜻의 '화'和 자가 결합된 것입니다. '화'는 '벼 화'禾 자와 '입 구'口 자로 형성되어 있습니다. 한마디로 평화는 벼 곧 밥이 골고루 나누어진 상태임을 알 수 있습니다. 평화와 대비되는 것은 독점입니다. 다른 사람의 배고픈 사정 따위는 아랑곳하지 않고 제 욕심만 채우려 할 때 평화는 가뭇없이 사라집니다. 작고한 시인 김지하 선생의 「밥은 하늘입니다」라는 시가 이런 정황을 잘 보여줍니다.

밥은 하늘입니다
하늘을 혼자 못 가지듯이
밥은 서로 나눠먹는 것

밥은 하늘입니다
하늘의 별을 함께 보듯이
밥은 여럿이 갈라 먹는 것

밥은 하늘입니다
밥이 입으로 들어갈 때에
하늘을 몸속에 모시는 것

밥은 하늘입니다.
아아 밥은 모두 서로 나눠 먹는 것

밥이 하늘이라는 말은 다양한 해석이 가능하지만 여기서는 밥을 나누는 것이 곧 평화임을 보여주는 말로 갈무리해 두고 싶습니다. 독점을 지향하는 마음에는 평화가 없습니다. 그 마음은 결코 채워지는 법이 없기 때문입니다.

다른 사람들이 다 나보다 앞서간 것 같지만 내 몫은 남아 있는 법입니다. 남보다 앞서기 위해 앞만 보고 달린 사람보다 삶의 속도를 늦춘 이들이 더 옹골차게 수확하기도 합니다. 코헬렛은 바로 그런 진실을 우리에게 보여주고 있습니다.

### 인생의 겨울이 다가올 때

"분명히 사람은 자기의 시기도 알지 못하나니 물고기들이 재난의 그물에 걸리고 새들이 올무에 걸림 같이 인생들도 재앙의 날이 그들에게 홀연히 임하면 거기에 걸리느니라"(전 9:12). 자기의 때를 분별하기란 여간 어려운 일이 아닙니다. 인생의 때를 보여주는 달력이라도 있다면 좋겠지만 그런 달력은 없습니다. 해마다 어느 환경단체가 제게 보내 주는 달력이 있습니다. 그 달력은 농사력을 포함하고 있는데 매달 '이달 하늘땅살이'와 '이주 하늘땅살이'가 제시되어 있습니다. 4월의 하늘땅살이는 "씨앗 넣고 만나는 봄 가뭄, 하늘 변화 느껴 알고 심겨진 생명 필요 챙기자"는 제안을 담고 있습니다. '이주 하늘땅살이'는 "씨무 장다리 박기, 볍씨 준비, 감자 심기, 이른 옥수수 심기, 강낭콩, 완두콩, 대파, 부추 씨 넣기, 못자리 만들기" 등이 순차적으로 나옵니다. 때를 분간하는 것을 가리켜 철이 든다고 하는지도 모르겠습니다. 우리 인생에도 사계가 있습니다. 태어나서 부모의 보호를 받으며 사는 봄날, 다양한 경험을 하며 자기를 키워가는 여름날, 다양한 생의 열매를 거두는 가을날, 그리고 밖으로 향했던 눈길을 거두어들이며 삶을 응시해야 하는 겨울날이 있습니다. 때에 맞는 인생을 사는 것이 지혜로움입니다. 하지만 때를 분별한다는 것이 여간 어려운 일이 아닙니다.

코헬렛은 물고기들이 재난의 그물에 걸리고 새들이 올무에 걸리듯이, 사람도 갑작스럽게 닥친 재앙 앞에서는 속수무책일 수밖에 없다고 말합니다. 인생 계획을 세우고 살지만 그 계획대로 이루어지지 않는 게 인생입니다. 돌이켜 보면 우리 인생의 방향을 바꿔 놓은 변곡점들이 있습니다. 전혀 예기치 않았던 만남과 사건이 우리 삶의 지향을 바꾸도록 할 때가 있습니다. 꿈이 좌절될 때 우리는 인생 전체가 무너진 것 같은 느낌에 휩싸여 낙심합니다. 인생이 뜻한 바대로 될 때 자만심이 들기도 합니다. 그러나 그런 때가 위험합니다.

누가복음 12장에 나오는 어리석은 부자 이야기를 떠올려 보면 좋을 것 같습니다. 풍년이 들어 창고에 곡식이 가득 차자, 그는 다른 창고를 지어서 곡식을 들입니다. 그는 무척 흐뭇한 나머지 이렇게 중얼거립니다. "내 영혼아, 평안히 쉬고 먹고 마시고 즐거워하자." 그러자 하나님은 그를 어리석은 자라 칭하며 물으십니다. "오늘 밤에 네 영혼을 도로 찾으리니 그러면 네 준비한 것이 누구의 것이 되겠느냐"(눅 12:19-20). 이 질문은 우리 삶을 비추어 보는 거울입니다.

살다 보면 내가 확실하게 알고 있다고 하는 사실이 흐릿해지고, 맛있게 느껴지던 것들이 맛없게 되는 때가 옵니다. 영혼의 어둔 밤입니다. 어둔 밤은 우리 발걸음을 지체하게 만들지만, 그 어둔 밤의 체험은 우리를 더 깊은 인식의 세계로 이끕니다. 십자가의 성 요한은 "하느님께 닿으려면 알고 싶어 하기보다 차라리 알지 못하면서 가야 하고, 하느님의 빛에 바짝 다가서려면 눈을 뜨기보다 차라리 눈을 감고 어둠 속에 있으면서 나아가야 한다"고 말했습니다.[1]

인생의 겨울이 다가온다 하여 겁낼 것 없습니다. 그 겨울의 맛을 즐기면 됩니다. 가끔 안부를 물어 오는 이들에게 답을 하면서 저는 계절을 한껏 누리라고 말하곤 합니다. "봄 신명에 지펴 보십시오", "여름이 주는 활기를 즐기세요", "가을의 풍경 속으로 들어가세요", "겨울의 맛을 한껏 누리십시오." 겨울의 맛은 어떨까요? 마음과 손이 따뜻한 사람에 대한 그리움이 우리 속을 채웁니다. 잘 아는 분이 먼 나라에 이민 가서 살 때의 이야기를 들려준 적이 있습니다. 일터가 집에서 멀리 떨어진 곳에 있었기에 부부는 아직 어린 두 자녀를 이웃집에 맡길 수밖에 없었습니다. 겨울이면 추위가 혹독했던 그곳에서 어린 남매는 서로를 의지하며 학교에 다녔습니다. 하굣길에 너무 추우면 동생이 누나에게 이런 말을 했답니다. "누나, 따뜻한 이야기 해줘." 그러면 누나는 따뜻함을 연상시키는 것들을 떠올렸습니다. "호빵, 붕어빵, 어묵 국물." 누나의 이야기에 동생도 호응했습니다. "군고구마, 난로, 털장갑." 추위를 잊기 위한 어린 남매의 지혜였습니다. 이야기의 힘이 참 셉니다.

## 지혜의 역설

"내가 또 해 아래에서 지혜를 보고 내가 크게 여긴 것이 이러하니 곧 작고 인구가 많지 아니한 어떤 성읍에 큰 왕이 와서 그것을 에워싸고 큰 흉벽을 쌓고 치고자 할 때에 그 성읍 가운데에 가난한 지혜자가 있어서 그의 지혜로 그 성읍을 건진 그것이라. 그러나 그 가난한 자를 기억하는 사람이 없었도다"(전 9:13-15). 이 단락도 흥미롭습니다. 작고 인구가 많지 않은 성읍을 치기 위해 큰 왕이 와서 큰 흉벽을 쌓고 공격을 하려 합니다. 여기에는 같은 이미지가 중복되어 있습니다. 바로 '작다'와 '많지 않다'입니다. 거기에 대조되는 것이 등장하는데, "큰 왕"과 "큰 흉벽"입니다. 의도적인 대조입니다. 큰 왕의 승리는 자명해 보입니다. 그러나 코헬렛은 그 성읍에 있던 가난한 지혜자가 그의 지혜로 그 성읍을 건졌다고 말합니다. 이 이야기는 이스라엘이 늘 경험하곤 했던 현실을 반영하고 있습니다. 애굽, 앗시리아, 바벨론, 그리스, 로마의 침공을 받을 때마다 그들은 그 막강한 군사력 앞에서 무력감을 느끼곤 했습니다. 그러나 결과적으로 보면 그 강력한 제국들은 역사의 뒤안길로 사라졌고, 공격을 받았던 작은 나라 이스라엘은 살아남았습니다. 물론 그들도 수천 년 동안 나라 없이 떠돌아다녀야 했지만 말입니다. 이런 역사 경험에서 나온 교훈을 잠언은 이렇게 표현합니다. "노하기를 더디 하는 자는 용사보다 낫고 자기의 마음을 다스리는 자는 성을 빼앗는 자보다 나으니라"(잠 16:32).

큰 왕과 큰 흉벽에 맞선 "가난한 지혜자". 아주 강력한 대조입니다. '가난'과 '지혜'가 결합되어 있습니다. 가난한 사람이라 하여 다 지혜로운 것은 아닙니다만, 코헬렛은 이 이미지를 통해 사람들의 관습적인 사고를 뒤흔들려 합니다. 우리는 앞에서도 이런 이미지와 만난 적이 있습니다. "가난하여도 지혜로운 젊은이가 늙고 둔하여 경고를 더 받을 줄 모르는 왕보다 나으니"(전 4:13). 가난하고 지혜로운 사람 하나가 성을 구했습니다. 그는 영웅입니다. 하지만 그가 누구인지는 알 수 없습니다. 그는 곧 잊혀졌기 때문입니다. 사람들은 그를 기억하고 싶어 하지 않습니다. 출신이 미미하거나 가난했기 때문일까요? 그가 거둔 승리의 공은 다른 이에게 돌아갑니다. 코헬렛은 그런 역사의 모순을 꿰뚫어 봅니다. 정도의 차이는 있지만 이런 일은 현실 속에서 자주 벌어집니다. 작은 벤처 기업에서 개발한 앱이나 프로그램을 큰 회사가 가로채는 경우가 비일비재합니다.

외경에도 이런 현실을 지적하는 말씀이 많이 등장합니다. 그중 한 구절을 보겠습니다. "부자가 헛발을 디디면 친구들에게 부축을 받지만 궁핍한 이가 넘어지면 친구들에게 걷어차인다. 부자가 휘청거리면 많은 사람들이 도우려 하고 그가 허튼소리를 하는데도 그를 정당화한다. 그러나 궁핍한 이가 휘청거리면 그를 꾸짖고 지각 있는 말을 해도 그에게 설 자리를 주지 않는다"(집회서 13:21-22). 씁쓸하지만 이것이 우리 삶의 마당에서 벌어지는 일들입니다. 사람은 자기들의 편견을 진리로 확증하려는 경향을 보입니다. 선입견에 사로잡힌 사람들은 좀처럼 자기 생각을 바꾸려 하지 않습니다. 예수님이 회당에 들어가서 말씀을 가르치자 사람들이 놀라며 말합니다. "이 사람의 이 지혜와 이런 능력이 어디서 났느냐. 이는 그 목수의 아들이 아니냐. 그 어머니는 마리아, 그 형제들은 야고보, 요셉, 시몬, 유다라 하지 않느냐. 그 누이들은 다 우리와 함께 있지 아니하냐. 그런즉 이 사람의 이 모든 것이 어디서 났느냐"(마 13:54-56). "이 사람", "그 목수"라는 표현은 그의 존재에 대한 노골적인 무시입니다. 사람들은 객관적인 사실보다 주관적인 편견에 더 집착합니다.

### 조용한 지혜의 힘

"그러므로 내가 이르기를 지혜가 힘보다 나으나 가난한 자의 지혜가 멸시를 받고 그의 말들을 사람들이 듣지 아니한다 하였노라"(전 9:16). 15절 이야기의 반복입니다. 지혜가 힘보다 낫지만 현실에서 지혜는 존중받지 못합니다. 그가 가난하다면 더욱 그러합니다. 사람들은 그에게 발언권을 주지 않습니다. 그는 없는 사람 취급을 당할 때가 많습니다. 사람들은 스스로 객관적이라 생각하지만, 어떤 권위를 맹목적으로 추구하는 경향이 있습니다. 스스로 사고하기보다는 다른 권위자의 말을 자기 것으로 취하는 것이 한결 간편하기 때문입니다. 사람들은 그 권위자와 자기를 합일화합니다. 영혼은 그렇게 해서 굳어집니다.

"조용히 들리는 지혜자들의 말들이 우매한 자들을 다스리는 자의 호령보다 나으니라"(전 9:17). 차분하게 인간 현실을 보여주던 코헬렛의 어조가 돌연 변합니다. 그는 아주 작은 소리로 말하는 지혜자의 소리가 어리석은 자들을 깨우치기 위해 호령하는 군주의 호령보다 사람들의 가슴을 더 파고들 수 있다고 말합니다. 지속적으로 이어지는 큰소리는 오히려 경청을 방해하는 경우가 많습니다. 속사포처럼 쏘아 대는 말도 마찬가지입니다. 사람들은 집중력을 잃고 소리가 흘러가게 내버려둡니다. 웅변투의 말이 사람들 속에 있는 열정을 불러일으키는 경우도 있습니다. 히틀러의 연설을 떠올려 보십시오. 그는 열광할 준비가 된 청중을 향해 그들이 듣고 싶은 말을 쏟아냅니다.

가끔 말의 무력감에 시달릴 때도 있습니다. 거침없이 물줄기를 흘려보내는 폭포 앞에 서면 서로의 말소리가 잘 들리지 않는 것처럼, 소음으로 가득 찬 세상에서는 진실의 소리가 잘 들리지 않는 법입니다. 활기찬 무례함이 횡행하는 거리에서 지혜를 추구하는 이들의 소리는 잘 들리지 않습니다. 영국의 소설가인 줄리언 반스는 『시대의 소음』이라는 작품에서 소비에트 시절에 예술가들이 처했던 암담한 현실을 보여줍니다.[2] 그 가운데 한 대목이 제게 선명하게 남아 있습니다. "예술은 시대의 소음 위로 들려오는 역사의 속삭임이다." 소음 위로 들려오는 속삭임, 놀랍지 않나요? 바로 이것이 엘리야가 호렙산 동굴에서 들었던 세미한 소리가 아닐까요? 우리는 지금 어떤 소리에 반응하며 살고 있나요?

## 누가 지혜자인가

"지혜가 무기보다 나으니라. 그러나 죄인 한 사람이 많은 선을 무너지게 하느니라"(전 9:18). 마치 펜이 칼보다 강하다는 말처럼 들립니다. 하지만 죄인 한 사람이 많은 선을 무너지게 합니다. 지도자 한 사람이 잘못 세워지면 모든 것이 엉망이 되고 맙니다. 이런 일들은 비일비재합니다. 플라톤은 『국가』라는 책에서 이상적인 국가관을 제시합니다. 스승인 소크라테스가 처형당하는 것을 보면서 그는 아테네의 민주정에 대한 깊은 회의에 빠집니다. 좋은 국가에 대해 그가 고민하고 모색한 끝에 내놓은 책이 바로 『국가』입니다.[3] 한 국가가 정의를 구현하기 위해서는 수호자들은 용기를 발휘해야 하고, 생산자들은 절제해야 하며, 통치자들은 지혜롭게 다스려야 합니다. 플라톤은 이상 국가의 통치자는 철학자여야 한다고 말합니다. 철학은 본래 '지혜를 사랑하다'라는 뜻입니다. 지혜로운 사람은 누구입니까? 부분만 보는 사람이 아니라, 전체를 보는 사람입니다. 전체를 보면서도 부분의 소중함을 볼 줄 아는 사람입니다. 우매한 사람은 부분을 전체로 아는 사람입니다. 그들은 우물 안의 개구리와 다를 바 없습니다. 더 큰 세계를 볼 눈이 없습니다. 그런데 사람이 전체를 보는 게 가능한가요? 모든 사람이 다 일정한 한계에 갇혀 있을 수밖에 없습니다. 지혜자는 그렇기에 자기의 유한함을 아는 사람입니다. 성경이 거듭해서 "여호와를 경외하는 것이 지식의 근본"(잠 1:7)이라고 말하는 것은 그 때문입니다. 경외심이 없는 사람이 우매자입니다. 죄인 혹은 우매자 한 사람이 많은 선을 무너지게 합니다. 무서운 경고입니다.

**스무 번째 강의**

지혜자와 우매자

10:1-11

도봉산을 오르다 보면 공초 오상순 선생의 시비가 눈길을 끕니다.

> 흐름 위에
> 보금자리 친
> 오 흐름 위에 보금자리 친
> 나의 혼♣

이 시비 앞에 설 때마다 세상사에 끄달리는 마음이 부끄러워집니다. 이 시비에 적힌 시구는 「방랑의 마음」이라는 시의 일부분입니다. 시인은 방랑을 인생의 한 부분으로 받아들였던 것 같습니다. 1894년에 태어나 1963년에 세상을 떠났지만 일반인들에게 널리 알려진 분은 아닙니다. 일본의 도시샤 대학 종교철학과를 졸업한 분으로 당시의 기준으로 보자면 엘리트인데, 명동의 한 다방에서 줄담배를 피우며 앉아 있다가 찾아오는 젊은이들을 만나는 것을 즐겼다고 합니다. 그는 1920년에 나와 겨우 둘째 호를 내고 이듬해에 폐간된 잡지 『폐허』 창간호에 글을 썼던 분입니다. 이 잡지는 단명하고 말았지만 한국 문학사에서 매우 중요한 잡지입니다. 오상순 선생의 호 공초(空超)는 소유나 명예에 집착하지 않겠다는 다짐을 표현한 것인지도 모르겠습니다. 선생은 처음 만나는 젊은이들에게 "만나서 반갑고 기쁘고 고맙다"고 인사를 건네곤 했습니다. 의례적인 인사말처럼 들리지만 사람을 대하는 그의 태도가 그 속에 반영되어 있습니다.

 이 시비의 구절을 볼 때마다 가볍게 나부끼듯 세상을 살아가는 자유인의 초상이 떠오릅니다. "여우도 굴이 있고 공중의 새도 집이 있으되 인자는 머리 둘 곳이 없도다"(눅 9:58) 하셨던 주님의 쓸쓸한 음성이 떠오르기도 합니다. 흐름 위에 보금자리를 치고 사는 이들은 머물 곳 혹은 안락하게 쉴 곳은 없지만 거칠 것 없이 자유롭습니다. "진리를 알지니 진리가 너희를 자유롭게 하리라"(요 8:32). 요한복음에서 진리는 추상적인 이치를 이르는 말이 아니라 예수 그리스도를 가리킵니다. 예수님은 자기 삶을 하나님의 뜻을 이루는 일에 다 바치셨습니다. 자기를 깨끗하게 비웠기에 자유로울 수 있었고 하나님의 뜻을 받들 수 있었습니다. 예수님이 제자가 되기를 청하는 이들에게 요구하신 것은 자기를 부인하는 것이었습니다(마 16:24). '지켜야 할 자기'에 붙들려 있는 사람은 예수님을 따르기 어렵습니다. 진리를 마음에 모신 사람의 표정은 맑고 깨끗합니다. 거울 속에 비친 모습이 우리 영혼의 상태를 보여줍니다. 코헬렛은 우리를 그러한 자유의 길로 부릅니다. 오늘 본문을 살펴보겠습니다.

죽은 파리들이 향기름을 악취가 나게 만드는 것같이 적은 우매가 지혜와 존귀를 난처하게 만드느니라. 지혜자의 마음은 오른쪽에 있고 우회자의 마음은 왼쪽에 있느니라. 우매한 자는 길을 갈 때에도 지혜가 부족하여 각 사람에게 자기가 우매함을 말하느니라. 주권자가 네게 분을 일으키거든 너는 네 자리를 떠나지 말라. 공손함이 큰 허물을 용서받게 하느니라. 내가 해 아래에서 한 가지 재난을 보았노니 곧 주권자에게서 나오는 허물이라. 우매한 자가 크게 높은 지위들을 얻고 부자들이 낮은 지위에 앉는도다. 또 내가 보았노니 종들은 말을 타고 고관들은 종들처럼 땅에 걸어 다니는도다. 함정을 파는 자는 거기에 빠질 것이요 담을 허는 자는 뱀에게 물리리라. 돌들을 떠내는 자는 그로 말미암아 상할 것이요 나무들을 쪼개는 자는 그로 말미암아 위험을 당하리라. 철 연장이 무디어졌는데도 날을 갈지 아니하면 힘이 더 드느니라. 오직 지혜는 성공하기에 유익하니라. 주술을 베풀기 전에 뱀에게 물렸으면 술객은 소용이 없느니라(전 10:1-11).

## 우매가 지혜를 덮을 때

오늘 읽은 내용은 마치 잠언에 나오는 경구처럼 들립니다. "죽은 파리들이 향기름을 악취가 나게 만드는 것같이 적은 우매가 지혜와 존귀를 난처하게 만드느니라"(전 10:1). 향기름은 향수입니다. 좋은 향수는 지금도 비싸지만, 고대 세계에서는 훨씬 더 귀했습니다. 사람들이 향수를 사용하는 것은 몸에서 나는 불쾌한 체취를 숨기거나, 좋은 향기로 다른 이들의 호감을 사기 위함이 아닐까요? 어떤 이들은 낯선 나라에 갈 때마다 후각을 통해 그 나라를 느낀다고 말하더군요. 향기름은 누구나 사용할 수 있는 것이 아니었습니다. 늘 땅에 절어 지내야 하는 노동 계층이 그것을 사용하지는 않았을 것입니다. 형편이 넉넉한 사람들은 다른 이들이 누릴 수 없는 것을 누림으로 그들과 구별되려 합니다. 소비사회는 끊임없이 희소한 것들에 대한 구매 욕구를 자극함으로 번성합니다. 코헬렛은 향기름에 빠져 죽은 파리를 등장시킵니다. 세팔로투스나 네펜데스와 같은 식충식물은 향기로 곤충들을 유인하여 먹이로 삼습니다. 파리도 향기름에 이끌렸다가 죽음을 맞이했습니다. 빨리 건져내야 하지만 향기름의 주인은 그 사실을 알아채지 못한 것 같습니다. 향기름에서 악취가 날 때면 이미 때는 늦습니다. 향기름에 빠진 파리 이야기는 가장 아름다운 것이 타락하면 가장 추하게 보인다는 말을 연상시킵니다. 봄에 피어나는 백목련은 참 아름답습니다. 그래서 "목련꽃 그늘 아래서 베르테르의 편지를 읽노라"는 노래도 있나 봅니다. 그런데 이 꽃이 바닥에 떨어지면 금방 검게 변색되고 사람들의 발에 짓밟힙니다. 아름다움과 추함이 한몸에 나란히 존재하는 것입니다. 아주 선하게 살던 사람은 사소한 잘못을 저질러도 많은 비난을 받습니다. 늘 제멋대로 사는 사람을 보면 사람들은 그를 불편하게 여길 뿐 일일이 지적하려 하지 않습니다. 죽은 파리들이 향기름을 악취 나게 하는 것처럼, 일부 그릇된 기독교인들 때문에 개신교회가 싸잡아 매도당하기도 합니다. 속상하지만 이게 현실입니다.

　　코헬렛이 죽은 파리와 향기름 이미지를 통해 전하려는 메시지는 적은 우매가 지혜와 존귀를 난처하게 만든다는 것입니다. 늘 지혜롭게 처신하던 사람이 어느 순간 어리석은 일을 할 때가 있습니다. 과도한 열정이 우리가 애써 견지하던 교양의 둑을 무너뜨리기도 합니다. 과도함이 문제입니다. 사람이 어리석어지는 것은 정보나 지식이 부족하기 때문이 아니라, 자기를 지키려는 생각에서 비롯되는 경우가 많습니다. 인정 욕구에 시달리는 사람일수록 어리석음에 빠지기 쉽습니다. 적은 우매함이 그동안 애써 축적해 온 지혜와 존귀를 무가치한 것으로 만듭니다. 어리석음의 뿌리는 하나님에 대한 불신입니다. "어리석은 자는 그의 마음에 이르기를 하나님이 없다 하도다. 그들은 부패하며 가증한 악을 행함이여, 선을 행하는 자가 없도다"(시 53:1). 어리석은 사람은 하나님이 아니라 자기 자신을 신뢰합니다. "지혜로운 자는 두려워하여 악을 떠나나 어리석은 자는 방자하여 스스로 믿느니라"(잠 14:16). 하나님의 어리석은 것이 인간의 지혜보다 낫습니다.

니코스 카잔차키스의 『영혼의 자서전』 가운데 한 장면이 제 머리를 떠나지 않습니다.[1] 어느 날, 그는 산길을 걷다가 나비가 부화하는 장면을 목격했습니다. 나비가 고치에 구멍을 내고 나오려던 참이었습니다. 그가 보기에 그 과정은 너무나 느렸습니다. 조바심에 사로잡힌 그는 몸을 구부려 고치에 따뜻한 숨결을 불어넣었습니다. 마침내 고치가 열리고 나비는 천천히 밖으로 기어 나오기 시작했습니다. 그런데 나비의 날개가 뒤로 접혀서 구겨져 있었습니다. 나비는 온몸을 떨며 날개를 펴려고 안간힘을 다했지만 결국 날개를 온전히 펴지 못했습니다. 나비의 부화 시간을 앞당기려는 성급함이 결국 나비를 죽게 만들었던 것입니다. 니코스 카잔차키스는 자연의 섭리를 거스르게 한 그 순간의 공포를 잊을 수 없다고 말합니다. 사람이 하는 일이 이러합니다.

『맹자』에 나오는 이와 비슷한 이야기가 떠오릅니다. 어리석고 성급한 어느 송나라 사람이 논에 벼를 심었는데, 자기 논의 벼가 다른 사람의 벼보다 잘 자라지 않는 것처럼 보이자 마음이 초조해졌습니다. 그는 바짓가랑이를 걷고 논에 들어가 벼 포기마다 순을 조금씩 들어 올렸습니다. 그렇게 하면 잘 자랄 줄 알았던 것입니다. 결국

벼는 하얗게 말라 죽고 맙니다. 이 이야기는 '발묘조장'拔苗助長이라는 고사성어의 유래로, 시간을 앞당기려는 조바심이 오히려 일을 그르친다는 사실을 가르칩니다. '바람직하지 않은 일을 더 심해지도록 부추긴다'는 뜻의 '조장'은 여기서 유래한 단어입니다. 인간의 어리석음은 하나님의 시간을 인위적으로 앞당기려 하지만, 결국 그런 성급함이 세상을 망가뜨립니다. 분별력이 필요합니다.

## 마음이 기우는 곳

"지혜자의 마음은 오른쪽에 있고 우매자의 마음은 왼쪽에 있느니라"(전 10:2). 이 말씀에서 오른쪽과 왼쪽은 서로 대조를 이루고 있습니다. 언어는 사실을 드러내기도 하지만 편견을 만들어내기도 합니다. 오른쪽에는 '바르다', '옳다'는 뜻이 담겨 있고, 왼쪽에는 '어긋나다'라는 뜻이 내포되어 있습니다. 오른쪽과 왼쪽은 사실 정해진 것이 아닙니다. 기준을 어디에 두고 말하는지에 따라 달라집니다. 이상의 시「거울」에 나오는 한 구절입니다. "거울속의나는왼손잡이오/내악수를받을줄모르는—악수를모르는왼손잡이오" 거울을 향해 오른손을 내밀면 거울 속의 나는 왼손을 내밉니다.[2] 새번역은 오른쪽과 왼쪽 방위의 개념을 사용하지 않고 그 뜻을 살려 번역했습니다. "지혜로운 사람의 마음은 옳은 일 쪽으로 기울고, 어리석은 사람의 마음은 그릇된 일 쪽으로 기운다."

인간의 마음은 늘 위태롭습니다. 세상 모든 일이 마음먹기 나름이라는 말이 있지만, 마음이야말로 우리를 속일 때가 많습니다. 동일한 현상을 보아도 기분에 따라서 유쾌하게 받아들일 수도 있고 불쾌하게 받아들일 수도 있습니다. 마음이 울적할 때는 세상이 다 부질없어 보이고 온 세상이 내게 적대적인 것처럼 느껴집니다. 기분이 좋을 때는 불유쾌한 상황마저 흔쾌하게 웃어넘깁니다. 외국의 거대한 목장에서 일하는 목동들이 저녁에 양과 염소를 우리에 몰아넣는 광경을 영상을 통해 보며 감탄한 적이 있습니다. 그들은 자그마한 지게문 같은 것을 가지고 통로를 트기도 하고 막기도 하면서 양과 염소를 정확하게 갈라 우리에 들였습니다. 그 모습을 보면서 우리 마음을 저렇게 조절할 수 있으면 좋겠다는 생각이 들었습니다.

중요한 것은 마음의 습관입니다. 자주 기울이는 쪽으로 마음은 흐르게 마련입니다. 옳은 일에 마음을 두려고 애써야 합니다. 울적함, 퉁명스러움, 옹색함으로 기울기 쉬운 마음을 명랑함, 친절함, 관대함의 방향으로 자꾸 돌리는 연습을 해야 합니다. 미국 시인 로버트 프로스트는 「가지 않는 길」이라는 시로 잘 알려져 있습니다.

노란 숲속에 길이 두 갈래로 났었습니다.
나는 두 길을 다 가지 못하는 것을 안타깝게 생각하면서,
오랫동안 서서 한 길이 굽어 꺾여 내려간 데까지,
바라다볼 수 있는 데까지 멀리 바라다보았습니다.

그리고, 똑같이 아름다운 다른 길을 택했습니다.
그 길에는 풀이 더 있고 사람이 걸은 자취가 적어,
아마 더 걸어야 될 길이라고 나는 생각했었던 게지요.
그 길을 걸으므로, 그 길도 거의 같아질 것이지만.
(중략)

훗날에 훗날에 나는 어디선가
한숨을 쉬며 이야기할 것입니다.

> 숲속에 두 갈래 길이 있었다고,
>
> 나는 사람이 적게 간 길을 택하였다고,
>
> 그리고 그것 때문에 모든 것이 달라졌다고.[3]

우리 앞에 두 갈래 길이 있습니다. 프로스트가 말하는 두 갈래 길은 우리 인생의 변곡점이 되는 지점을 가리켜 보입니다. 어느 방향을 선택하느냐에 따라 인생의 내용이 달라집니다. 사람을 선택하는 것 역시 마찬가지입니다. 하나를 선택한다는 것은 다른 가능성을 포기함을 의미합니다. 선택은 그래서 결단입니다. 시인은 사람이 적게 간 길을 택하였고, 결국 그 선택이 그의 삶 전체의 지형을 바꾸었다고 말합니다. 이러한 선택의 기로에서 좋은 선택을 하는 것도 중요하지만, 우리 일상의 자잘한 선택도 누적되면 우리 인생의 풍경을 만들어냅니다. 마음을 옳은 일 쪽으로 기울일 때 삶이 아름다워집니다.

## 우매한 말, 지혜로운 침묵

"우매한 자는 길을 갈 때에도 지혜가 부족하여 각 사람에게 자기가 우매함을 말하느니라"(전 10:3). 지혜가 부족한 사람일수록 자기주장이 강합니다. 자기 감정과 생각을 드러내는 데 망설임이 없습니다. 그들은 많은 말을 통해 자기의 지혜로움을 입증하려 하지만, 오히려 어리석음만 드러낼 뿐입니다. 지혜로운 사람은 말을 아낍니다. 타자의 말을 경청할 능력이 없는 다변가는 도처에 불화의 씨를 뿌려 댑니다. "침묵을 바탕으로 하지 않은 말은 소음에 불과하다"는 말이 있습니다. 침묵은 말하지 않는 행위만을 가리키는 것이 아닙니다. 마음에 고요함이 없다면 입을 다물고 있어도 우리는 침묵하고 있는 게 아닙니다.

"주권자가 네게 분을 일으키거든 너는 네 자리를 떠나지 말라. 공손함이 큰 허물을 용서받게 하느니라"(전 10:4). 높은 자리에 앉은 사람이 하는 일이 도무지 납득되지 않을 때가 있습니다. 터무니없이 화를 낼 때에는 덩달아 화가 납니다. 그가 직언을 받아들일 만큼 열린 사람이라면 이의를 제기함으로 사태를 바로잡을 수 있습니다. 하지만 그가 달콤한 말에만 귀를 기울이는 사람이라면 상황은 달라집니다. 바른 소리는 대개 쓴소리입니다. 쓴소리를 달게 받지 못할 때 권력은 타락합니다. 많은 왕들이 예언자들의 쓴소리를 들으려 하지 않았습니다. 감언이설에 익숙해졌기 때문입니다.

앞에서 말했듯이, 동양의 선비들은 주권자가 하는 일이 이치에 맞지 않을 때 충언을 남기고 초야로 돌아가 은거했습니다. 사람들은 그런 이들을 깨끗한 선비로 기렸습니다. 그런데 코헬렛은 주권자가 화를 낼 때 그 자리를 떠나지 말라고 충고합니다. 자리 이탈은 반항으로 받아들여져 주권자의 화를 돋을 뿐입니다. 함께 흥분하지 말고 차분하게 그 상황을 받아들이는 것이 좋습니다. 공손한 태도를 보일 때 주권자의 마음도 풀어집니다. 대화에서 중요한 것은 언어적 소통이지만, 그보다 더 중요한 것은 표정, 어조, 몸짓 등의 비언어적 의사소통입니다. 공론장이 형성되어 있지 않은 경우 권력자들은 말을 독점합니다. 다른 이들은 수첩에 그가 하는 말을 받아 적을 뿐입니다. 권위나 계급이 이성적 대화의 길을 차단할 때 사회적 합의를 얻을 수 없습니다. 자유롭게 자기 의견을 개진하고 논의할 수 있는 여건을 만들어 주는 것이 지혜로운 권력자들이 해야 할 일입니다.

### 지혜 없는 권력이 부르는 재난

"내가 해 아래에서 한 가지 재난을 보았노니 곧 주권자에게서 나오는 허물이라. 우매한 자가 크게 높은 지위들을 얻고 부자들이 낮은 지위에 앉는도다. 또 내가 보았노니 종들은 말을 타고 고관들은 종들처럼 땅에 걸어 다니는도다"(전 10:5-7). 코헬렛은 세상에서 벌어지는 어처구니없는 일을 보여줍니다. 주권자가 사람 보는 안목이 없을 때 역사는 퇴행합니다. 편견에 사로잡힌 이들을 요직에 앉히는 일들을 우리는 자주 목격합니다. 천하를 경륜할 지혜가 있다고 자부하지만 실은 대롱 구멍으로 세상을 보는 이들이 얼마나 많은지요? 이것을 가리켜 '관견'管見이라고 합니다. 우매한 자가 크고 높은 지위를 얻을 수 있는 것은 권력자의 비위를 잘 맞추었기 때문일 것입니다. 그들에게도 한 가지 재능이 있습니다. 권력의 향배를 잘 알아차리는 정무적 감각과 어떻게든 그 주변을 떠나지 않는 인내심입니다.

코헬렛은 부자들이 낮은 지위에 앉는 것을 가리켜 주권자에게서 나오는 허물이라 말합니다. 부자는 당연히 높은 자리에 앉아야 한다는 말일까요? 유대인들은 부유함을 하나님의 은총의 표지로 이해했습니다. 그러므로 부자가 고귀한 사람을 가리킨다고 보아도 무방합니다. 물론 예수님은 부유함의 위험을 누구보다 예리하게 간파하셨습니다. 그래서 부자가 천국에 들어가기가 마치 낙타가 바늘귀로 들어가는 것보다 어렵다 하셨고, 어리석은 부자 비유를 통해 자기만족에 사로잡힌 부자의 자가당착을 서늘하게 꾸짖으셨습니다. 새번역은 오해의 소지를 없애기 위해 부자를 "존귀한 사람"이라 번역했고 공동번역은 "유력한 자격자"라 옮겼습니다.

"종들은 말을 타고 고관들은 종들처럼 땅에 걸어 다니는도다." 뒤집힌 현실에 대한 코헬렛의 염증이 느껴지는 문장입니다. 여기서 말하는 "종들"은 낮은 신분을 이르는 말이 아니라, 줏대 없이 남을 추종하면서 이익이나 바라는 이들을 가리킵니다. 비루한 자들이 말을 타고, 고귀한 이들이 천대받는 세상은 정상적인 세상이 아닙니다. 코헬렛은 이런 현상을 가리켜 "재난"이라고 말합니다. '큰 악'이라는 뜻입니다. 새번역은 이 단어를 "잘못된 일"이라고 번역했고 공동번역은 "못마땅한 일"이라고 옮겼습니다. 제게는 재난이라는 번역이 훨씬 낫게 여겨집니다. 그들이 만드는 세상은 재난이 될 가능성이 높기 때문입니다.

### 조심스러움이 지혜다

"함정을 파는 자는 거기에 빠질 것이요 담을 허는 자는 뱀에게 물리리라. 돌들을 떼내는 자는 그로 말미암아 상할 것이요 나무들을 쪼개는 자는 그로 말미암아 위험을 당하리라"(전 10:8-9). 살다 보면 정말 예상하지 못한 일들이 많이 벌어집니다. 이 구절을 볼 때마다 저는 어린 시절의 기억이 떠오릅니다. 우리 집은 바닷가에서 이백여 미터 떨어진 곳에 있었습니다. 바다에 해루질을 하거나 낚시를 하러 가던 이들이 집 앞을 지나가곤 했습니다. 여름철 우리 밭은 풍요로웠습니다. 수박, 참외, 토마토 같은 제철 과일과 채소가 풍성했습니다. 낚시를 하고 돌아오는 이들 가운데는 슬그머니 밭에 들어가 참외나 토마토를 따서 구럭에 담아 가는 이들도 있었습니다. 우리는 그런 일을 겪을 때마다 부아가 치밀어 올라 보복을 다짐했습니다. 낚시꾼들이 다니는 길목에 함정을 파기도 하고, 소롯길에 나 있는 풀들을 묶어 놓기도 했습니다. 거기 걸려 넘어지기를 바랐던 것이지요. 그런데 그 함정에 빠지는 것은 우리 친구들일 때가 많았고, 그 풀매듭에 걸려 넘어지는 것은 대개 나 자신이었습니다. 어릴 적 이야기이니 그저 추억담으로 할 수 있겠지만, 우리 사는 현실도 이와 별반 다를 바가 없습니다.

남에게 해를 끼치려고 하는 일들이 부메랑이 되어 돌아오는 일이 많습니다. 속상한 마음에 발설했던 나쁜 말이나 분노는 반드시 내게 돌아옵니다. 그 분노에 찬 말은 누군가의 가슴에 상처를 내고 돌아와 내게도 상처를 입히곤 합니다. 함정을 파는 자가 거기에 빠지고, 담을 허는 자가 뱀에게 물리고, 돌들을 떠내는 자가 상하고, 나무들을 쪼개는 자가 위험을 당한다는 말은 우리 삶에서 자주 확인되는 진실입니다. 경험이 많거나, 숙달되었거나, 교묘하다고 해서 모든 위험을 피할 수는 없습니다. 그러니 늘 조심하라는 것입니다. 조심조심 미끄러운 산길을 걸어 내려오다 보면 마침내 안전한 지대가 코앞에 보입니다. 이제 됐다고 마음을 놓는 순간 엉덩방아를 찧는 일이 많습니다.

코헬렛은 그러니 아무 일도 하지 말라고 말하는 것일까요? 그렇지 않습니다. "소가 없으면 구유는 깨끗하려니와 소의 힘으로 얻는 것이 많으니라"(잠 14:4). 잠언의 교훈입니다. 풍랑이 무섭다고 하여 배를 띄우지 않으면, 안전할지는 모르겠지만 가야 할 곳에 갈 수 없습니다. 모험을 해야 합니다. 불확실성을 삶의 일부로 받아들여야 합니다. 그러나 늘 조심스럽게 살아야 합니다.

## 지혜의 날을 가는 삶

"철 연장이 무디어졌는데도 날을 갈지 아니하면 힘이 더 드느니라. 오직 지혜는 성공하기에 유익하니라"(전 10:10). 급한 마음에 무딘 도끼로 무턱대고 나무를 찍는 사람은 어리석습니다. 시간이 걸리더라도 연장을 벼린 뒤 도끼질을 하는 게 낫습니다. 어떤 일이 급하다고 해서 서두르다 보면 낭패를 보기 쉽습니다. 차분히 따져 보아야 합니다. 지혜란 마치 연장을 벼리는 것과 같습니다. 그리스 사람들은 자유 시민답게 살기 위해 일곱 가지 기초 학문(문법, 수사학, 논리학, 수학, 기하학, 천문학, 음악)을 연마했고, 이를 '자유인의 학문'이라 했습니다. 거기에 대응하는 것은 노예 계급에 속한 이들이 익혀야 하는 실용적인 일(빵 굽기, 집짓기, 옷 만들기, 가구 제작하기, 농사짓기)이었습니다. 그리스는 이렇게 노예들의 실용적 지식과 자유인의 지혜를 구별했지만, 이스라엘 사람들은 이 둘을 나누지 않습니다. 그들은 연장을 다룬다든지 무언가를 제작하는 지혜도 다 하나님이 주신 지혜라고 여겼습니다. 출애굽 공동체가 회막을 지을 때 모세는 필요한 재료를 모두 구비한 뒤 브살렛과 오홀리압에게 그 거룩한 직무를 수행하도록 맡깁니다. 그들은 회막과 회막 봉사에 필요한 모든 물품을 만들었습니다. 성경은 하나님이 그들에게 지혜를 주셨다고 말합니다(출 31:6). 늘 겸손한 태도로 하나님의 지혜를 구하는 것이야말로 철 연장의 날을 가는 일이 아니겠습니까?

"주술을 베풀기 전에 뱀에게 물렸으면 술객은 소용이 없느니라"(전 10:11). 뱀을 부리려다가 뱀에게 물리는 술객이 있다면 그처럼 어리석은 일이 또 있을까요? 원숭이도 나무에서 떨어진다는 말이 있습니다. 인간은 스스로 지혜로운 줄로 알지만, 그 경박한 자부심 때문에 어려운 일을 자초하곤 합니다. 인공지능이 세상을 새롭게 할 것이라 믿지만, 인공지능이 만들어 갈 미래가 어떠할지는 예측하기 어렵습니다. 인간의 과학기술은 우리에게 편리한 삶이라는 선물을 주었지만, 지금 우리는 지구가 보내온 지불 청구서 앞에서 어쩔 줄 몰라 하고 있습니다. 생태계 파괴가 심각합니다. 부리던 뱀에게 물린 격입니다. 하나님의 지혜를 더욱 겸허하게 구해야 할 때입니다.

**스물한 번째 강의**

우매함과
지혜로움 사이
10:12-20

전도서에서 자주 언급되는 '헛되다'는 말은 인생의 공허함을 이야기하는 것이 아니라고 여러 번 말씀드렸습니다. 우리 인생을 무겁게 하는 집착을 경계하는 말로 받아들이면 좋겠습니다. 놓아야 할 것을 놓지 못하니 부자유하게 되고, 오히려 그것에 붙들린 상태에 머물게 됩니다. 사용하라고 있는 돈을 사랑하고, 사랑해야 할 대상인 사람은 사용하는 뒤집힌 삶의 방식에 대해서도 말했습니다. 삶이 무겁다고 느낄 때마다 우리가 집착하고 있는 것들이 정말 중요한 것인지 돌아볼 필요가 있습니다. 중요한 것과 시급한 것을 구별하지 못할 때 삶은 복잡해집니다. 오늘 본문을 함께 읽어 보겠습니다.

> 지혜자의 입의 말들은 은혜로우나 우매자의 입술들은 자기를 삼키나니 그의 입의 말들의 시작은 우매요 그의 입의 결말들은 심히 미친 것

이니라. 우매한 자는 말을 많이 하거니와 사람은 장래 일을 알지 못하나니 나중에 일어날 일을 누가 그에게 알리리요. 우매한 자들의 수고는 자신을 피곤하게 할 뿐이라. 그들은 성읍에 들어갈 줄도 알지 못함이니라. 왕은 어리고 대신들은 아침부터 잔치하는 나라여, 네게 화가 있도다. 왕은 귀족들의 아들이요 대신들은 취하지 아니하고 기력을 보하려고 정한 때에 먹는 나라여, 네게 복이 있도다. 게으른즉 서까래가 내려앉고 손을 놓은즉 집이 새느니라. 잔치는 희락을 위하여 베푸는 것이요 포도주는 생명을 기쁘게 하는 것이나 돈은 범사에 이용되느니라. 심중에라도 왕을 저주하지 말며 침실에서라도 부자를 저주하지 말라. 공중의 새가 그 소리를 전하고 날짐승이 그 일을 전파할 것임이니라(전 10:12-20).

지혜로운 사람과 어리석은 사람을 대조하는 이야기가 계속 나옵니다. 이 둘의 대조는 간단한 것처럼 보이지만 실은 복잡합니다. 지혜로운 사람이 따로 있고 어리석은 사람이 따로 있는 게 아닙니다. 사람은 누구나 선택의 갈림길에 설 때 지혜롭게 처신할 때도 있고 우매하게 처신할 때도 있습니다. 그러한 선택이 누적되어 우리 삶의 지향이 됩니다. 매 순간 지혜롭게 처신하면 지혜로운 자가 되는 것이고, 어리석은 선택을 지속하다 보면 자기도 모르는 사이에 어리석은 자가 됩니다. 지혜로운 자와 어리석은 자의 구별은 결국 선택의 지속 혹은 지향과 연관됩니다.

## 덕스러운 말, 생명을 북돋는 말

"지혜자의 입의 말들은 은혜로우나 우매자의 입술들은 자기를 삼키나니"(전 10:12). 여기서 '은혜롭다'는 단어는 '덕스럽다'고 해석해도 무방합니다. '은혜'로 번역된 히브리어 '헨'[10]은 '은혜', '호의', '덕'이라는 뜻을 내포합니다. 우리가 하는 말은 덕스러울 수도 있고, 그렇지 않을 수도 있습니다. 어떤 말들이 덕스러운 말일까요? 칭찬하는 말, 축복의 말이 먼저 떠오릅니다. 저는 '북돋는다'는 말을 참 좋아합니다. '북돋움'이라는 단어를 볼 때마다 어떤 이미지가 떠오릅니다.

농부들이 정갈하게 갈아 놓은 밭을 본 적이 있을 것입니다. 두둑의 사이를 골 혹은 고랑이라 하고, 두둑과 고랑을 합쳐서 이랑이라 합니다. 밭에 자라는 고구마 같은 작물이 빗물에 흙이 씻겨 내려가 뿌리가 드러나면, 농부는 호미를 가지고 주변의 흙을 퍼 올려 뿌리를 덮어 줍니다. 이것이 바로 북돋움입니다. 북돋움은 세심한 보살핌이자 사랑의 손길이며, 생명을 살리려는 애태움입니다. 지혜로운 말은 덕스러운 말입니다.

하나님이 말씀으로 세상을 지으신 것처럼, 사람 또한 말로 자기가 살아갈 세상을 짓습니다. 칭찬과 격려, 북돋는 말은 상대방의 가슴에 따뜻한 울림을 만들어내고, 그 칭찬에 부합하는 삶을 살아가도록 이끕니다. 반대로 부정적인 말은 상대방에게 감정적 상처를 주게 마련입니다. 마음 깊은 곳에서 저항감이 솟아 나오기도 하고, 자신이 받은 모욕이나 상처를 되돌려 주고 싶은 마음이 생기기도 합니다. 이런 말을 자주 듣다 보면 부정적인 자아 정체감이 생깁니다. 그 말의 덫에 갇히게 되는 것입니다. 말에는 힘이 있습니다. 지금 내가 하는 말이 살리는 말인지 죽이는 말인지를 늘 생각해야 합니다. 지혜로운 사람의 말들이 은혜로운 것은, 격려하고 북돋움으로 어떤 사람 속에 있는 선의 가능성을 이끌어내는 말이기 때문입니다. 그렇다고 해서 듣기 좋은 말만 하라는 것은 아닙니다. 진실에 바탕을 둔 따뜻한 말, 생명을 살리는 말이어야 한다는 것입니다.

그렇다면 우매자의 말은 어떻습니까? 우매자의 입술들이 자기를 삼킨다는 말은 어리석은 자는 자기 입으로 한 말 때문에 망할 것이라는 뜻입니다. "그의 입의 말들의 시작은 우매요 그의 입의 결 말들은 심히 미친 것이니라"(전10:13). 어리석음으로부터 시작되는 그 말이 경로를 통해 도달하는 것은 광기입니다. 광기는 이성으로 제어되지 않는 열정입니다. 통제 불가능하기에 마치 외부에서 덮친 것처럼 느껴집니다. 어리석은 말을 지속하다 보면, 그 말이 자율성을 가져서 말의 주인인 나를 사로잡아 함부로 부립니다.

소설가 이청준 선생은 언어를 다루는 사람답게 사회에서 통용되는 언어의 현상에 대해 깊이 천착했습니다. 그는 말이 오염되어 본래의 의미를 잃게 되는 현상에 주목했습니다.

> 허공을 떠돌면서 저희끼리 자유롭고 음란스런 교미를 즐기다가 그것이 지치고 나면 아무 때 아무것이나 깃들여 쉴 곳을 약탈한다. 그리고 자신들이 당해 온 학대와 사역에 대한 무서운 복수를 음모한다. 말들은 정처도 없었고 주인도 없었다.[1]

허공을 떠도는 말은 기표와 기의가 분리된 말입니다. 불의한 방식으로 권력을 잡은 이들이 '정의 사회 구현'이라는 구호를 내세울 때, '정의'라는 단어는 제집을 잃은 말이 됩니다. 본래의 자리를 잃은 말들 곧 어리석은 말들은 자율성을 얻어 오히려 말한 사람을 삼키고 맙니다. "미련한 자의 입은 그의 멸망이 되고 그의 입술은 그의 영혼의 그물이 되느니라"(잠18:7). 히브리의 지혜자는 미련한 자가 하는 말은 스스로를 사로잡는 그물이 될 수밖에 없다고 말합니다. 예수님의 경고는 더욱 엄중합니다. "내가 너희에게 말한다. 사람들은 심판 날에 자기가 말한 온갖 쓸데없는 말을 해명해야 할 것이다. 너는 네가 한 말로, 무죄 선고를 받기도 하고, 유죄 선고를 받기도 할 것이다"(마 12:36-37, 새번역).

체코의 초대 대통령이었던 바츨라프 하벨은 정치인이기 이전에 탁월한 작가였습니다. 그는 독일의 서적상연합회가 수여하는 평화상을 수상했는데, 그 상의 수락 연설 가운데 이런 대목이 나옵니다.

> 모든 말은 그것을 말하는 사람, 말해지는 상황, 말하는 이유 등을 반영한다. 똑같은 말이 한순간에는 큰 희망을 방출하다가도, 다른 순간에는 살인 광선을 내뿜기도 한다. 똑같은 말이 한순간에는 참이었다가 다음번에 거짓으로……다음 순간에는 그 음절 하나하나마다 기관총 소리가 울려 퍼질 수도 있다.

세상에서 발설되는 모든 말은 우리가 의식하든 의식하지 않든 다양한 맥락을 갖는다는 말입니다. 말하는 사람과 상황과 이유에 따라 그 말은 참이 되기도 하고 거짓이 되기도 합니다. 똑같은 말이 희망을 불러일으키다가도 한순간에 살인 광선이 될 수 있다는 말은 섬뜩하게 다가옵니다. 우리 사회에서 통용되고 있는 언어들을 보면 이 말이 더욱 실감나게 다가옵니다. 광장에서 확성기를 타고 들려오는 날선 말들, 선동하는 말들, 조롱하고 냉소하고 혐오하는 말들을 접할 때마다 마치 구정물을 뒤집어쓴 것처럼 불쾌해집니다.

캐나다 작가인 제임스 호건은 양극화 시대에 통용되는 말들을 분석하던 중 트럼프 시대가 열어 놓은 것이 무엇인지를 말합니다. "무엇보다 트럼프는 우리 사회의 어둡고 위험한 이면을 가리고 있던 장막을 들추어내고 말았다. 사실을 조작하고 당파주의에 기대며 공적 담론을 진흙탕 싸움으로 변질시키는 전략이 광장 자체를 마비시킬 수 있음을 명확히 드러낸 것이다."[2] 이치에 맞는 말, 상황에 맞는 말, 은혜로운 말이 절실하게 그리운 시대입니다.

큰 슬픔에 잠긴 이들을 만날 때마다 우리는 언어의 빈곤을 느낍니다. 그저 말없이 손을 잡아 주는 것밖에 할 수 있는 게 없습니다. 그런데도 마치 도덕적 의무라도 되는 것처럼 말을 하는 이들이 있습니다. "모든 고난에는 뜻이 있습니다", "이 모든 일이 합력해서 선을 이룰 것입니다." 이런 말들은 좋은 말처럼 들리지만 상황에 적합한 말은 아닙니다. 슬픔을 겪고 있는 사람에게는 오히려 상처가 되는 말일 수 있습니다. 상황에 적합한 말을 할 줄 아는 지혜가 필요합니다.

## 우매자의 헛된 질주

"우매한 자는 말을 많이 하거니와 사람은 장래 일을 알지 못하나니 나중에 일어날 일을 누가 그에게 알리오. 우매한 자들의 수고는 자신을 피곤하게 할 뿐이라. 그들은 성읍에 들어갈 줄도 알지 못함이니라"(전 10:14-15). 코헬렛은 세상을 잘 살피는 사람임이 분명합니다. 그는 사회적 현상을 예리한 눈으로 직시합니다. 우매한 자는 말이 많습니다. 노자는 『도덕경』에서 "아는 자는 말하지 않고, 말하는 자는 알지 못한다"知者不言 言者不知고 했습니다. 언어는 특정한 상황과 관계 속에서 발화되고 늘 변화 속에 있습니다. 그래서 규정하기 어렵습니다. 노자는 차라리 "그 출구를 막고 문을 닫아서 예리함을 꺾고 분쟁을 화해시키는" 말을 하는 게 지혜라고 가르칩니다. 입술 밖으로 비어져 나오려는 말을 붙드는 것이 지혜입니다. 어떤 일이든 사사건건 개입하고 가르치려 드는 이들이 있습니다. 그들은 스스로 지혜롭다고 생각하지만 실은 어리석은 사람입니다. 공부를 깊이 하는 사람일수록 자신이 모른다는 사실을 점점 더 깨닫게 된다고 말합니다. 공부를 안 하면 오히려 할 말이 많아지는 법입니다. 그래서 우매한 자는 말이 많습니다.

인간은 인식의 한계 속에 갇혀 살 수밖에 없고 내일 일을 가늠하지 못합니다. 앞으로의 역사를 확신에 찬 목소리로 예측하는 이들이 있습니다. 하지만 역사는 종종 예상치 못한 급격한 변화를 맞이하기 때문에 그런 변화의 징후를 알아차리기란 참으로 어려운 일입니다. 1989년에 동구권이 해체될 것이라고 예측한 사람은 많지 않았을 것입니다. 큰 역사의 흐름만 그런 것은 아닙니다. 내일 일을 알지 못하는 게 우리 인생입니다.

코헬렛은 형통한 날에는 기뻐하고 곤고한 날에는 되돌아보라고 말합니다(전 7:14). 이것이 지혜로운 삶의 자세입니다. 주어진 기쁨을 누릴 수도 있어야 하지만, 멈추어 서서 성찰해야 할 때도 있습니다. 미래에 대한 불안 때문에 오늘 주어지는 기쁨을 흘려보내지 말아야 합니다. 닥쳐온 시련 때문에 우울함에 빠지지도 말아야 합니다. 시련은 불행이 아닙니다. 위로받을 길 없는 쓰라림을 통해 하나님의 자비가 다가오기도 합니다. 시련은 힘겹지만 그것을 자기성찰의 계기로 삼을 때 인간은 성숙해집니다.

코헬렛은 우매한 자들의 수고는 자신을 피곤하게 할 뿐이라고 말합니다. 우매한 사람들은 여기저기 간섭을 하지 않는 데가 없습니다. 그래서 분주합니다. 그런 분주함의 결과가 피곤함입니다. 코헬렛의 유머감각이 빛을 발하는 것은 그다음 대목입니다. 그들은 성읍에 들어갈 줄도 알지 못한다는 말은, 너무 고단하여 자기 마을로 가는 길조차 찾지 못함을 의미합니다. 그러한 사람이 다른 이들을 가르치려 합니다.

'잊을 망'忘과 '바쁠 망'忙 자를 떠올려 보십시오. 두 단어 모두 '마음 심'心과 '망할 망'亡으로 구성되어 있는데 그 배치에 따라 뜻이 판이합니다. 이렇게 해석해 보면 어떨까요? 인간은 바쁘면 잊지 말아야 할 것을 잊어버리게 마련입니다. 마음이 분주한 상태에 있으면 본질적인 것을 잊기 쉽습니다. 어딘가로 질주하고 있지만 정작 가야 할 목표를 알지 못하는 상태와 유사합니다. 어리석은 삶입니다. 이사야서 말씀이 떠오릅니다. "신들을 찾아 나선 여행길이 고되어서 지쳤으면서도, 너는 '헛수고'라고 말하지 않는구나. 오히려 너는 우상들이 너에게 새 힘을 주어서 지치지 않았다고 생각하는구나"(사 57:10, 새번역). 우상을 찾아 나선 길, 욕망이 지시하는 길을 따라간 사람의 결국은 허망함이라는 말입니다. 문제는 그 허망함이 신기루처럼 사람들을 속인다는 데 있습니다. 물론 앞에서 살펴보았듯이 욕망이 삶의 활력이 될 때도 있습니다. 하지만 욕망의 지향이 잘못될 때 사람은 쳇바퀴를 굴리는 다람쥐와 다를 바 없습니다. 질주하지만 늘 그 자리입니다. 숨은 가빠오고 다리는 뻐근하고 체력은 고갈됩니다. 그러다가 끝이 옵니다. 우리 삶이 그렇지 않다고 누가 장담할 수 있겠습니까?

'가리사니'라는 말을 들어 보셨나요? 순우리말인데 '어떤 사물을 분간하여 판단할 수 있는 실마리'를 뜻하는 말입니다. "가리사니를 잡을 수 없네"와 같은 형태로 쓰입니다. 이 말과 관계는 없지만 발음이 비슷한 단어가 있는데, '지리산가리산' 혹은 '가리산지리산'입니다. '갈피를 못 잡아서 갈팡질팡하는 모양'을 일컫는 말입니다. '지리산가리산' 가는 사람이 아니라 '가리사니'가 있는 사람이 지혜로운 사람입니다. 우매한 자들은 굉장히 분주하지만 정작 가야 할 곳을 알지 못하고 가는 사람들이고, 지혜로운 사람은 분주하지 않은 듯 보이나 가야 할 길을 정확하게 가는 사람입니다. 인생길에서 가장 중요한 것은 바로 이런 방향성입니다.

## 각자의 본분을 지킬 때

"왕은 어리고 대신들은 아침부터 잔치하는 나라여, 네게 화가 있도다"(전 10:16). "화가 있도다"라는 말은 전도서에 단 한 번 나오는 구절입니다. 코헬렛은 정색을 하고 단호하게 말하고 있습니다. 정치가나 공직자는 공공의 질서와 안녕을 위해 봉사하는 사람들입니다. 자기들의 직위를 이용하여 사사로운 이익을 취하면 안 됩니다. 그들이 해야 할 일은 구부러진 것들을 바로잡고, 연약해진 이들을 일으켜 세워 주는 것입니다. 공정과 공평이야말로 그들이 한 순간도 잊지 말아야 할 가치입니다. 개인적·정파적 이익 때문에 정의를 왜곡할 때 그들은 하나님의 진노를 살 수밖에 없습니다. 이것은 역사의 엄중한 교훈입니다.

왕이 해야 하는 일은 보살피고 돌보는 일입니다. 훈민정음 언해본에 나오는 구절이 떠오릅니다. "나랏말씀이 중국과 달라 문자끼리 서로 맞지 아니하다. 이런 까닭으로 어리석은 백성이 이르고자 할 바가 있어도 마침내 자신의 뜻을 펴지 못하는 사람이 많으니라. 내 이를 위하여 가엾게 여겨 새로 스물여덟 자를 만드노니 모든 사람으로 하여금 쉽게 익혀 날마다 쓰기에 편안케 하고자 할 따름이니라." 바로 이것이 왕의 도리입니다.

코헬렛은 왕이 어린 것이 화라고 말합니다. 나이가 적다는 말이 아니라 철이 없다는 뜻으로 새겨야 할 것입니다. 백성들의 아픔을 헤아리고 그들이 제대로 살 수 있도록 돌보는 왕이 철든 왕입니다. 철들지 못한 왕은 백성들의 마음과 형편을 헤아릴 줄 모르고 자기 이익만을 도모합니다. 그는 모든 백성을 자기의 욕망 충족을 위한 도구로 바라보며 무소불위의 권력을 휘두릅니다. 어리석은 왕이 있는 곳에는 늘 어리석은 대신들이 있기 마련입니다. 그들은 직언이나 충언을 하지 못합니다. 왕의 비위나 맞출 뿐입니다. 코헬렛은 그런 대신들의 행태를 아침부터 잔치를 한다는 말로 고발합니다. 경박스럽고 사치스러운 삶을 산다는 뜻입니다. 왕뿐 아니라 대신들도 자기들의 특권을 누리는 것을 당연하게 여기며 사는 나라가 제대로 설리 만무합니다.

앞에서 말했듯이, 왕과 예언자의 창조적 긴장이 역사를 바로 세웁니다. 예언자는 왕에게 직언을 하고 왕은 예언자에게 하늘의 뜻을 묻는 나라가 건강합니다. 예언자의 음성은 왕에게 아프게 들릴 것입니다. 그는 대개 비판하는 말을 하기 때문입니다. 쓴소리를 들을 줄 알아야 타락을 면할 수 있습니다. 창조적 긴장이 사라질 때 왕과 예언자는 불의의 공모자들이 됩니다. 예언자는 왕의 행동에 맹목적으로 박수를 보내며 아부하고, 왕은 물질적 보상과 혜택으로 예언자를 타락시킵니다. 성경에 등장하고 있는 대부분의 거짓 예언자들은 왕이 듣기 원하는 말을 하는 사람이었습니다. 불의의 공모자들인 그들은 자기들만의 세계에 갇힌 채 현실을 외면합니다.

코헬렛이 말하는 왕과 대신의 관계도 마찬가지입니다. 마치 이런 현장을 보고 있기라도 하듯 이사야는 권력 집단에서 일어나는 비정상적인 관행을 폭로합니다. "아침에 일찍이 일어나 독주를 마시며 밤이 깊도록 포도주에 취하는 자들은 화 있을진저 그들이 연회에는 수금과 비파와 소고와 피리와 포도주를 갖추었어도 여호와께서 행하시는 일에 관심을 두지 아니하며 그의 손으로 하신 일을 보지 아니하는도다"(사 5:11-12). 사치스럽고 경박한 삶을 유지하기 위해 그들은 하나님의 뜻을 저버립니다. 눈을 감고 사는 것이지요. 하지만 끝이 시시각각 다가옵니다.

"왕은 귀족들의 아들이요 대신들은 취하지 아니하고 기력을 보하려고 정한 때에 먹는 나라여, 네게 복이 있도다"(전 10:17). 16절의 대구입니다. "네게 화가 있도다"와 "네게 복이 있도다"가 서로 조응하고 있습니다. 공동번역은 이 구절을 이렇게 옮겼습니다. "뜻이 서 있는 사람이 왕이 되어, 고관대작들이 먹을 때를 알고 마셔도 취하지 않아 몸가짐을 바로 하게 되면 그 나라는 흥한다." 어리석은 왕의 대척점에 뜻이 서 있는 왕이 있습니다. 뜻이 서 있다는 말은 자기가 왜 왕이 되었고, 지향해야 할 바가 무엇인지를 명확하게 아는 것입니다. 두렵고 떨림으로 그 소명을 받아들인 사람이 왕인 나라는 복이 있습니다. 또한 정한 때에 먹으면서도 취하지 않는 대신들, 다시 말해 절제할 줄 알고 자기 본분을 지킬 줄 아는 사람들이 왕을 보위할 때 그 나라는 복이 있습니다.

"왕은 귀족들의 아들이요"라는 구절은 혈통을 말하는 것이 아니라 윤리적·정치적 자질과 책임 의식을 말하는 것으로 볼 수 있습니다. '노블레스 오블리주'noblesse oblige라는 말이 있습니다. 높은 사회적 신분에 상응하는 도덕적 의무를 가리키는 말입니다. 1347년 영국과 프랑스의 전쟁 중에 있었던 일이 떠오릅니다. 영국 왕 에드워드 3세는 프랑스 북부의 항구 도시 칼레를 포위했지만 도무지 성을 함락시킬 수 없었습니다. 칼레의 패배는 다른 경로로 찾아왔습니다. 몇 달간의 포위 공격으로 인해 칼레의 식량이 떨어졌고 시민들은 눈물을 머금고 항복하기로 결정합니다. 하지만 화가 풀리지 않은 에드워드 3세는 여섯 명의 시민이 자기를 희생해 도시의 열쇠를 가져오면 시민들을 학살하지 않겠다고 말합니다. 죽음을 각오해야 할 상황이었습니다. 그때 칼레의 시장이었던 외슈타슈 드 생피에르를 비롯한 여섯 명의 귀족이 올가미를 목에 걸고 성 밖으로 나가 영국 왕 앞에 섭니다. 조각가 로댕은 그 비장한 순간을 「칼레의 시민들」이라는 작품으로 형상화했습니다. 시민들을 구하기 위해 자기를 희생한 그들이야말로 노블레스 오블리주의 사표입니다.

'뜻이 서 있는 왕'이라고 할 때 그 뜻을 막연한 의미로 받아들이면 안 됩니다. 왕은 자기 뜻이 아니라 하나님의 뜻에 복무해야 하는 사람입니다. 왕위는 위임된 것입니다. 예수님도 "내가 하늘에서 내려온 것은 내 뜻을 행하려 함이 아니요 나를 보내신 이의 뜻을 행하려 함이니라"(요 6:38)고 말씀하셨습니다.

## 게으름의 덫

"게으른즉 서까래가 내려앉고 손을 놓은즉 집이 새느니라"(전 10:18). 이것은 당연한 이야기입니다. 게으름은 나태함입니다. 손을 늘어뜨리고 있으면 영적으로 무기력해질 뿐 아니라 육체의 활기조차 잃게 마련입니다. 시골에 가면 사람이 다 떠나 비어 있는 집들을 볼 수 있습니다. 빈집은 참 쓸쓸합니다. 마당에는 풀들이 우거져 있고, 거미줄이 곳곳에 늘어져 있으며, 문짝들이 틀어져 있습니다. 사진틀이나 항아리 같은 살림의 흔적들이 남아 있지만 사람의 손길이 닿지 않은 그 물건들은 풍경을 더욱 황량하게 만듭니다. 그런데 무너지기 일보 직전처럼 보이면서도 여전히 굳건히 서 있는 집도 있습니다. 사람이 드나들기 때문입니다. 비워 두면 망가집니다. 인간의 삶도 마찬가지입니다. 어떻게 활용하느냐에 따라 육체는 쇠락될 수도 있고 단련될 수도 있습니다. 영혼 또한 깨끗해질 수도 있고 더러워질 수도 있습니다. 믿음 생활은 영적인 게으름을 경계하는 일과 무관하지 않습니다.

## 돈이 아닌 기쁨이 주인이다

"잔치는 희락을 위하여 베푸는 것이요 포도주는 생명을 기쁘게 하는 것이나 돈은 범사에 이용되느니라"(전 10:19). 잔치는 나쁜 것이 아닙니다. 오히려 작은 잔치라도 계속 베풀며 사는 게 인생의 지혜입니다. 고단한 세상에서 사소한 일조차 경축할 때 삶이 활기차집니다. 예수님도 가나의 혼인 잔치에 가셔서 물을 포도주로 바꾸셨습니다. 성경은 기본적으로 금욕적으로 살라고 말하지 않습니다. 하나님 나라는 잔치가 벌어지는 현장으로 표상되곤 합니다. 피조물인 우리가 기쁨을 누리며 사는 것을 하나님도 기뻐하십니다.

세상은 그런 기쁨을 누리려면 돈이 있어야 한다고 말합니다. 부정할 수 없는 현실입니다. 돈은 필요합니다. 그렇지만 돈은 수단일 뿐 삶의 목적이 될 수 없습니다. 수단이 아닌 목적이 되는 순간 돈은 맘몬으로 변합니다. 그것이 신격을 띠며 우리 삶에 지배권을 행세한다는 말입니다. 예수님은 사람이 하나님과 돈을 겸하여 섬길 수 없다고 말씀하셨습니다(마 6:24). 삶을 즐기는 다양한 방법을 찾을 때 돈의 위력은 줄어듭니다.

## 말은 마음을 드러낸다

"심중에라도 왕을 저주하지 말며 침실에서라도 부자를 저주하지 말라. 공중의 새가 그 소리를 전하고 날짐승이 그 일을 전파할 것임이니라"(전 10:20). 권위를 가진 사람들, 하나님으로부터 어떤 권한을 위임받은 사람들이 내 마음에 들지 않는다고 함부로 말하지 말라는 뜻입니다. 그 권력을 위임하신 분을 욕하는 셈이기 때문입니다.

물론 위임받은 왕이 하나님의 뜻대로 살지 않을 때는 비판해야 합니다. 이 구절이 불의한 권력에 대한 침묵을 뒷받침하는 논거로 사용되면 안 됩니다. 어떤 정당한 권한을 가지고 있는 사람이나 부자들에 대해 함부로 말하지 말라는 것이지, 부당한 방식으로 부를 축적한 사람에 대해 왈가왈부하지 말라는 것이 아니기 때문입니다.

코헬렛은 시기심이나 원망 등의 부정적 감정에 사로잡혀 함부로 말하지 말고, 심중에라도 말하지 말라고 권합니다. 그것이 부지불식간에 나올 수 있기 때문입니다. 사람은 자기 속에 있는 것을 드러내기 마련입니다. 우리 속에 있는 것들을 세심하게 살피는 것이야말로 지혜로운 삶의 시작입니다.

5부

경외의
빛으로
삶을
비추다

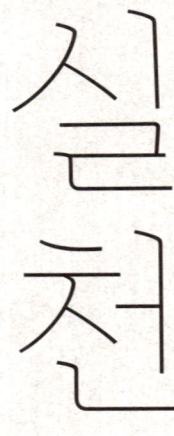

스물두 번째 강의

지혜로운 삶
11:1-8

이번 시간에는 전도서 11:1-8을 살펴보겠습니다. 길지 않지만 매우 중요한 내용을 담고 있는 본문입니다.

너는 네 떡을 물 위에 던져라 여러 날 후에 도로 찾으리라 일곱에게나 여덟에게 나눠 줄지어다 무슨 재앙이 땅에 임할는지 네가 알지 못함이니라 구름에 비가 가득하면 땅에 쏟아지며 나무가 남으로나 북으로나 쓰러지면 그 쓰러진 곳에 그냥 있으리라 풍세를 살펴보는 자는 파종하지 못할 것이요 구름만 바라보는 자는 거두지 못하리라 바람의 길이 어떠함과 아이 밴 자의 태에서 뼈가 어떻게 자라는지를 네가 알지 못함 같이 만사를 성취하시는 하나님의 일을 네가 알지 못하느니라 너는 아침에 씨를 뿌리고 저녁에도 손을 놓지 말라 이것이 잘될는지, 저것이 잘될는지, 혹 둘이 다 잘될는지 알지 못함이니라 빛은 실로 아름다운 것이라. 눈으로 해를 보는 것이 즐거운 일이로다. 사람이 여러 해를 살면 항상 즐거워할지로다. 그러나 캄캄한 날들이 많으리니 그 날들을 생각할지로다. 다가올 일은 다 헛되도다(전 11:1-8).

## 타자의 삶 위에 던지는 떡

"너는 네 떡을 물 위에 던져라. 여러 날 후에 도로 찾으리라"(전 11:1). 1절은 수수께끼 같은 구절입니다. 의미를 파악하기가 어렵다는 말입니다. 새번역과 공동번역은 이 구절을 전혀 다르게 번역했습니다. "돈이 있으면, 무역에 투자하여라. 여러 날 뒤에 너는 이윤을 남길 것이다"(새번역). "돈이 있거든 눈 감고 사업에 투자해 두어라. 참고 기다리면 언젠가는 이윤이 되어 돌아올 것이다"(공동번역). 조금 의아한 느낌이 들지 않나요? 삶을 일깨우는 잠언이 아니라 처세를 가르치는 실용적 가르침처럼 느껴집니다. 유진 피터슨 목사는 『메시지』 성경에서 오히려 개역개정과 유사한 의미로 번역합니다. "너그럽게 베풀어라. 자선활동에 투자하여라. 자선은 크게 남는 장사다."[1] 왜 번역본마다 이렇게 다른 뉘앙스로 번역한 것일까요? 번역의 저본으로 사용한 원문의 차이 때문이거나, 히브리어가 함축하고 있는 다양한 의미의 스펙트럼 때문이 아닐까 싶습니다.

어떤 이들은 "너는 네 떡을 물 위에 던져라"는 구절을 고대 민담과 연결하여 이해하려 합니다. 어떤 사람이 아주 은밀한 곳에 숨어 지내고 있었는데, 누군가가 떡을 물 위에 둥둥 띄워 놓았습니다. 그렇게 떠다니는 떡을 그 사람이 취해서 연명할 수 있다면 얼마나 다행입니까? 과연 이 구절이 그런 민담을 반영한 것인지는 불명확합니다. 그런 민담이 배경이라면, 이 구절은 되갚아 줄 능력이 없는 사람에게 무언가를 주면서 살라는 권고로 해석될 수 있을 것입니다. 교환의 경제학이 아니라 선물의 경제학이 아름다운 사회의 기초라고 보는 이들에게 이 구절은 매우 중요합니다. 각자 가진 돈, 재능, 시간을 되갚을 능력이 없는 사람에게 주는 것이야말로 아름다운 삶의 초석입니다. 이와 같이 보상을 기대하지 않는 자기증여 행위는 결국 선한 미래의 씨앗이 될 수 있습니다. 이와 유사한 예수님의 말씀을 기억하시지요? "오직 너희를 위하여 보물을 하늘에 쌓아 두라. 거기는 좀이나 동록이 해하지 못하며 도둑이 구멍을 뚫지도 못하고 도둑질도 못하느니라. 네 보물 있는 그곳에는 네 마음도 있느니라"(마 6:20-21).

사람은 밥만 먹고 사는 존재가 아닙니다. 육신을 위해 음식이 필요한 것처럼, 영혼을 위해서도 양식이 필요합니다. 저는 삶의 보람이 곧 영혼의 양식이 아닐까 생각합니다. 삶의 의미라 해석해도 무방합니다. 내가 지금 하는 일이 보람 있다는 생각이 들면 몇 시간을 일해도 힘겹게 느껴지지 않습니다. 그런데 보람은 늘 타자와의 관계 속에서 발생합니다. 인간은 요청받는 일에 응답함으로 자기를 실현합니다. 보람은 수고의 열매입니다. 무의미한 일은 사람을 황폐하게 만듭니다.

도스토옙스키는 1849년 페트라셰프스키가 주도한 모임에 참여하여 고골에게 보내는 벨린스키의 편지를 낭독한 것 때문에 반체제 혐의로 체포되어 사형 선고를 받았습니다. 그가 형장에서 눈을 가린 채 극도의 공포를 느끼던 순간, 황제의 사면령이 내려와 가까스로 목숨을 건졌습니다. 그 대신 도스토옙스키는 시베리아 옴스크에서 4년간의 감옥 생활과 이후 4년간의 군 복무를 해야 했습니다. 『죽음의 집의 기록』은 그가 시베리아 유형지에서 겪은 일을 바탕으로 하고 있습니다.[2] 그곳에서 그는 인간이 어떤 상황 속에서도 적응할 수 있는 존재임을 자각합니다. 그런데 죄수들이 가장 힘겨워하는 일이 있었습니다. 무의미한 노동을 반복하는 것입니다. 우리 식으로 이야기하자면, 땅을 파라고 해서 열심히 팠더니 그냥 메우라는 격입니다. 무의미성이야말로 인간을 황폐하게 만듭니다. 분쟁 현장에 가서 구제 혹은 구호 활동을 하기 위해 안락한 삶의 자리를 박차고 일어서는 사람들이 있습니다. 난민들을 돕기 위해 따가운 사회적 시선을 견디며 헌신하는 이들이 있습니다. 그들의 행동은 미래를 위한 투자도, 보상을 얻기 위한 실천도 아닙니다. 그렇기에 그 일은 거룩합니다.

덴마크의 철학자 쇠렌 키르케고르는 "죽음에 이르는 병은 절망"이라고 말했습니다. 희망이 없는 상태야말로 죽음에 이르는 병이라는 말입니다. 우리가 그런 치명적인 절망을 피하는 유일한 길이 있습니다. 누군가에게 필요한 사람이 되는 것입니다. 타자의 존재야말로 우리 인간됨의 근거입니다. 절망에 빠져 죽으려는 사람에게 "당신의 도움이 필요하다"고 말하는 것은 어리석어 보입니다. 하지만 그 말은 강력합니다. 앞서 말한 대로, 절망을 피하는 가장 좋은 길은 누군가에게 필요한 존재가 되는 것입니다. 네 떡을 물 위에 던지라는 말을 저는 '누군가에게 필요한 존재가 되라'는 말로 받아들입니다.

선한 일을 하다 보면 마음이 상할 때도 있습니다. 타인의 선의를 순수하게 받아들이지 않는 이들이 제법 많습니다. 보상을 바라고 한 일은 아니지만 호의를 당연한 것으로 받아들이는 이들을 보면 아뜩한 느낌이 들기도 합니다. 그런 느낌이 드는 것이 당연한 듯하지만, 사실 그것은 우리의 주는 행위가 완전한 사랑 안에서 이루어지지 않았기 때문입니다. 그들이 우리를 냉대하더라도 사랑에 근거해서 아름다운 것을 나눌 수 있기 위해서는 위로부터 내려오는 은총이 필요합니다. 받는 이들도 상처를 받을 때가 많습니다. 주는 이들의 호기로운 태도나 동정하는 눈빛, 자기의 선행에 대한 자부심이 드러나는 얼굴은 받는 이들의 영혼에 짙은 그림자를 남깁니다. 잘 베풀기 위한 더 많은 노력이 필요합니다.

"일곱에게나 여덟에게 나누어 줄지어다. 무슨 재앙이 땅에 임할는지 네가 알지 못함이니라"(전 11:2). 이 구절을 새번역에 의지해 해석해 보면, 집중 투자는 위험하니 분산 투자를 하라는 권고로 들립니다. 저는 투자에 대해서는 전혀 알지 못합니다만, 우리 삶에 언제 어떤 일이 벌어질지 모르니 늘 그 가능성을 염두에 두고 살라는 말로 받아들이면 좋을 것 같습니다. '나눌 분'分 자가 '여덟 팔'八과 '칼 도'刀 자가 결합된 말이라는 게 흥미롭습니다. 일곱이나 여덟에게 나누어 주라는 말을 보면서 '공유 경제'라는 말이 떠올랐습니다. 내가 가지고 있는 기술 혹은 재산을 다른 사람과 공유함으로 새로운 가치를 창조하는 협력적 소비를 일컫는 용어입니다. 카 쉐어링도 여기에 해당합니다. 환경 위기가 심화되고, 빈부의 격차가 커지고, 계층 간 갈등이 깊어지는 이 시대야말로 코헬렛의 권고를 일상 속에서 적용해야 할 때가 아닌가 싶습니다.

### 담담함의 미학

"구름에 비가 가득하면 땅에 쏟아지며 나무가 남으로나 북으로나 쓰러지면 그 쓰러진 곳에 그냥 있으리라"(전 11:3). 당연한 이야기인데 자연의 순환은 거스를 수 없다는 말입니다. 자연은 원망하지 않습니다. 유정한 인간만이 원망하는 법입니다. 저는 동물들을 보며 감동합니다. 알을 품고 있는 새들은 비를 온몸으로 맞으면서도 둥지를 떠나지 않습니다. 식물도 마찬가지입니다. 씨앗이 떨어진 자리가 척박하다고 원망하지 않고 묵묵히 빛을 향해 잎을 피워냅니다. 가지가 부러지고 상처가 생겨도 수액을 내며 스스로를 치료합니다. 잎을 다 떨군 겨울나무들은 온몸으로 겨울바람을 맞이합니다. 가끔 겨울 산에 오르면 이원수 선생의 시에 정세문 선생이 곡을 붙인 「겨울나무」를 부릅니다. 그 가사가 참 절실합니다. "나무야 나무야 겨울나무야 눈 쌓인 응달에 외로이 서서 아무도 찾지 않는 추운 겨울을 바람 따라 휘파람만 불고 있느냐" 1절이 다소 외롭고 처연하다면 2절은 달관한 사람의 모습을 보는 듯합니다. "평생을 살아 봐도 늘 한자리 넓은 세상 얘기도 바람께 듣고 꽃 피던 봄 여름 생각하면서 나무는 휘파람만 불고 있구나"

나무에 비하면 인간은 참 엄살이 심합니다. 추우면 춥다고, 더우면 덥다고, 비 오면 비 온다고, 외로우면 외롭다고 야단입니다. 자연은 억지가 없습니다. 유순하게 모든 것을 받아들입니다. 그렇기에 아름답습니다. 구름에 비가 가득하면 땅에 쏟아집니다. 나무는 쓰러지면 그 자리에 머물며 미생물들의 해체 작업에 고스란히 몸을 맡깁니다. 그것이 바로 잘 돌아감입니다. 호들갑스러운 반응을 멈추고 담담하게 자기 삶을 받아들일 때 삶의 비애는 줄어듭니다. 담담함이야말로 아름다움의 바탕입니다.

## 바람 속을 걷는 법

"풍세를 살펴보는 자는 파종하지 못할 것이요 구름만 바라보는 자는 거두지 못하리라"(전 11:4). 좋은 기회가 찾아오기를 기다리는 것을 탓할 수는 없습니다. 비탈길 아래에 있는 집 지붕의 작은 틈으로 사라진 쥐를 잡으려고 부동의 자세로 서 있는 고양이를 아주 오래 지켜본 일이 있습니다. 그 고요한 기다림에 숙연한 느낌이 들었습니다. 산다는 것의 엄정함을 흘낏 엿본 듯했습니다. 코헬렛은 좋은 기회를 기다린다면서 정작 해야 할 일을 하지 않는 이의 나태함을 지적하고 있습니다. 농부들은 때가 되면 씨를 뿌립니다. 싹이 돋아나다가 타 죽으면 그 자리에 다시 모종을 심습니다. 할 수 있는데도 늘 핑계를 대며 미적거리는 이들이 있습니다. 바람 탓, 기분 탓, 기후 탓, 컨디션 탓을 하며 세월을 허송합니다. 하늘만 쳐다보며 여건이 좋아지기만을 기다리면 아무것도 할 수가 없습니다. "좋은 기회가 오면"이라고 말하는 사람은 절대로 좋은 일을 할 수 없습니다. "언제 한번 만나"라는 말이 거짓은 아니지만 빈말이 된다는 사실을 우리는 경험적으로 압니다. 톨스토이는 가장 중요한 때는 '지금'이라고 말했습니다. 히브리서 기자도 "오직 오늘이라 일컫는 동안에 매일 피차 권면하여 너희 중에 누구든지 죄의 유혹으로 완고하게 되지 않도록 하라"(히 3:13)고 말합니다. 우리는 오늘을 살아야 하는 존재입니다.

이정하 시인의 「바람 속을 걷는 법」이라는 시를 앞에서 잠시 소개한 바 있습니다.

> 바람이 불지 않으면 세상살이가 아니다.
> 그래, 산다는 것은
> 바람이 잠자기를 기다리는 게 아니라
> 그 부는 바람에 몸을 맡기는 것이다.
> 바람이 약해지기를 기다리는 게 아니라
> 그 바람 속을 헤쳐 나가는 것이다.
>
> 두 눈 똑바로 뜨고 지켜볼 것,
> 바람이 드셀수록 왜 연은 높이 나는지.[3]

바람 속을 걷는 법을 익혀야 합니다. 자기 생이 뜻대로 되지 않는다고 누군가를 탓하고 원망하는 것은 약자의 버릇일 뿐입니다. 삶의 제약과 한계 속에서도 싹을 틔우는 씨앗들처럼, 주어진 삶의 여건을 자기 삶으로 수용할 수 있는 용기가 필요합니다. 바람이 드셀수록 연은 더 높이 날아오릅니다.

철학자 김진석 선생이 만든 용어 가운데 '포월'(匍越)이라는 개념이 있습니다. 포월은 '기어 넘다'로 풀이될 수 있는 말입니다. 초월이 현실을 넘어선 어떤 이상을 상정한다면, 포월은 우리의 구체적인 현실로부터 사고를 시작하자는 제안입니다. "천리 길도 한 걸음부터"라는 말이 있습니다. 만리장성도 돌 하나하나를 쌓아 올려 만들어진 것이고, 미켈란젤로가 그린 「천지창조」도 수없이 많은 붓질을 통해 형상화된 것입니다. 고단하기 이를 데 없는 과정을 생략한 채 단번에 아름다운 결과를 얻을 수는 없습니다. 시편 시인도 같은 진실을 이렇게 표현합니다. "눈물을 흘리며 씨를 뿌리는 자는 기쁨으로 거두리로다. 울며 씨를 뿌리러 나가는 자는 반드시 기쁨으로 그 곡식 단을 가지고 돌아오리로다"(시 126:5-6).

## 유한한 인간의 숙명

"바람의 길이 어떠함과 아이 밴 자의 태에서 뼈가 어떻게 자라는지를 네가 알지 못함 같이 만사를 성취하시는 하나님의 일을 네가 알지 못하느니라"(전 11:5). 짧은 구절에 알지 못한다는 말이 두 번 반복되고 있습니다. 알 수 없음은 유한한 인간의 숙명입니다. 과학자들은 우주에 암흑 물질이 존재한다고 말합니다. 우주를 구성하고 있을 것으로 추정하지만 관측하지는 못하는 물질입니다. 아는 것보다 모르는 것이 훨씬 많은 세상입니다. 욥은 자기가 겪는 고난의 이유와 뜻을 깨달을 수 없었기에 하나님께 해명을 요구합니다. 하나님은 속

시원한 해답을 내놓지 않으십니다. 다만 그의 유한함을 지적할 뿐입니다. 세상의 기초를 세우시고, 바다의 한계를 정하시고, 별자리들을 제때에 이끌어내시고, 티끌이 덩어리를 이루게 하시는 하나님의 신비를 인간이 다 알 수 없습니다. 물론 요즘 과학이 세계의 신비에 많이 다가섰지만, 여전히 아는 것보다 모르는 것이 더 많은 것이 사실입니다. 인간은 다만 주어진 세상에서 살아갈 뿐입니다.

장대하기 이를 데 없는 우주의 역사, 그 가운데서도 지구의 역사 흐름 가운데 인간은 아주 늦게야 섞여든 존재일 뿐입니다. 우리가 만들지 않은 세상에 초대받았고, 이해할 수 없는 세상에서 삶을 영위합니다. 휴대전화가 작동하는 원리를 다 이해하지는 못해도 사용하는 데는 지장이 없는 것처럼, 우리는 알지 못하는 세상에서 살아가는 나그네입니다. 생각해 보면 놀랍고 신비한 세상입니다. 무엇을 먹을까 마실까 입을까 하는 염려 때문에 우리는 삶이 기적임을 잊고 살아갑니다. 니코스 카잔차키스가 『성자 프란체스코』에서 들려주는 아름다운 이야기가 있습니다. 늘 성인과 함께 다니던 레오 형제가 들려주는 이야기입니다.

어느 날 밤 프란체스코가 아시시의 거리를 배회하고 있었다. 둥근 보름달이 두둥실 하늘 한가운데 떠 있었다. 온 세상이 공중에 떠서 흘러가는 것 같았다. 그런데 아무리 둘러봐도 문밖으로 나와서 그 위대한 기적을 즐기는 사람이 하나도 없었다. 그는 교회로 달려가서 종탑으로 올라갔다. 마치 무슨 큰일이라도 난 것처럼 종을 울리기 시작했다. 깜짝 놀라 잠에서 깬 사람들은 불이라도 난 줄 알고 옷도 제대로 못 입은 채 산루피노 성당으로 달려갔고, 거기서 프란체스코가 맹렬히 종을 치고 있는 것을 보았다. "도대체 왜 종을 치는 거요? 무슨 일이라도 났소?" 사람들이 화가 나서 소리를 질렀다. "여러분, 고개를 들어 하늘을 보세요." 프란체스코가 대답했다.[4]

우리가 경탄할 수 있는 능력을 잃어버릴 때 세상은 장바닥이 되고 맙니다. 세상에 가득 찬 기적에 눈을 떠야 욕망의 지배에서 벗어날 수 있습니다. 사람들은 헛헛한 마음을 채우기 위해 자꾸 무언가로 자기 속을 채우려 합니다. 그러나 욕망은 바닥이 없습니다. 아무리 채워도 채워지지 않는다는 말입니다. 오히려 자기 속을 비우고 또 비워 맑아질 때 비로소 삶은 아름다워집니다. 성경은 말씀대로 창조된 세상이 하나님 보시기에 좋았다고 전합니다. 볼 줄 아는 사람이 많지 않습니다. 예수님도 하늘을 나는 새와 들에 핀 꽃을 보라고 말씀하십니다. 광야 생활을 하던 이스라엘 사람들이 불뱀에 물려 죽어 갈 때 모세가 만들어 세운 구리뱀을 본 사람들은 살았습니다. 중요한 것은 시선입니다. 우리 시선이 어디를 향하는지가 우리 삶을 결정합니다.

유발 하라리는 『호모 데우스』라는 책에서 신처럼 된 인간을 다루고 있습니다.[5] 과거에는 인간이 해결하거나 통제할 수 없던 문제들이 요즘은 많이 해결되었습니다. 물론 전쟁과 기근과 역병을 인간이 온전히 통제하지 못하는 것이 현실이지만 과거에 비하면 훨씬 나아졌습니다. 과거에는 사람을 죽음에 이르게 하던 병들이 차츰 극복되고 있습니다. 유발 하라리는 인간이 신처럼 되었다고 말합니다. 하지만 그는 그런 인간의 성취를 무조건 긍정적으로 받아들이지는 않습니다. 인간은 아는 것보다 모르는 게 더 많습니다. 기상의 변화도 알기 어렵고, 가까운 미래에 일어날 일도 알 수 없습니다. 정치적인 행위에 대한 사람들의 반응도 예측하지 못합니다. 멀리 갈 것도 없이, 우리는 자신의 마음조차 완전히 이해하지 못합니다. 오만할 수 없는 까닭이 여기에 있습니다. 바울은 자기 한계를 철저히 경험했기에 경외감을 품고 하나님을 응시합니다. "깊도다. 하나님의 지혜와 지식의 풍성함이여, 그의 판단은 헤아리지 못할 것이며 그의 길은 찾지 못할 것이로다"(롬 11:33). 하나님의 어리석음이 인간의 지혜보다 낫다는 사실을 알아차리고 인정하는 것으로부터 새로운 삶이 시작됩니다.

### 오늘의 씨를 뿌리는 삶

"너는 아침에 씨를 뿌리고 저녁에도 손을 놓지 말라. 이것이 잘될는지, 저것이 잘될는지, 혹 둘이 다 잘될는지 알지 못함이니라"(전 11:6). 코헬렛은 시간을 허비하지 말라고 권합니다. 하나님은 엿새째 되는 날 인간을 창조하시고 그에게 소명을 부여하셨습니다. "하나님이 그들에게 복을 주시며 하나님이 그들에게 이르시되 생육하고 번성하여 땅에 충만하라, 땅을 정복하라, 바다의 물고기와 하늘의 새와 땅에 움직이는 모든 생물을 다스리라 하시니라"(창 1:28). 일은 고역이 아니라 하나님의 창조 행위에 동참하는 일입니다. 저는 삶이 힘겹고 권태로울 때마다 이 광막한 우주 공간 속에 내가 있다는 사실 자체가 기적임을 스스로에게 일깨우곤 합니다. 철학자들은 우리가 이 세상에 던져진 존재라고 말하지만, 우리는 스스로를 보냄을 받은 존재라고 고백합니다. 보내신 분의 뜻을 행하는 것이 보냄받은 자들의 소명입니다. 우리 삶은 일종의 파종입니다. 밭에 씨를 뿌리는 것만이 파종이 아닙니다. 우리의 말과 행실 하나하나가 누군가의 가슴에 던져진 씨앗이며, 우리 역사 속에 뿌려진 씨앗입니다. 더 나은 세상을 꿈꾸는 이들은 당장 결실이 보이지 않는다고 포기해서는 안 됩니다.

사도 바울의 말도 같은 지점을 가리킵니다. "우리가 선을 행하되 낙심하지 말지니 포기하지 아니하면 때가 이르매 거두리라"(갈 6:9). 우리 인생은 오늘의 점철입니다. 오늘을 사는 모습을 보면 한 사람의 인생이 보입니다. 세상을 아름답게 가꾸고, 누군가의 가슴에 선의 씨를 심으면서도 결과에 연연하지 말아야 합니다.

## 빛 속에서 피어나는 삶의 환희

"빛은 실로 아름다운 것이라. 눈으로 해를 보는 것이 즐거운 일이로다"(전 11:7). 코헬렛은 빛을 가리켜 아름다운 것이라고 말합니다. 여기서 아름답다는 말은 달콤하다는 뜻입니다. 시편에서 여호와의 말씀이 "꿀과 송이꿀보다 더 달도다"(시 19:10)고 말할 때 쓰이는 바로 그 단어입니다. 눈으로 해를 본다는 말은 우리가 빛을 보며 산다는 말을 가리킵니다. 기쁨과 슬픔, 희망과 슬픔이 갈마들고, 아름다움과 추함, 빛과 어둠이 공존하는 것이 세상입니다. 우리는 지치기도 하고 상처를 입기도 하며 삽니다. 권태감에 몸부림칠 때도 있습니다. 그 모든 것은 죽은 자에게는 허락되지 않는 현실입니다. 필연에 종속되어 있는 존재자들 역시 그런 감정의 지배를 받지 않습니다. 어쩌면 '희로애락애오욕'喜怒哀樂愛惡慾 곧 기쁨, 분노, 슬픔, 즐거움, 사랑, 미움, 욕망의 감정이 인간을 인간답게 하는 것인지도 모르겠습니다. 세상에서 제일 고통스러운 것은 인간이 사물로 변하는 것입니다. 불행과 시련은 인간을 수동적이고 무감각한 사물로 변화시킬 때가 많습니다. 누군가의 따뜻한 사랑이 사물화된 사람들을 인간으로 되돌려 놓습니다. 사랑이야말로 인간의 소명입니다. 해를 보는 일이 즐거운 것은 그런 사랑이 존속되고 있기 때문입니다.

엘리 비젤의 『벽 너머 마을』에 등장하는 마이클은 감옥에서 한 소년을 만납니다. 어떤 충격을 받았는지 소년은 마치 얼음 속에 갇힌 듯 어떤 인간적 감정도 드러내지 않았습니다. 마이클은 이 사물화된 존재를 인간으로 되돌리기 위해 온갖 노력을 기울였습니다. 그 앞에서 춤추고, 웃고, 손뼉 치고, 익살스런 표정을 짓습니다. 그는 소년에게 인간됨의 다채로움을 알려 주고 싶었던 것입니다. 그러나 소년은 반응을 보이지 않았습니다. 그러던 어느 날 소년이 허공에 이상한 그림을 그리기 시작하자, 마이클은 이를 자기 생애 중 가장 행복한 순간 가운데 하나로 기억합니다. 동틀 무렵 산자락에서 밤이 물러가듯, 소년 안에서도 어둠이 걷히고 있었습니다. 소설은 이런 문장으로 마무리됩니다. "그 소년은 엘리에젤이라는 성서상의 이름을 가지고 있었다. 그 이름은 '신이 내 기도를 이루셨다'는 뜻이다"[6] 얼음을 녹여 누군가의 가슴이 뛰도록 만드는 일이야말로 해를 보며 사는 사람의 보람이 아닐까요?

"사람이 여러 해를 살면 항상 즐거워할지로다. 그러나 캄캄한 날들이 많으리니 그 날들을 생각할지로다. 다가올 일은 다 헛되도다"(전 11:8). 어려움이 없기 때문에 즐거워하는 것은 아닙니다. 어려움이 있음에도 불구하고 즐거워할 때 어깨를 짓누르는 압도적인 무게가 줄어듭니다. 예기치 않은 어려움들이 다가올 때 그것에 짓눌려 우울함에 빠지지 않아야 합니다. 코헬렛은 어려움 없기를 바라지 말고 어려움과 더불어 살라고 말합니다. 캄캄한 날은 우리를 성찰로 이끕니다. 성찰이 깊어지면 우리를 사로잡고 있던 집착의 끈이 부질없다는 사실을 깨닫게 됩니다.

**스물세 번째 강의**

청년들에게 주는
교훈
11:9-12:8

지난 시간에 우리는 "떡을 물 위에 던져라"(전 11:1)는 말씀을 살펴보았습니다. 이 말씀을 제 입장에서 좀 더 나누어 볼까 합니다. 저는 목사이기도 하지만 글을 쓰는 사람입니다. '어떤 독자들이 내 글을 읽어 줄까?', '이 글이 독자들의 삶에 어떤 사건을 일으킬까?' 늘 궁금해합니다. 이것은 병 속에 편지를 담아서 물 위에 띄워 보내는 심정과 같습니다. 그 편지가 어디로 흘러가는지는 알 수 없습니다. 바닷가에서 일을 하던 사람이 읽을 수도 있고, 모랫길을 따라 산책하던 사람이 읽을 수도 있습니다. 그 글이 누군가의 내면을 밝히는 섬광이 될 수도 있고, 누군가의 가야 할 길을 밝히는 등불 하나가 될 수도 있습니다. 그것은 참으로 고마운 일입니다. 물 위에 띄워 보낸 떡이 누군가를 살게 하고, 그 떡을 먹고 산 사람이 훗날 자기 삶을 돌아보며 '내가 이런 은혜를 입고 살았지' 하면서 똑같이 어려운 처지에 있는 사람을 돕는다면 그것으로 충분할 것입니다. 하나님의 가족으로 부름받은 이들의 삶의 방식이 그러해야 합니다.

오늘 본문은 청년들에게 주는 말씀입니다. 나이대를 구별하는 용어들이 가끔은 낯설게 느껴집니다. 청소년기나 청년기처럼 유독 젊은 날을 가리키는 명칭에 색깔 상징인 '푸를 청'靑 자가 들어갑니다. 서양에서는 파란색이 우울한 기분을 나타내는 색이지만 우리의 경우는 다른 것 같습니다. 하늘과 바다색을 떠올리게 합니다. 청년의 때를 환히 열린 미래와 결부지어 생각하려 한 것일까요? 민태원 선생은 「청춘예찬」이라는 글에서 청년의 때를 이렇게 노래합니다.

> 청춘! 이는 듣기만 하여도 가슴이 설레는 말이다. 청춘! 너의 두 손을 가슴에 대고, 물방아 같은 심장의 고동을 들어 보라. 청춘의 피는 끓는다. 끓는 피에 뛰노는 심장은 거선의 기관과 같이 힘 있다. 이것이다. 인류의 역사를 꾸며 내려온 동력은 바로 이것이다. 이성은 투명하되 얼음과 같으며, 지혜는 날카로우나 갑 속에 든 칼이다. 청춘의 끓는 피가 아니라면 인간은 얼마나 쓸쓸하랴? 얼음에 싸인 만물은 얼음이 있을 뿐이다.[1]

1929년에 발표된 이 글은 시대적 우울함에 빠진 젊은이들을 격려하기 위해서 쓴 글처럼 보입니다. N포 세대라고 지칭되는 오늘의 청년들에게도 들려주고 싶은 글입니다. 청년 하면 떠오르는 이미지가 있습니다. 젊음, 열정, 꿈, 패기 등입니다. 모든 것이 헛되다고 가르치는 전도서가 그러한 청년들에게도 말을 건넨다는 사실이 무척 흥미롭습니다. 피가 뜨거운 젊은이들은 모든 것이 헛됨으로 귀결되는 인생사를 어떻게 대면해야 할까요? 모든 것이 시간과 더불어 허망하게 스러지는 것이니 아무것도 추구하지 말아야 한다고 말할까요? 그렇지 않습니다. 오늘 본문을 살펴보겠습니다.

> 청년이여, 네 어린 때를 즐거워하며 네 청년의 날들을 마음에 기뻐하여 마음에 원하는 길들과 네 눈이 보는 대로 행하라. 그러나 하나님이 이 모든 일로 말미암아 너를 심판하실 줄 알라. 그런즉 근심이 네 마음에서 떠나게 하며 악이 네 몸에서 물러가게 하라. 어릴 때와 검은 머리의 시절이 다 헛되니라. 너는 청년의 때에 너의 창조주를 기억하라. 곧 곤고한 날이 이르기 전에, 나는 아무 낙이 없다고 할 해들이 가깝기 전에 해와 빛과 달과 별들이 어둡기 전에, 비 뒤에 구름이 다시 일어나기 전에 그리하라. 그런 날에는 집을 지키는 자들이 떨 것이며 힘 있는 자들이 구부러질 것이며 맷돌질하는 자들이 적으므로 그칠 것이며 창들로 내다보는 자가 어두워질 것이며 길거리 문들이 닫혀질 것이며 맷돌 소리가 적어질 것이며 새의 소리로 말미암아 일어날 것이며 음악하는 여자들은 다 쇠하여질 것이며 또한 그런 자들은 높은 곳을 두려워할 것이며 길에서는 놀랄 것이며 살구나무가 꽃이 필 것이며 메뚜기도 짐이 될 것이며 정욕이 그치리니 이는 사람이 자기의 영원한 집으로 돌아가고 조문객들이 거리로 왕래하게 됨이니라. 은줄이 풀리고 금그릇이 깨지고 항아리가 샘 곁에서 깨지고 바퀴가 우물 위에서 깨지고 흙은 여전히 땅으로 돌아가고 영은 그것을 주신 하나님께로 돌아가기 전에 기억하라. 전도자가 이르되 헛되고 헛되도다. 모든 것이 헛되도다(전 11:9-12:8).

코헬렛은 나이가 많이 든 사람입니다. 인생 경험도 풍부합니다. 사람들이 행복의 조건이라 일컫는 것들을 다 누려 보았고, 신산스러운 일들도 많이 겪었습니다. 그는 앞날이 창창한 젊은이들이 시행착오를 겪지 않도록 돕고 싶어 합니다. 하지만 겪어 보지 않으면 알지 못하는 것들이 있습니다. 누가복음에 등장하는 탕자가 자기에게 돌아올 유산의 몫을 달라면서 집을 떠나겠다고 했을 때, 아버지는 아들이 어떻게 될지 몰랐을까요? 처분 가능한 막대한 돈을 손에 쥐고 그가 건실하게 일을 할 것이라는 생각은 들지 않습니다. 비유 속의 아버지도 그러한 정도의 판단은 했을 것입니다. 그럼에도 아버지는 아들의 떠남을 허락합니다. 머물러 있으면서 늘 떠남을 꿈꾸기보다 위험을 무릅쓰고 떠났다가 실패를 경험하는 게 더 낫다고 생각했기 때문일 것입니다. 아들이 떠난 뒤 아버지의 시간은 기다림의 시간이 됩니다. 아들이 겪어야 할 아픔을 함께 겪습니다. 섣부른 훈계의 말보다 그를 위해 아파하기를 택한 아버지의 모습이 거룩합니다.

　　가야금 명인인 황병기 선생이 돌아가시기 몇 달 전에 그분의 연주회에 가서 가야금 연주와 그분의 말씀을 들을 기회가 있었습니다. 이야기 중에 그는 "제가 나이 든 다음부터 누군가가 묻기 전에는 말하지 않으려고 애쓰고 있습니다"라고 말했습니다. 진행자가 왜 그러시냐고 묻자 그는 이렇게 대답합니다. "내 속에 자꾸 훈계하고 싶은 마음이 있더라고요. 그래서는 안 되겠다 싶어서 '입을 닫자' 하고 입을 꾹 다물었어요. 누가 물으면 소극적으로 대답을 해주면 그만이지요." 삶에 정답은 없습니다. 각자가 찾은 답이 있을 뿐입니다. 그래서 우리는 "이게 정답이야", "이게 길이야"라고 말하면 안 됩니다. "나는 이렇게 생각해", "나는 이렇게 경험해 왔어" 정도로 말하면 그만입니다.

　　조심스럽게 말씀드리면, 저는 젊음의 특색은 '불온함'이라고 생각을 합니다. 젊은이들은 기성세대의 가치관이나 관행에 도전하고 '아니요'라고 말할 수 있어야 합니다. 앞 세대가 만들어 놓은 가치관에 길들여진 채 살고 있는 젊음을 목격하는 것은 매우 슬프고 쓸쓸한 일입니다. 반면, 길들여지기를 거부하는 야생마들의 날뜀을 볼 때마다 가슴이 뛰곤 합니다. 과거의 속박에서 풀려나 자유롭게 자기 꿈을 향해 달려가는 젊은이들이 많아지고 있습니다. 자기만의 삶의 문법을 만들며 사는 이들도 있습니다. 기존 질서가 만들어 놓은 가지런한 삶의 길에서 벗어나 다른 삶을 모색하는 이들을 보면 행복해집니다.

## 자유와 경계 사이에서

"청년이여, 네 어린 때를 즐거워하며 네 청년의 날들을 마음에 기뻐하여 마음에 원하는 길들과 네 눈이 보는 대로 행하라. 그러나 하나님이 이 모든 일로 말미암아 너를 심판하실 줄 알라"(전 11:9). 인생의 거의 모든 것을 경험한 코헬렛은 청년들에게 삶을 한껏 살아내라고 격려합니다. '주어진 젊음의 때를 기뻐하며 살아라', '마음이 원하는 길을 한번 선택해 보아라.' 관습적인 삶이 요구하는 가치와는 사뭇 다른 권고입니다.

여러 해 전에 한 신학교 신대원생들이 저를 찾아왔습니다. 자기소개를 하던 중 한 학생이 자신은 외국 여행을 조금 했다고 말했습니다. 어디를 얼마나 다녔냐고 묻자, 그는 겸연쩍게 웃으며 "7년이요"라고 대답했습니다. 깜짝 놀라서 "어떻게 7년 동안이나 그렇게 다닐 수 있었어요?" 하고 묻자, 그는 이렇게 대답했습니다. "어디를 가든 작은 일자리를 얻어 돈을 벌고 그 돈으로 또 여행을 다니다 보니 어느덧 7년 세월이 되었습니다." 그는 자전거를 타고 세계 유수의 기독교 공동체를 찾아다니며 영성 전통을 접하고 다양한 세상 공부를 한 뒤 신학교에 입학했습니다. 그러한 경험을 통해 삶의 지평을 확장했습니다. 위험한 일도 만나고, 죽음의 공포도 맛보고, 배고픔과 외로움에 사무치기도 하고, 환대받음의 감격도 누리고, 외진 곳에 숨겨진 아름다운 것들과도 만났을 것입니다. 무엇보다 자신이 무한히 취약한 존재인 동시에 귀한 생명이라는 사실을 체득하고, 불필요한 것들을 생략하는 법도 배웠을 것입니다. 관습적인 삶에 익숙한 이들은 세상이 정해 놓은 코스대로 달리지 않는 이들을 못마땅하거나 이상하게 바라봅니다. 그 시선의 폭력을 견디며 앞으로 나아갈 때 비로소 자유의 대로가 열립니다.

    그런데 한 가지 유의해야 할 것이 있습니다. 마음에 원하는 길들과 네 눈이 보는 대로 행하라는 권고에는 한 가지 전제조건이 따라 붙습니다. "하나님이 이 모든 일로 말미암아 너를 심판하실 줄 알라." 어떻게 들으면 낯선 경고처럼 들립니다. "할 테면 해봐." 고집부리는 사람을 말로 설득할 수 없을 때 사람들이 흔히 사용하는 경고의 말입니다. 하지만 코헬렛의 말은 성격이 조금 다릅니다. 하나님의 심판이 있다는 사실을 잊지 말라는 말은 마음의 경계를 완전히 풀어 버리면 안 된다는 것을 의미합니다. 마음의 경계조차 없으면 방종에 빠지기 쉽습니다. 자유에는 한계가 있습니다. 하나님은 아담과 하와에게 자유를 주셨지만 자유의 한계를 정해 주셨습니다. '선악을 알게 하는 나무'가 바로 그것입니다. 인간은 '서로 함께'의 존재입니다. 아브라함 헤셸은 "사람이 사람이기 때문에 더불어 사는 것이 아니라 더불어 살기 때문에 사람이다"라고 말합니다.[2] 다른 사람의 요구에 응답하는 것이야말로 인간됨의 뿌리입니다. 타자의 존재가 바로 자유의 한계입니다. 마음의 경계를 지키며 살 때 인간은 책임적 존재로 성장합니다.

    개인적인 이야기일 수 있겠지만, 저는 마음의 경계를 지키기 위해 노력하며 살아왔습니다. '양심과 진실을 지킬 수 없는 상황에 놓인다면 그 자리를 떠나는 게 옳다'는 생각을 늘 품었습니다. 다른 이들과의 관계는 개방적으로 유지하면서도, 삶의 근본을 잃지 않으려고 노력했습니다. 누군가가 내 삶의 근본을 뒤흔들지 않는 한 타협할 수 있고 양보할 수 있지만, 그 근본이 흔들릴 때는 결단해야 합니다. 마르틴 루터는 보름스 제국 의회 앞에서 그동안 썼던 모든 책과 거기 담겨 있는 잘못들을 포기하라는 요청을 받았을 때 단호하게 거절하며 이렇게 말했습니다.

> 황제 폐하와 여러 귀족 제후 각하들은 아주 간단한 대답을 요구하고 계시는군요. 여기 숨김없고 간단한 대답이 있습니다. 성경의 증거와 명료한 이성에 비추어 저의 유죄가 증명되지 않는 이상, 저는 교황들과 교회 회의의 권위를 인정하지 않겠습니다. 사실 이 양자는 서로 엇갈린 주장을 합니다. 저의 양심은 하나님의 말씀에 사로잡혀 있습니다. 저는 아무것도 취소할 수 없고 하지도 않겠습니다. 왜냐하면 양심에 어긋난 행동을 한다는 것은 옳지 않을 뿐 아니라 안전하지도 않기 때문입니다. 하나님이여, 이 몸을 도우소서. 아멘.[3]

마음의 경계를 지키는 것은 용기가 필요한 일입니다. 입장이 분명한 사람이 된다는 것은 쉽지 않은 과제입니다. 하나님이 심판하실 줄 알라는 말은 사람들의 자유를 제한하여 타율적인 존재가 되게 하려는 것이 아닙니다. 자기보다 더 큰 술어로 자기 삶을 이해하라는 말입니다. 하나님을 망각하지 않을 때, 우리는 욕망의 폐쇄 회로에 갇히지 않을 수 있습니다.

## 근심과 염려가 찾아올 때

"그런즉 근심이 네 마음에서 떠나게 하며 악이 네 몸에서 물러가게 하라. 어릴 때와 검은 머리의 시절이 다 헛되니라"(전 11:10). 믿음을 설명하기 위한 단일한 정의는 없습니다. 믿음은 때로는 동의로, 신뢰로, 신실함으로, 입장의 일치로 설명됩니다. 신뢰로서의 믿음의 반대말은 근심 혹은 염려입니다. 예수님도 이런저런 근심에 사로잡혀 살아가는 이들을 딱하게 보시며 말씀하셨습니다. "목숨을 위하여 무엇을 먹을까 무엇을 마실까 몸을 위하여 무엇을 입을까 염려하지 말라. 목숨이 음식보다 중하지 아니하며 몸이 의복보다 중하지 아니하냐"(마 6:25), "내일 일을 위하여 염려하지 말라. 내일 일은 내일이 염려할 것이요 한 날의 괴로움은 그 날로 족하니라"(마 6:34), "너희는 마음에 근심하지 말라. 하나님을 믿으니 또 나를 믿으라"(요 14:1).

몸을 가지고 사는 사람에게 염려나 근심이 전혀 없을 수는 없습니다. 그것이 현실이지만, 근심에 사로잡히지 않을 수는 있습니다. 근심이 나를 지배하지 못하도록 할 수는 있습니다. 근심과 염려조차 하나님께 가져가야 합니다. 그때 홀가분한 자유가 우리에게 유입됩니다. 물론 그것이 말처럼 쉽지는 않습니다. 감당하기 어려운 일들이 우리를 짓누를 때도 있습니다. 그럴 때마다 지난 세월을 돌아보면 좋겠습니다. 암담하기 이를 데 없는 상황 속에 내몰린 적도 많았지만, 우리는 근근이 그 시련의 시간을 통과하여 오늘에 이르렀습니다. 시편의 시인들은 침묵하시는 하나님을 원망하다가도, 지난날 주님께서 베푸신 은혜를 돌아보며 내면으로 스며드는 하늘의 빛을 발견하곤 했습니다.

어려운 문제가 다가올 때 이렇게 말해 보면 좋을 것 같습니다.

"아, 이건 조금 무겁네. 감당하기 쉽지 않아. 하지만 나는 이 문제보다 훨씬 커." 지금은 길이 보이지 않아도 결국은 길을 찾게 될 것이라는 희망을 붙들고 절망의 시간을 견뎌야 합니다. 밝은 곳에서 어두운 곳으로 들어가면 처음에는 아무것도 보이지 않습니다. 한참 있다 보면 조금씩 눈이 적응하면서 무언가 보이기 시작합니다. 스스로 해결하기 어려운 문제가 마치 바위처럼 내 앞에 놓여 있습니다. 옮겨 보려 하지만 꼼짝도 하지 않습니다. 그러면 대개는 포기하고 맙니다. 정말 그 바위를 옮기는 방법이 없을까요? 있습니다. 그 바위를 잘게 쪼개 조그마한 부분을 하나씩 제거하다 보면, 그 굳건해 보이던 바위도 흔들리기 시작합니다.

젊음의 때에 우리가 몸과 마음에 익혀야 하는 것은 악을 거부하는 일입니다. 바울 사도는 성도들에게 "범사에 헤아려 좋은 것을 취하고 악은 어떤 모양이라도 버리라"(살전 5:21-22)고 권합니다. 악에게 틈을 주지 말아야 합니다. 사탄은 예수님을 지극히 높은 산으로 데려가 천하만국과 그 영광을 보여주며 말합니다. "만일 내게 엎드려 경배하면 이 모든 것을 네게 주리라"(마 4:9). 달콤한 유혹입니다. 악은 언제나 달콤한 얼굴로 우리에게 다가옵니다. 그 달콤함을 맛보려고 한 번 사탄에게 절하면 확고하게 그의 종이 되게 마련입니다.

## 창조주를 기억하는 지혜

"너는 청년의 때에 너의 창조주를 기억하라. 곧 곤고한 날이 이르기 전에, 나는 아무 낙이 없다고 할 해들이 가깝기 전에 해와 빛과 달과 별들이 어둡기 전에, 비 뒤에 구름이 다시 일어나기 전에 그리하라"(전 12:1-2). 이 단락은 창조주를 기억하라는 말을 중심으로 구성되어 있습니다. 기억은 과거의 경험과 관련된 것이지만, 이 단락에서는 미래에 예기되는 사건들과 연결됩니다. 곤고한 날이 이르기 전에, 나는 아무 낙이 없다고 할 해들이 가깝기 전에, 해와 빛과 달과 별들이 어둡기 전에, 비 뒤에 구름이 다시 일어나기 전에 창조주를 기억해야 합니다. 하나님은 오래된 미래인 동시에 영원한 현재이십니다.

 여기서 한 가지 주목해야 할 것이 있습니다. 지금까지 하나님을 '엘로힘'으로 일컫던 코헬렛이 하나님을 '창조주'라고 부른다는 사실입니다. 창조주라고 번역된 히브리어 '바라'ברא는 무엇을 '만들다', '짓다'라는 뜻입니다. 코헬렛은 젊은이들에게 우리가 하나님의 작품임을 잊지 말자고 말합니다. 코헬렛은 창조주를 기억하라고 말합니다. 기억은 과거를 현재화하는 행위입니다. 하나님은 우리의 기억 속 어디에 계신 것일까요? 어거스틴은 『고백록』에서 이렇게 고백합니다.

> 오, 주님, 나는 당신을 찾고자 할 때 내 기억 밖에서 찾지 않고 내 기억의 넓은 광장 안에서 두루 살폈습니다. 그러나 내가 당신을 알게 된 때부터 내 기억에 새겨진 당신의 모습 이외에는 찾아볼 수 없었습니다. 내가 처음으로 당신을 알게 된 이후 당신을 잊어 본 적이 없습니다. 그것은 내가 진리를 찾은 그곳에서 진리 자체가 되신 나의 하나님을 찾았기 때문입니다. 따라서 나는 진리를 처음으로 알게 된 때부터 진리를 잊어 본 적이 없습니다. 그러므로 내가 당신을 알게 된 이후 계속 당신은 내 기억에 임재하여 계셨습니다. 내가 바로 그것에서 당신을 기억하고 당신 안에서 기뻐할 때 당신을 찾아 만나게 되는 것입니다. 이것이 나의 거룩한 기쁨입니다. 이것은 당신께서 자비로 내 궁핍함을 굽어살피시고 나에게 허락하여 주신 것입니다.[4]

우리가 진리이신 하나님과 만나는 그 순간부터 하나님은 우리의 기억 속에 임재하여 계십니다. 창조주께서 우리 몸과 마음에 새겨 주신 하나님의 법을 따라 살아가는 것, 엇나가지 않고 유순하게 그 뜻을 품고 사는 것이야말로 하나님을 기억하는 행위입니다. 곤고한 날이 오기 전, 아무 낙이 없다고 하기 전에 하나님을 기억하며 사는 것이 인생의 지혜입니다. 우리가 원하든 원하지 않든 그런 날이 오게 마련입니다.

### 조용한 쇠락의 과정

"그런 날에는 집을 지키는 자들이 떨 것이며 힘 있는 자들이 구부러질 것이며 맷돌질하는 자들이 적으므로 그칠 것이며 창들로 내다보는 자가 어두워질 것이며"(전 12:3). 많은 이들이 이 단락을 비유적으로 해석해서 노년기에 나타나는 삶의 징후로 읽곤 합니다. 그 논리를 따라가 볼까요? 집을 지키는 자들은 팔입니다. 떨림은 팔에 기력이 빠진 상태입니다. 힘 있는 자들은 다리입니다. 다리도 힘을 잃어 후들거리고 굽어집니다. 맷돌은 치아입니다. 이가 빠지고 단단한 것을 씹을 수 없는 상태가 됩니다. 이쯤 되면 다음 장면도 짐작할 수 있을 것입니다. 창들로 내다보는 자는 눈을 가리킵니다. 눈이 침침해져서 사물을 구분하기 어렵습니다. 젊음의 때는 무한하지 않습니다. 생로병사의 순환이야말로 자연의 이치입니다. 늙음조차 거룩한 삶의 일부입니다. 새번역은 그 뜻을 새겨서 풀어 놓았습니다. "그때가 되면, 너를 보호하는 팔이 떨리고, 정정하던 두 다리가 약해지고, 이는 빠져서 씹지도 못하고, 눈은 침침해져서 보는 것마저 힘겹고." 이런 쇠락의 과정은 누구도 막을 수 없는 인생의 한 과정입니다.

"길거리 문들이 닫혀질 것이며 맷돌 소리가 적어질 것이며 새의 소리로 말미암아 일어날 것이며 음악하는 여자들은 다 쇠하여질 것이며"(전 12:4). 이제는 굳이 설명하지 않아도 해석할 수 있지요? 길거리 문들이 닫힌다는 말은 다양한 이들과 맺었던 관계가 소원해지고 조금은 외롭고 쓸쓸한 상태가 됨을 가리킨다고 보면 될 것 같습니다. 맷돌 소리가 적어진다는 것은 앞서 나온 표현입니다. 새소리는 아름답지만, 깊은 잠을 이루기 힘든 노년기에는 방해가 될 수 있습니다. 음악하는 여자들이 다 쇠하여진다는 말은 삶의 즐거움이 사라져서 무덤덤해진다는 뜻으로 새기면 될 것 같습니다. 이런 것이 나이 듦의 징조인 것은 부인할 수 없습니다. 코헬렛은 청년의 때에 이런 날이 닥쳐올 것임을 내다보며 살라고 말합니다.

"또한 그런 자들은 높은 곳을 두려워할 것이며 길에서는 놀랄 것이며 살구나무가 꽃이 필 것이며 메뚜기도 짐이 될 것이며 정욕이 그치리니 이는 사람이 자기의 영원한 집으로 돌아가고 조문객들이 거리로 왕래하게 됨이니라"(전 12:5). 노인들은 높은 곳과 오르막길이 두렵습니다. 길에서도 공포를 느낍니다. 넘어질까 두렵기 때문입니다. 살구나무가 꽃이 필 것이라는 말은 머리카락이 희어지는 것을 가리키는 것 같습니다. 고려시대의 문신인 우탁의 시조 「탄로가」歎老歌는 늙음의 비애를 이렇게 노래합니다. "한 손에 가시 쥐고 또 한 손에 막대 들고/늙은 길 가시로 막고 백발은 막대로 치려 했더니/백발이 제 먼저 알고 지름길로 오더라." 코헬렛은 백발을 가리켜 살구나무에 핀 꽃이라고 말합니다. 낭만적입니다. 메뚜기도 짐이 될 것이라는 말은 설명이 필요 없습니다. 정욕이 그친다는 말은 이전에 우리를 사로잡고 휘몰아치던 열정이 잦아들어 재처럼 변한 상태를 건조하게 표현한 것입니다. 결국 그런 쇠락의 과정을 거쳐 자기의 영원한 집으로 돌아가는 것이 인생입니다. 코헬렛은 여기서 그치지 않습니다.

## 우리가 맞이할 마지막 시간

"은줄이 풀리고 금그릇이 깨지고 항아리가 샘 곁에서 깨지고 바퀴가 우물 위에서 깨지고 흙은 여전히 땅으로 돌아가고 영은 그것을 주신 하나님께로 돌아가기 전에 기억하라"(전 12:6-7). 이 구절에서 은줄이 풀린다는 것을 두고 사람들은 말이 어눌해지는 것을 가리킨다고 말합니다. 금그릇이 깨진다는 것은 이전에 가장 가치 있다고 여기던 것들이 시들하게 여겨진다는 뜻이 아닐까요? 항아리와 바퀴가 깨진다는 말도 일상으로부터의 물러섬을 의미하는 것으로 보입니다.

이처럼 코헬렛은 인간의 쇠락을 다양한 시적 비유로 묘사한 뒤 우리가 맞이할 마지막 시간을 덤덤하게 서술합니다. 흙은 여전히 땅으로 돌아갑니다. 흙은 인간의 육체를 뜻합니다. 사람이 죽으면 그 몸은 본래의 질료 상태로 돌아갑니다. 영은 영의 주인이신 분께로 돌아갑니다. 이것이 히브리적 사고입니다. "주께서 낯을 숨기신즉 그들이 떨고 주께서 그들의 호흡을 거두신즉 그들은 죽어 먼지로 돌아가나이다"(시 104:29). 이런 날이 오기 전에 창조주를 기억하라는 말은 생명이 무한히 값진 선물임을 자각하며 살라는 말이 아닐까 싶습니다. 죽음은 끝이 아니라, 생명의 주인이신 분에게로 돌아가는 것입니다.

이 모든 생로병사의 과정을 바라보며 전도자는 결론을 내립니다. "전도자가 이르되 헛되고 헛되도다. 모든 것이 헛되도다"(전 12:8). '헛되도다'라는 표현이 세 번이나 반복되고 있습니다. 우리를 덧없음의 감정에 빠뜨리기 위한 것이 아닙니다. 허망한 열정에 사로잡혀

생을 낭비하지 말라는 역설적 권고입니다. 코헬렛은 그런 의미에서 현실주의자입니다.

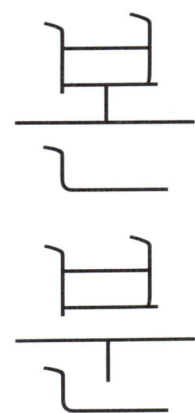

**스물네 번째 강의**

하나님을
경외하라
12:9-14

오늘 우리는 마침내 전도서 여행을 마치게 됩니다. 여행에는 시작과 끝이 있습니다. 여정 중에 만난 여러 가지 경험이 우리 삶을 새롭게 바라보게 만들기도 합니다. 여행의 즐거움은 낯선 세계와의 만남입니다. 전도서를 여행하며 우리는 익숙한 듯하지만 낯선 세계와 만나 놀라기도 하고 기뻐하기도 했습니다.

    삶의 과정 또한 여행과 닮아 있습니다. 여정 중에 만나는 풍경이나 사람들이 우리 마음에 남겨 놓은 흔적들이 삶에 영향을 끼칩니다. 삶은 만남의 흔적들로 구성된다고 말할 수도 있겠습니다. 그 흔적을 무늬라 한다면, 무늬는 문화를 이룹니다. 문화는 사회적으로 물려받은 물질적·정신적 요소입니다. 무늬는 아름다울 때도 있지만 아픈 상처일 때도 있습니다.

    먹감나무를 본 적이 있으신가요? 감나무는 가지가 연해 잘 부러집니다. 부러진 가지로 물기가 스며들면 조직이 시커멓게 변합니다. 먹감나무를 베어 보면 검은 무늬가 보입니다. 그 무늬는 나무의 상처인 동시에 스스로를 치유하려 애썼던 흔적입니다. 그것을 보고 우리는 아름답다고 말합니다.

인생이라는 여정 속에서 우리도 누군가로부터 받기도 하고 입히기도 합니다. 그 상처의 기억은 아프지만 그것을 잘 승화시켜 우리 삶의 무늬를 만들 수 있다면 마냥 손해만은 아닐 것이라는 생각이 듭니다. 바울 사도의 말이 참 적실합니다. "다만 이뿐 아니라 우리가 환난 중에도 즐거워하나니 이는 환난은 인내를, 인내는 연단을, 연단은 소망을 이루는 줄 앎이로다"(롬 5:3-4). 믿음은 바로 이런 전환의 능력이 아닐까요?

그런 믿음의 길을 걷는 이들에게서 우리는 어떤 향기를 맡게 됩니다. 바울은 그리스도인들을 가리켜 "그리스도의 향기"(고후 2:15)라고 말했습니다. 미당 서정주 선생의 「연꽃 만나고 가는 바람같이」라는 시 가운데 이런 구절이 있습니다.

연꽃
만나러 가는
바람 아니라
만나고 가는 바람같이

설렘을 가지고 만나러 갈 때의 마음이 있고 만나고 돌아올 때의 마음이 있는데, 그때의 바람이 또 다릅니다. 바람도 어디를 거쳐 왔느냐에 따라 다른 향을 품습니다. 예민한 이들만 알아차릴 수 있습니다. 우리를 스쳐 지나가는 이들은 어떤 향기를 맡게 될까요? 기분 좋은 향기였으면 좋겠습니다. 오늘 함께 살펴볼 본문은 전도서 전체를 요약하는 내용이라 할 수 있습니다.

> 전도자는 지혜자이어서 여전히 백성에게 지식을 가르쳤고 또 깊이 생각하고 연구하여 잠언을 많이 지었으며 전도자는 힘써 아름다운 말들을 구하였나니 진리의 말씀들을 정직하게 기록하였느니라. 지혜자들의 말씀들은 찌르는 채찍들 같고 회중의 스승들의 말씀들은 잘 박힌 못 같으니 다 한 목자가 주신 바이니라. 내 아들아, 또 이것들로부터 경계를 받으라. 많은 책들을 짓는 것은 끝이 없고 많이 공부하는 것은 몸을 피곤하게 하느니라. 일의 결국을 다 들었으니 하나님을 경외하고 그의 명령들을 지킬지어다. 이것이 모든 사람의 본분이니라. 하나님은 모든 행위와 모든 은밀한 일을 선악 간에 심판하시리라 (전 12:9-14).

## 지혜의 샘에서 길어 올린 말들

전도자는 지혜자이어서 여전히 백성에게 지식을 가르쳤고 또 깊이 생각하고 연구하여 잠언을 많이 지었으며(전 12:9). 코헬렛은 "전도자는 지혜자이어서"라는 말로 시작하여 자기가 한 일을 열거하고 있습니다. 지금까지의 어조와는 사뭇 다릅니다. 그 다름은 인칭의 변화에서 비롯된 것입니다. 소설을 쓰는 사람들이 매우 고심하는 부분 중 하나가 시점을 정하는 것입니다. 1인칭 주인공 시점이나 1인칭 관찰자 시점, 3인칭 관찰자 시점 같은 말을 들어 보셨을 것입니다. 전도서는 지금까지 내내 1인칭 관찰자 시점으로 이야기를 전개해 왔습니다. "나 전도자는", "내가", "나는"이라는 말이 거듭 등장합니다. 그런데 오늘 본문에서는 "전도자는"이라는 3인칭 주어가 사용되고 있습니다. 이런 인칭의 변화는 전도서를 객관적으로 마감하겠다는 저자의 의지를 보여줍니다. 코헬렛이 자기가 그동안 해왔던 일들을 3인칭으로 서술함으로 그 내용을 객관화하려 한다는 말입니다. 우리말 번역 성경에는 드러나지 않지만, 사실 히브리어 원문 속에는 '그리고 그 밖에'라고 해석될 수 있는 단어가 등장합니다.

코헬렛은 전도자는 지혜자라고 하면서 자신이 누구인지에 대해 먼저 말합니다. 이제 우리는 전도자라는 단어가 복음을 전하는 사람을 의미하는 것이 아님을 잘 압니다. 그런 오해를 불식시키기 위해 우리는 히브리어 그대로 '코헬렛'이라는 단어를 사용했습니다. 코헬렛은 1장에서도 자기를 소개한 바 있습니다. "다윗의 아들 예루살렘 왕 전도자의 말씀이라"(전 1:1). 그가 자신을 다윗의 아들 예루살렘의 왕으로 소개한 까닭은, 앞으로 말하고자 하는 내용이 세상에서 인간이 겪을 수 있는 거의 모든 일을 겪은 사람이 하는 말임을 드러내기 위함입니다. 영화로움도 누려 보고, 명예의 절정에 서 보기도 하고, 전락의 아픔도 겪어 본 사람이라야 그 말에 설득력이 있지 않겠습니까? 모든 것을 겪고 난 끝에 결국 다 허망하다며, 애착할 것도 집착할 것도 없다고 말합니다.

개인적인 이야기입니다만, 저는 아버지가 세상을 떠나시기 전까지 아버지의 삶에 대해 잘 몰랐습니다. 아버지와 어머니는 마흔을 넘긴 나이에 저를 낳으셨습니다. 제 유년의 기억 속에 있는 아버지는 농사를 지으면서도 삶을 단정하게 매조지으며 사셨습니다. 말수가 적었지만 다정하셨고, 평생 한복을 입고 지내셨습니다. 아버지로부터 듣던 옛날이야기는 유년 시절 저의 양식이었습니다. 오십 세 무렵부터 아버지가 어떻게 사셨는지는 직접 보아서 대략 알았지만, 그 이전의 삶에 대해서는 아는 바가 없었습니다. 투병을 시작하고 계시던 아버지를 바라보며 그 무지가 부끄러워서 말씀드렸습니다. "아버지, 제가 아들이 돼 가지고 아버지가 살아오신 삶의 내력을 전혀 모릅니다. 참 부끄러워요. 힘드시겠지만 아버지의 삶의 이야기를 기록해 주세요." 아버지는 글 쓰는 것을 어렵게 여기지 않는 분이었습니다. 소반 위에 편지지를 놓고 촛불 아래서 편지를 쓰곤 하시던 모습이 지금도 실루엣처럼 떠오릅니다. 아버지는 마지막 기력을 다하여 노트 두 권에 당신이 겪어 오신 이야기를 적으셨습니다. 세상을 떠나시기 두 달 전쯤에 병세가 악화되어 더 이상 펜을 잡기 어려워지자 글을 서둘러 마무리하셨습니다. "한 평생 살고 보니 천만금이 다 필요한 것이 아닌 것을 알게 되었다. 행복한 삶이란 봄날에 피어나는 꽃을 보고 기꺼워하고 뺨을 스치는 바람을 즐길 줄 아는 것이더라. 내 후손들이 사는 세상은 호수 위에서 유람선이 선유하는 것처럼 평화롭기를 바란다. 이제는 힘들어서 더 못 쓰겠다." 일제 강점기가 막 시작되었을 때 태어나 격랑의 세월을 거쳐 온 분의 마지막 꿈은 평화였습니다. 천만금보다 더 소중한 것은 피어나는 꽃을 기꺼워하고, 뺨을 스치는 바람을 즐기는 것이라는 아버지의 말씀을 저는 유언처럼 간직하고 있습니다.

사람들은 성공하기 위해 어마어마한 노력을 하고, 많은 것을 소유하기 위해 자기를 착취합니다. 자연을 닦달하여 이익을 얻으려 합니다. 소유는 늘어도 누릴 마음의 여유를 갖지 못하는 게 인생의 아이러니입니다. 채워지지 않는 욕망에 꺼둘리며 사는 이들이 딱하기 이를 데 없습니다. "모든 만물이 피곤하다는 것을 사람이 말로 다 말할 수는 없나니 눈은 보아도 족함이 없고 귀는 들어도 가득 차지 아니하도다"(전 1:8). 일상이 기적이고 선물임을 알지 못하는 이들이야말로 가난한 사람들입니다.

어느 날 서울 근교에 있는 어느 교회에 말씀을 전하러 갔습니다. 지하철 입구에서 교회까지는 꽤 멀었습니다. 시간에 맞춰 가려고 열심히 걷고 있는데, 내 앞으로 비닐봉지를 손에 든 아이 하나가 쪼르르 달리고 있었습니다. 그 아이는 어느 높은 건물로 다가가 쪼그려 앉더니 무언가를 살폈습니다. 내 눈길도 아이의 시선을 따라 건물 한 모퉁이에 머물게 되었습니다. 그곳 건물과 보도블록 사이, 눈에 잘 띄지 않는 틈새에 민들레 한 송이가 피어 있었습니다. 아이는 그 꽃을 유심히 살피고 있었던 것입니다. 심부름을 보낸 어른이 그 모습을 본다면 얼마나 답답했을까요? 해찰하고 있는 그 아이가 제게는 그렇게 예뻐 보일 수 없었습니다. 이런 느긋한 평화는 어디로 간 것일까요?

코헬렛은 우리에게 너무 집착하지 말라고 말합니다. 결혼 생활에 어려움을 겪고 사랑이 파탄 나는 이유가 무엇일까요? 상대방에게 바라는 것이 많아서 그렇습니다. 나의 바람에 따라 그 사람이 움직여 주길 바라는데 그만큼 안 되면 실망합니다. 바울은 사랑에 대해 이렇게 말합니다. "모든 것을 참으며 모든 것을 믿으며 모든 것을 바라며 모든 것을 견디느니라"(고전 13:7). 바람은 있지만 인내와 신뢰가 없으면 사단이 나게 마련입니다. 판단 중지, 있는 그대로 받아들임, 이것이 평화의 시작입니다.

먼 길을 에둘러 왔습니다. 전도서 12:9은 코헬렛을 여전히 백성에게 지식을 가르치는 자, 깊이 생각하고 연구하여 잠언을 많이 지은 사람으로 소개합니다. '생각하다'라고 번역한 히브리어에는 '경청하다'라는 뜻도 내포되어 있습니다. 경청이야말로 깊은 사유의 필요조건입니다. 그는 옛사람들의 가르침에 유의하면서 그 가르침을 새롭게 재해석하는 사람입니다. 옛것을 익히고 그것을 통해 새것을 알게 된다는 뜻의 '온고지신'溫故知新이나, 옛것을 본받아 새것을 창조한다는 '법고창신'法古創新은 다 같은 말입니다. 코헬렛은 전통을 소중히 여기지만 전통주의자에 머무르지는 않습니다. 전통의 샘에서 물을 길어 오늘이라는 나무에 부어 줍니다.

"전도자는 힘써 아름다운 말들을 구하였나니 진리의 말씀들을 정직하게 기록하였느니라"(전 12:10). 아름다운 말은 듣기 좋은 말이 아닙니다. 잘 꾸며진 말, 부사나 형용사를 많이 사용하여 문체가 화려한 말도 아닙니다. 그것은 받아들일 만한 말, 사람들을 바르게 하는 말입니다. 일으켜 세우는 말이라고도 할 수 있겠습니다. 하이데거는 "언어는 존재의 집"이라 했습니다. 인간은 언어를 통해 존재 자체를 향해 나아갑니다. 고명석 선생은 『하이데거 극장』에서 하이데거의 언어 철학에 대해 설명하면서 이렇게 말합니다. "존재의 언어가 인간을 향해 길을 내면서 다가오고, 인간의 사유는 그 길을 따라 존재의 언어를 향해 다가간다. 인간과 존재는 모두 언어에 이르는 길 위에 있다."[1] 하이데거는 인간이 말하기 전에 언어가 말한다고 말합니다. 이때 언어는 '존재의 언어'입니다. 인간의 언어는 존재의 언어에 대한 응답입니다. 코헬렛이 힘써 아름다운 말들을 구하였다는 것도 바로 이러한 사태를 가리킵니다.

코헬렛이 한 일 가운데 또 중요한 것이 있습니다. 그는 자기가 깨달은 아름다운 말들을 정직하게 기록했습니다. 기록하는 것은 기억을 위한 것이기도 하지만 다른 이들과 나누려는 의지의 표현이기도 합니다. 글쓰기의 동기는 저마다 다르겠지만 결국에는 다른 이들과 소통하기 위한 방편이 아닐까요?

튀르키예의 노벨상 수상 작가인 오르한 파묵은 노벨상 수상 연설에서 자기 아버지에 대한 이야기를 들려줍니다. 파묵의 아버지는 부유한 할아버지가 남겨 준 재산으로 여유로운 삶을 살았으며, 여행을 무척 좋아했다고 합니다. 그의 손에는 언제나 여행가방이 들려 있었습니다. 아버지는 자신의 생이 얼마 남지 않았음을 예감했는지, 어느 날 파묵을 찾아와 소중히 간직하던 여행가방을 아들에게 건네주었습니다. 그 가방 안에는 그가 평생 써 온 글들이 담겨 있었습니다. 아버지는 나중에 자신이 세상을 떠나면 그 글 중 쓸 만한 것이 있는지 살펴봐 달라고 아들에게 부탁했습니다. 파묵은 아버지의 여행가방을 열어 보기까지 꽤 오랜 시간이 걸렸다고 고백합니다. 글을 쓴다는 것은 단순히 개인적 행위가 아니라, 자신에게 찾아온 지식과 통찰을 인류의 공적 자산으로 승화시키는 행위입니다.

## 찌르고 박히는 지혜자의 말

 "지혜자들의 말씀들은 찌르는 채찍들 같고 회중의 스승들의 말씀들은 잘 박힌 못 같으니 다 한 목자가 주신 바이니라"(전 12:11). 지혜자의 말씀들이 찌르는 채찍들과 같다는 표현이 낯섭니다. 채찍은 휘두르는 것이지 찌르는 것이 아니니 말입니다. 사실 "찌르는 채찍들"이라고 번역된 단어는 동물몰이용 막대기를 가리키는 말입니다. 요즘은 그런 광경을 보기 어렵지만, 옛날에는 농가에서 집집마다 돼지를 많이 길렀습니다. 돼지도 식구의 일원이었던 것입니다. 돼지를 끌고 다른 곳으로 가기란 상당히 힘든 일이었습니다. 논두렁 같은 데를 지날 때 돼지가 제멋대로 가지 못하게 하려고 주인은 양손에 막대기를 들고 툭툭 쳐서 방향을 지시합니다. 바로 그것이 찌르는 채찍입니다. 찌르고 자극함으로 나태에 빠지지 않도록 하는 것이 바로 지혜자의 말씀입니다. "주 여호와께서 학자들의 혀를 내게 주사 나로 곤고한 자를 말로 어떻게 도와줄 줄을 알게 하시고 아침마다 깨우치시되 나의 귀를 깨우치사 학자들같이 알아듣게 하시도다"(사 50:4). 이사야의 말은 앞서 말한 대로 존재의 언어에 응답한 말입니다. 그는 말하기에 앞서 알아들은 사람입니다. 알아들었기에 그의 말은 힘이 있습니다. 찌르는 채찍과 같은 말이 참된 말입니다. "하나님의 말씀은 살아 있고 활력이 있어 좌우에 날선 어떤 검보다도 예리하여 혼과 영과 및 관절과 골수를 찔러 쪼개기까지 하며 또 마음의 생각과 뜻을 판단하나니 지으신 것이 하나도 그 앞에 나타나지 않음이 없고 우리의 결산을 받으실 이의 눈앞에 만물이 벌거벗은 것같이 드러나느니라"(히 4:12-13).

앞에서 설명했듯이, 잠언은 '찌르는 말'을 뜻합니다. 찔러 경계하는 말이 잠언입니다. 찌른다는 표현은 고통을 주는 것을 의미하기보다, 감각을 일깨우고 생각을 흔드는 것을 의미합니다. 한마디로 우리 속에 잠재되어 있는 참된 것이 깨어나도록 자극하는 말입니다. 우리 속에는 씨앗들이 감추어져 있습니다. 활동하지 않는 씨앗도 있고, 휴면 상태에 있는 씨앗도 있습니다. 휴면 상태에 있는 씨앗은 쾌적한 온도와 수분이 공급되어도 발아되지 않는다고 합니다. 스스로 발아되는 시간을 늦추려는 전략을 사용하고 있기 때문입니다. 하지만 활동하지 않는 씨앗은 적절한 조건만 갖추어지면 발아하여 꽃을 피웁니다. 우리 속에 잠들어 있는 하나님의 말씀의 씨앗이 발아하려면 적절한 자극이 필요합니다. 지혜자의 말씀이 하는 역할이 바로 그것입니다.

"스승들의 말씀들은 잘 박힌 못 같으니 다 한 목자가 주신 바이니라"는 자주 인용되는 말씀입니다. 잘 박힌 못이 건축물을 견고하게 유지시켜 주는 것처럼, 좋은 스승들의 말씀은 우리 삶의 중심을 든든히 세워 줍니다. 믿음의 사람들은 자기 입장이 분명한 사람입니다. 독립의 사람이라는 말입니다. 다른 이들의 말에 휘둘리지 않습니다. 그는 유연한 사고를 하면서도 가야 할 길을 분명히 알고 갑니다.

입장이 분명하다는 것은 마음에 기둥 하나가 세워진 상태와 같습니다. 기둥이 비스듬하게 서 있으면 쉽게 무너질 수 있지만, 곧게 세워진 기둥은 어지간한 무게에도 흔들리지 않고 자리를 지킵니다. 진정한 스승은 제자들이 자신을 단순히 모방하기를 바라지 않습니다. 오히려 자신의 가르침을 발판 삼아 더 큰 세계로 항해하기를 바랍니다. 스승은 산이 된 사람입니다. 산은 명령하거나 지시하지 않고 그저 그곳에 있을 뿐이지만, 사람들은 자연스럽게 그 산을 찾아오릅니다. 김흥호 목사님의 말씀이 떠오릅니다.

> 결국 스승은 참을 안 사람입니다. 참을 안 사람이 깬 사람입니다. 참을 안 사람은 자기를 이긴 사람입니다. 자기를 이긴 사람이 큰 사람입니다. 큰 사람이 철이 든 사람이요, 철이 든 사람이 산 사람입니다. 스승은 한마디로 큰 사람이요, 깬 사람이요, 산 사람입니다. 그리스도는 어떤 사람일까? 그리스도는 깬 사람이요, 큰 사람이요, 산 사람입니다.[2]

깬 사람은 깨끗한 사람입니다. 더러우면 깼다고 할 수 없습니다. 산 사람은 썩지 않는 사람입니다. 자기 이익에 발밭은 사람은 죽은 사람입니다. 참 스승의 말이 우리 속에 자리 잡을 때, 우리는 흔들리지 않는 토대 위에 서게 됩니다.

하나님의 말씀을 '말씀-사건'이라고 표현하는 이들이 있습니다. 말씀은 사건을 일으킨다는 말입니다. 하나님의 말씀은 능력으로 가득 차 있어 어떤 사건을 일으킵니다. "빛이 있으라"(창 1:3) 하시면 빛이 생겨납니다.

살아 있는 말씀은 우리 속에 들어와 사건을 일으킵니다. 변화의 사건입니다. 제가 아는 분들 가운데는 정말 말씀에 사로잡혀서 평생을 그 말씀에 따라 살아가는 이들이 있습니다. 그들은 입장이 분명합니다. 유연하지만 단호합니다. 스승의 말씀들은 잘 박힌 못과 같다는 말씀을 삶으로 입증하는 분들이라 할 수 있습니다. 여기서 유의해야 할 것이 있습니다. 코헬렛은 지혜자의 말이든 찌르는 채찍 같은 말이든 다 "한 목자"에게서 나왔다고 말합니다. 그 한 목자는 물론 하나님입니다. 모든 말은 하나님께로부터 나옵니다. 바로 그것이 존재의 언어입니다.

## 말씀의 빛 아래에서 걸어간다는 것

"내 아들아, 또 이것들로부터 경계를 받으라. 많은 책들을 짓는 것은 끝이 없고 많이 공부하는 것은 몸을 피곤하게 하느니라"(전 12:12). "내 아들"이라는 표현은 지혜 문헌에서 '제자'를 가리키는 관용어구입니다. 잠언에는 이런 표현이 자주 등장하지만, 전도서에서는 단 한 번 등장합니다. 어투가 사뭇 친밀해졌습니다.

코헬렛은 이것들로부터 경계를 받으라고 말합니다. "이것들"은 물론 지금까지의 가르침입니다. '경계하다'로 번역된 단어에는 '가르치다', '유의하다'라는 뜻도 있지만, '빛을 비추다'라는 뜻도 내포되어 있습니다. 풀어 보면, '이 말씀들이 비추어 주는 빛을 따라 살라'는 뜻이 됩니다. '계몽'의 사전적 의미는 '지식수준이 낮거나 인습에 젖은 사람을 가르쳐서 깨우침'입니다. 한자로 보아도 비슷한 뜻임을 알 수 있습니다. '계'啓는 '열 계'입니다. '몽'蒙은 '덮어씌울 몽'입니다. 계몽이란 덮어씌워져 있던 것을 열어 주는 것이며, 어둠 속에 감추어져 있던 것들이 훤히 드러나는 것입니다.

임마누엘 칸트는 계몽된 이들의 두 가지 특색을 말합니다. 하나는 스스로 생각할 수 있는 능력이고, 다른 하나는 그것을 행위할 수 있는 능력입니다. 생각만 하고 실행하지 않는 것은 게으름이나 비겁함입니다. 하나님의 말씀과 진정으로 만나는 순간, 우리 내면에는 하늘의 빛이 스며듭니다. 밝은 사람이 됩니다.

이어지는 구절들이 조금 생소하게 들립니다. 많은 책을 짓는 것은 끝이 없다는 말은 코헬렛이 자기 삶을 돌아보며 밝히는 소회입니다. 글을 쓰는 사람들은 끝없는 굴레 속에 들어선 것인지도 모르겠습니다. "공부가 가장 쉬웠어요"라고 말하는 사람도 있지만, 공부 역시 여느 노동과 마찬가지로 많은 에너지를 필요로 합니다. 몸을 피곤하게 한다는 말은 문학적 수사가 아니라 실제 경험을 반영한 것입니다. 그러면 코헬렛은 공부를 하는 것이나 글을 짓는 것이 불필요한 행동이라고 말하는 것일까요? 그렇지 않습니다. 글을 마무리하기 위한 예비선언 정도로 받아들이면 좋을 것 같습니다.

### 하나님을 경외하는 삶

"일의 결국을 다 들었으니 하나님을 경외하고 그의 명령들을 지킬지어다. 이것이 모든 사람의 본분이니라"(전 12:13). 할 말을 다한 그는 이제 결론을 내립니다. "내가 하고자 하는 이야기는 다른 것 없어. 헛되고 헛된 세상처럼 보이지만, 인간에게 진정 가치 있는 일이 있다면 바로 하나님을 경외하는 것이야." 자기 한계를 인정하고 본분을 받아들이는 삶이야말로 하나님을 경외하는 삶입니다. 일상을 성화하는 삶, 우리가 발 딛고 서 있는 자리를 하나님이 임재하시는 자리로 여기며 살아가는 것이 거룩한 삶의 본질입니다. 그 마음으로 살아갈 때, 우리 삶은 바울이 말하는 영적 예배(롬 12:1)가 됩니다. 욕망의 터 위에 집을 짓고 살면서 "주님, 영광 받으소서"라고 말해서는 안 됩니다. 믿음은 자칫 허위의식으로 변질되기 쉽습니다. 믿음은 고백만으로 이루어지지 않습니다.

"그의 명령을 지킬지어다." 명령은 해도 되고 하지 않아도 되는 일이 아닙니다. 자기의지에 반한다 하더라도 해야 하는 일입니다. 물론 명령을 하는 사람이 불의한 사람이라면 그 명령을 거역하는 게 정의입니다. 하나님의 명령은 삶을 제약하거나 불편하게 하기 위한 것이 아니라, 우리를 사람다운 길로 인도하기 위한 것입니다. 하나님이 하라는 것은 해야 하고, 하지 말라는 것은 하지 않는 것이 지혜입니다.

예수님은 그 많은 계명을 두 마디로 정리하셨습니다. "예수께서 이르시되 네 마음을 다하고 목숨을 다하고 뜻을 다하여 주 너의 하나님을 사랑하라 하셨으니 이것이 크고 첫째 되는 계명이요 둘째도 그와 같으니 네 이웃을 네 자신같이 사랑하라 하셨으니 이 두 계명이 온 율법과 선지자의 강령이니라"(마 22:37-40). 하나님 사랑과 이웃 사랑은 동전의 양면입니다. 물론 우리가 하나님을 사랑하는 것은 우리를 향하신 하나님의 선행적인 사랑이 있기에 가능합니다. 그 사랑을 받은 이들은 이웃을 함부로 대할 수 없습니다.

하나님은 가인이 아벨을 죽인 뒤에 그를 찾아오셔서 물으십니다. "네 아우 아벨이 어디 있느냐." 가인은 불퉁스럽게 대답합니다. "내가 알지 못하나이다. 내가 내 아우를 지키는 자니이까"(창 4:9). 이런 무책임함이야말로 타락의 뿌리입니다. 명령을 지키는 삶은 누군가의 필요나 요구에 응답하는 삶입니다. 코헬렛은 이와 같이 책임을 감당하는 것이 하나님을 경외하는 삶이며 "모든 사람의 본분"이라고 말합니다.

이제 대단원의 막이 다가왔습니다. "하나님은 모든 행위와 모든 은밀한 일을 선악 간에 심판하시리라"(전 12:14). 감추어진 일, 은밀한 일은 모두 드러나게 마련입니다. 사람은 속일 수 있어도 하나님을 속일 수는 없습니다. 보냄을 받은 사람들은 보내신 분에게로 돌아가야 합니다. 그 앞에 설 때 누가 떳떳할 수 있을까요? 하나님의 뜻을 가슴에 품고 경외하는 마음으로 사는 사람, 그가 행복한 사람입니다. 오늘 우리 앞에 당도한 시간을 하나님의 선물로 여기며 살 수 있으면 좋겠습니다. 감사합니다.

# 주

### 서문
1 어거스틴, 『성 어거스틴의 고백록』, 선한용 옮김(대한기독교서회, 2019), 186.

### 첫 번째 강의 [ 물음 ] 인생은 헛된가
1 정현종, 『광휘의 속삭임』(문학과지성사, 2008), 55.
2 김승희, 『세상에서 가장 무거운 싸움』(세계사, 1995), 11.
3 김훈, 『칼의 노래』(문학동네, 2014).
4 장 폴 사르트르, 『존재와 무』, 전광배 옮김(민음사, 2024).
5 정진규, 『별들의 바탕은 어둠이 마땅하다』(문학세계사, 1990), 32.

### 두 번째 강의 [ 지혜 ] 지혜가 많으면 번뇌도 많다
1 제러미 리프킨, 『공감의 시대』, 이경남 옮김(민음사, 2010).
2 표도르 도스토옙스키, 『까라마조프 씨네 형제들 (상)』, 이대우 옮김(열린책들, 2009), 128.
3 정일근 외, 『제18회 소월시문학상 작품집』(문학사상사, 2003), 15.

### 세 번째 강의 [ 쾌락 ] 즐거움도 헛되다
1 프란츠 카프카, 『성』, 권혁준 옮김(창비, 2015).
2 아니키우스 보이티우스, 『철학의 위안』, 박문재 옮김(현대지성, 2018).
3 반칠환, 『웃음의 힘』(지혜, 2023), 15.
4 움베르토 에코, 『장미의 이름』, 이윤기 옮김(열린책들, 2009).
5 앙리 베르그송, 『웃음』, 정연복 옮김(문학과지성사, 2021).
6 김교신, 『신앙과 인생 (상)』(제일출판사, 1964), 176-177.

### 네 번째 강의 [ 유한 ] 죽음이라는 한계 앞에서
1 테네시 윌리엄스, 『욕망이라는 이름의 전차』, 신정옥 옮김(범우사, 1991).
2 마르틴 하이데거, 『존재와 시간』, 이기상 옮김(까치, 1998).
3 레프 톨스토이, 『이반 일리치의 죽음』, 김연경 옮김(민음사, 2023).

4 윌리엄 셰익스피어, 『셰익스피어 소네트』, 피천득 옮김 (민음사, 2018).

### 다섯 번째 강의 [ 목적 ] 무엇을 위한 수고인가
1 소포클레스, 『소포클레스 비극 전집』, 천병희 옮김 (숲, 2008).
2 레프 톨스토이, 『세 가지 질문』, 장영재 옮김 (더클래식, 2014).
3 함민복, 『말랑말랑한 힘』 (문학세계사, 2022).

### 여섯 번째 강의 [ 시간 ] 때에 맞는 삶의 아름다움
1 어거스틴, 『고백록』, 최민순 옮김 (성바오로출판사, 1991), 324.
2 같은 책, 330.
3 니코스 카잔차키스, 『어두운 深淵에서』, 김문환 옮김 (현대사상사, 1975).
4 고종석, 『어루만지다』 (마음산책, 2009), 233.
5 헤르만 헤세, 『데미안』, 전영애 옮김 (민음사, 2000).
6 막스 피카르트, 『침묵의 세계』, 최승자 옮김 (까치, 2010).

### 일곱 번째 강의 [ 영원 ] 영원을 사모하는 마음
1 맹자, 『맹자』, 박소동 옮김 (현암사, 2024), 393.
2 마커스 보그, 『놀라움과 경외의 나날들』, 김기석, 정준화 옮김 (한국기독교연구소, 2019), 14.
3 에르네스또 까르데날, 『침묵 속에 떠오르는 소리』 김영무 옮김 (분도출판사, 2011), 76, 79.
4 에리히 프롬, 『사랑의 기술』, 황문수 옮김 (문예출판사, 2019).
5 강영안, 『타인의 얼굴』 (문학과 지성사, 2005), 182.

### 여덟 번째 강의 [ 존재 ] 사람과 짐승이 일반이라
1 플라톤, 『플라톤의 국가·정체』, 박종현 옮김 (서광사, 2005).

### 아홉 번째 강의 [ 관계 ] 억압, 수고, 우정
1 아브라함 J. 헤셸, 『예언자들』, 이현주 옮김 (삼인, 2004), 23.
2 에리히 프롬, 『소유냐 존재냐』, 이경아 옮김 (까치, 2020).
3 앙투안 드 생텍쥐페리, 『어린 왕자』, 황현산 옮김 (열린책들, 2015).

### 열 번째 강의 [ 경외 ] 하나님을 두려워하라
1 월터 브루그만, 『예언자적 상상력』, 김기철 옮김 (복 있는 사람, 2009).
2 토마스 머튼, 『토마스 머튼의 씨앗』, 강창헌 옮김 (생활성서사, 2005) 98-99.
3 아브라함 J. 헤셸, 『사람을 찾는 하느님』, 이현주 옮김 (종로서적, 1988), 75-76.

### 열한 번째 강의 [ 향유 ] 지금을 누리며 살라
1 어거스틴,『성 어거스틴의 고백록』, 선한용 옮김(대한기독교서회, 2019).
2 김주완,『췄으면 그만이지』(피플파워, 2023), 281.
3 같은 책, 322.
4 미치 앨봄,『모리와 함께한 화요일』, 공경희 옮김(살림, 2017).

### 열두 번째 강의 [ 결핍 ] 누리지 못하는 삶의 비극
1 베르나르 앙리 레비,『인간의 얼굴을 한 야만』, 박정자 옮김(프로네시스, 2008), 26.
2 헤로도토스,『역사 (상)』, 박광순 옮김(범우사, 1995), 38-41.
3 정호승,『눈물이 나면 기차를 타라』(창비, 1999), 29.

### 열세 번째 강의 [ 성찰 ] 더 나은 삶이란 무엇인가
1 프리모 레비,『이것이 인간인가』, 이현경 옮김(돌베개, 2007).

### 열네 번째 강의 [ 곤경 ] 곤고한 날에는 되돌아보라
1 황석영,『무기의 그늘』(창비, 2006).
2 아브라함 J. 헤셸,『사람은 혼자가 아니다』, 이현주 옮김(종로서적, 1987), 35.
3 아리스토텔레스,『니코마코스 윤리학』, 최명관 옮김(훈복문화사, 2005).

### 열다섯 번째 강의 [ 상실 ] 단순함을 잃다
1 표도르 도스토옙스키,『백치』, 김근식 옮김(열린책들, 2009).
2 앙투안 드 생텍쥐페리,『어린 왕자』, 황현산 옮김(열린책들, 2015).
3 요한 볼프강 폰 괴테,『파우스트 1·2』, 정서웅 옮김(민음사, 1999).

### 열여섯 번째 강의 [ 분별 ] 누가 지혜로운 사람인가
1 헨리 나우웬,『안식의 여정』윤종석 옮김(복 있는 사람, 2001), 133.
2 구상,『구상 시선』(지식을만드는지식, 2012), 103.
3 칼릴 지브란,『사람의 아들 예수』, 박영만 옮김(프리월, 2016).
4 함석헌,『수평선 너머』(한길사, 2009), 87.
5 에드워드 사이드,『지식인의 표상』, 최유준 옮김(마티, 2012).
6 조르주 베르나노스,『어느 시골 신부의 일기』, 정영란 옮김(민음사, 2009).
7 앨버트 놀런,『그리스도교 이전의 예수』, 정한교 옮김(분도출판사, 2010).
8 이정하,『그대 굳이 사랑하지 않아도 좋다』(푸른숲, 1997).
9 호메로스,『일리아스』, 천병희 옮김(숲, 2007).

### 열일곱 번째 강의 [ 명암 ] 악인과 의인
1  강남순, 『배움에 관하여』(동녘, 2017), 156에서 재인용.

### 열여덟 번째 강의 [ 섭리 ] 모두 다 하나님의 손안에 있다
1  라인홀드 니부어, 「평정을 구하는 기도」, 민영진 옮김.
2  리 호이나키, 『아미쿠스 모르티스』, 부희령 옮김(삶창, 2016).

### 열아홉 번째 강의 [ 역설 ] 삶의 부조리 앞에서
1  십자가의 성 요한, 『가르멜의 산길』, 최민순 옮김(바오로딸, 1971), 137.
2  줄리언 반스, 『시대의 소음』, 송은주 옮김(다산책방, 2023).
3  플라톤, 『플라톤의 국가·정체』, 박종현 옮김(서광사, 2005).

### 스무 번째 강의 [ 차이 ] 지혜자와 우매자
1  니코스 카잔차키스, 『영혼의 자서전』, 안정효 옮김(열린책들, 2009).
2  이상, 『이상 시 전집』(민음사, 2022), 21.
3  로버트 프로스트, 「가지 않는 길」, 피천득 옮김.

### 스물한 번째 강의 [ 방향 ] 우매함과 지혜로움 사이
1  이청준, 『잃어버린 말을 찾아서』(문학과지성사, 1981), 63.
2  제임스 호건, 『광장의 오염』, 김재경 옮김(두리반, 2021), 22.

### 스물두 번째 강의 [ 실천 ] 지혜로운 삶
1  유진 피터슨, 『메시지 구약 시가서』, 김순현, 홍종락, 이종태 옮김(복 있는 사람, 2015), 514.
2  표도르 도스토옙스키, 『죽음의 집의 기록』, 이대우 옮김(열린책들, 2009).
3  이정하, 『편지』(책만드는집, 2012), 32.
4  니코스 카잔차키스, 『성자 프란체스코 1』, 김영신 옮김(열린책들, 2008), 35.
5  유발 하라리, 『호모 데우스』, 김명주 옮김(김영사, 2017).
6  엘리 비젤, 『벽 너머 마을』, 곽무섭 옮김(가톨릭출판사, 1981), 201.

### 스물세 번째 강의 [ 기억 ] 청년들에게 주는 교훈
1  민태원, 『민태원 선집』(현대문학, 2010), 29.
2  아브라함 헤셸, 『누가 사람이냐』, 이현주 옮김(한국기독교연구소, 2008).
3  롤런드 베인턴, 『마르틴 루터』, 이종태 옮김(생명의말씀사, 2016), 255-256에서 재인용.
4  어거스틴, 『성 어거스틴의 고백록』, 선한용 옮김(대한기독교서회, 2019), 343.

**스물네 번째 강의 〔 본문 〕 하나님을 경외하라**

1 고명섭, 『하이데거 극장 2』(한길사, 2022), 647.
2 김흥호, 『하루는 사는 사람』(이화여자대학교출판부, 1984), 227-228.